JN056167

園芸生産地域の青果物流通

木村彰利

筑波書房

園芸生産地域の青果物流通　目次

序章

研究の課題と構成

第1節　研究の背景

（1）園芸生産の変化

　青果物は人間にとって最も必要性が高い食料品の一つであり、健康で豊かな生活を送るうえにおいて不可欠のものである。このため、良質の青果物は充分かつ安定的に供給されることが求められており、それを実現するため産地段階、中間流通段階及び小売段階において多様な主体により様々な経済活動が展開されている。このようななかで、本書は園芸生産地域に立地する青果物卸売市場に焦点をあてた分析を行うものであるが、以下では同研究の背景を確認するために、すでに一般化されたと考えられる青果物の生産・流通に関する近年の状況について整理する。

　流通の前段階にあたる園芸生産の動向からみると、その担い手である農業就業者は減少していることに加えて高齢化が顕著であり、将来にわたって安定的な生産を維持していくには大きな課題を抱えているのは明らかであろう。特に、稲作など農地の集積が比較的容易なことに加えて機械化一貫体系が確立された土地利用型農業と異なって、園芸生産の多くは手作業に依存した労働集約型の生産が行われていることから生産規模の拡大には制約が大きく、その結果、小規模零細な生産構造にならざるを得ないという特徴がある。このため、産地の集出荷段階における生産者支援の重要性が経年的に増しつつある。このような動きと並行して、歴史的に園芸生産はいわゆる「農家」によって担われてきたが、2000年代以降は土地所有等に関する法制面での規制

1

緩和もあって、農業法人など組織体による生産が経年的に拡大している。農業従事者の高齢化を踏まえるならば、このような展開のさらなる成長が期待されるところである。

（2）産地段階における集出荷の変化

　青果物流通の産地段階における集出荷の変化について確認すると以下のとおりである。農業協同組合は日本の農業生産・集出荷を特徴付けるものであるが、青果物流通との関係では、戦後に展開された農協主導による産地形成や共販運動の成果もあって産地の集出荷段階における系統経由率が高く、青果物流通の特徴の一つになっている。このような農協共販の拡大は、一面において相対的に規模の小さな個人出荷や産地出荷業者、任意出荷組合のシェア縮小をもたらしており、集出荷段階の共同化・大型化に結びつくものであった。

　農協に関する近年の動向としては、1990年代以降に展開された農協の広域合併の進展[1]により1農協当たりの出荷量が増大しただけでなく、本書の第2章でも検討するように、農協の出荷戦略も都市部の拠点市場など特定の出荷先に対して出荷が集中するという変化が生じている。そしてこのことは、地方都市等に所在する中小規模の卸売市場にとって、いわゆる大産地の有力農協から直接的な集荷を行うことが難しくなることを意味しており、需要と供給の間に存在する間隙が拡大しつつあることが想定される。青果物流通の需給間ギャップは通常ならば市場間転送等により調整されることになるが、この場合は流通経費が拡大する一因にもなっている。また、園芸産地における集出荷は農協が重要な役割を果たしているものの、近年は生産者の高齢化にともなって出荷に関する制約の多い農協から、産地集荷市場[2]や産地出荷業者へと出荷先をシフトさせる生産者も存在している。近年増えつつある農業法人等の出荷に関しては、既存の農協共販が活用されるだけでなく独自に販路を開拓・確保するケースも存在している。今後、農業法人等がより望ましい販売を実現していくためには、その生産品目や組織形態に適した出荷

のあり方を新たに確立していく必要があろう。

　このように産地段階の集出荷は変容しつつあるが、このようななかで地方都市等の居住者も含めた消費者に対し将来にわたって青果物の安定供給を図っていくには、産地段階における出荷対応においても流通上の間隙を生じさせないための取り組みが求められよう。

（3）中間流通段階の変化

　日本における青果物の中間流通は、長期間にわたり卸売市場という特徴的な機構によって担われてきた。同制度は1932年の中央卸売市場法制定を契機として形成されており、同法に基づく中央卸売市場は戦前段階から大都市を中心に整備され、戦時中の中断期を経て現在では全国の主要都市をほぼ網羅する形で設置されている。また、1971年には旧法を廃して卸売市場法が公布され、新たに地方卸売市場が制度化されることにより、国内で消費される青果物の大部分は卸売市場を経由して流通[3]することになった。このような経緯により、青果物の中間流通段階おいてもかつての問屋を中心とする相対的に零細な流通から、これらの統廃合を通じてより大規模な中央卸売市場等に再編されることによって、流通大型化の進展[4]がもたらされている。なお、このような中間流通段階における大型化は、鉄道からトラックへという輸送方法の転換や高速道路網の整備など社会インフラの拡充、さらには後述の小売段階における量販店の拡大とも関連しながら漸進的に確立されてきたものである。

　このように青果物の中間流通機構として重要な位置付けを占めてきた卸売市場であるが、経年的には市場経由率が低下しながら推移している。市場経由率の低下は市場外流通の拡大を意味するが、なかでも加工原料青果物は市場外流通となるケースが一般的である。特に輸入果実に関しては加工原料に供用される割合が高く、このため野菜と比較して市場経由率は大きく低下[5]している。それと平行して、都市部に拠点をおく市場外の青果物流通業者も大規模化しており、これらは産地の出荷団体等から調達した青果物を実需者

へ直接的に販売するケースが多く、市場経由率のさらなる低下を招く結果となっている。そしてこのような市場経由率の低下により、青果物流通の実態は経年的に多様化しながら現在に至っている。

　また、卸売市場の性格変化に関して付言するならば、一般的に卸売市場の多くは都市部に立地し、基本的に消費地市場として市場周辺の消費需要に対する供給を担ってきたが、本書の第8章で検討するように園芸産地を後背地に持つ卸売市場については分荷圏域の拡大、言い換えれば産地集荷市場化が進行しつつある。そしてこのような卸売市場は、地域の農協等出荷団体と集荷基盤を巡って競合しながらも、一方では相互に補完し合いながら集出荷活動を展開している可能性が想定されるところである。そして、前述のように広域合併農協の出荷対応が大都市の拠点市場へとシフトするなかで全国の消費地域に青果物を過不足なく供給していくには、農協共販の集約化により生じた需給の間隙を何らかの手段により埋めていく必要性がある。そしてこのような背景の存在が、本研究で検討する園芸産地に立地する消費地市場における分荷圏域拡大の誘因となっている可能性が高い。

　なお、本研究ではこの後の記述も含めて「消費地市場」という用語を用いているが、これはいわゆる産地集荷市場の対義語として、都市部やその周辺地域など比較的消費需要が集積した環境に立地し、主としてこれら都市の住民等に対して青果物の供給を行うという性格の卸売市場を意味している。

（4）小売構造及び実需者の変化

　青果物の小売段階に視点を転じるならば、かつての一般小売店を中心とする小売構造から、1950年代以降に展開されたスーパーマーケットを始めとする量販店のシェア拡大[6]によって、現在では生食用青果物の大部分が量販店により消費者へと供給されている。このような小売段階の環境変化と関連して、近年の特徴である特定量販店の巨大化について言及しておきたい。前述のように量販店は1950年代に登場して以降、小売段階におけるシェアを飛躍的に拡大させながら現在に至っているが、一部の量販店グループにおいて

は同業他社等の吸収合併を繰り返すことでさらなる大型化を遂げるに至っており、これらは購入量の多さや交渉力の強さもあって、青果物の生産・流通全体に対して大きな影響を及ぼしている。

このような大規模量販店は、地元資本の食品スーパーや一般小売店が中心的な小売業態として機能している地方都市に加えて、近年は農村部にまで店舗網を拡大させつつある。そして、これら大規模量販店は地元の卸売市場を青果物の調達先として利用しながらも、その一方では本部仕入やエリア仕入を併用することで県域を越えた調達システムが構築されていることもあって、たとえ園芸生産地域に立地している店舗であっても地域外や県外等からの仕入が拡充される傾向にある。このような動きに地域内の卸売市場が対応していくためには、大規模化した量販店に対する利便性の向上等を目的として、自身の機能を如何に向上させていくかが問われることになると考えられる。

それと同時に、青果物の実需者である加工・外食業者についても市場規模が経年的に拡大しているだけでなく、その運営方法もかつての小規模な家族経営を中心とするものから、より大規模な企業経営による形態へとシフトしつつある。また、外食業者の店舗展開地域についても都市部だけに留まらず、農村部を含む全国へと外延的な拡大を遂げつつある。そして、これら加工・外食業者における調達行動も青果物流通を変容させる一要因となっている。具体的には、巨大化した実需者は従来からの卸売市場に加えて、鮮度や品質・価格等の優位性を訴求するため多様な業態から青果物調達を行うようになっており、その調達先の一つとして園芸産地を後背地に持つ卸売市場が含まれていることが想定される。

第2節　研究の目的と課題

（1）青果物流通研究を行う意義

青果物の卸売市場を中心とする流通に関しては、青果物の食料品としての重要性や市場経由率の高さからこれまでに多くの研究[7]が行われており、

そこには多くの知見が蓄積されている。しかし近年に限るならば、卸売市場を対象とする実態調査に基づいた研究は比較的手薄であることは否めないところであろう。日本の農業生産に占める青果物の位置付けの大きさに加えて、消費者の食生活におけるその重要性を踏まえるならば、青果物流通の実態や変化する流通環境のもとにおける態様の変化をより詳細に把握するとともに、このような動向が青果物流通においてどのような意義を持つのかについて、不断に検証していくことが求められよう。また、このような研究によって得られた結果は、国や地方自治体等の行政機関が農業・市場政策を企画・立案し、実行していくための重要な知見になると期待されることから、今後の施策に資するためにも研究成果のさらなる蓄積が求められるところである。このため、以上をもって本研究を行う意義としたい。

（2）本研究の目的

　本書においては園芸生産地域における卸売市場を中心とする青果物流通の現状や変容について分析を行うが、このような研究を展開する理由は以下のとおりである。既存の青果物の市場流通に関する研究蓄積は、本書の第8章第1節で整理した研究成果等を除くならば、その多くが消費地に拠点を持つ市場の分析を中心として行われてきた。このことは卸売市場、なかでも公設市場は都市のインフラストラクチャであり、基本的に消費地に対する供給を目的として設置されたことを踏まえるならば、然るべき結果であると叩首できるところである。しかし、前節でみたように農協の出荷先が集約化されていくなかにおいては、これら農協等出荷団体による集出荷を補完する存在として、農協以外の集出荷主体が果たす役割の重要性は増しつつある可能性が高い。このような集出荷の担い手を具体的にあげるならば、消費地市場や産地集荷市場、産地出荷業者、生産法人、任意出荷組合など多様な業態が想定される。

　これら集出荷主体のなかで比較的規模が大きな一部の消費地市場については、園芸生産地域においても重要な流通機構となっており、従来から周辺地

域の小売業者等に対する青果物の供給拠点として機能してきた。そして、このような市場が産地集荷市場的な性格を強めていく過程においては、卸売業者は消費地市場として求められる機能に加えて、遠隔地の卸売市場や量販店に販売するために必要となる諸機能が付加・高度化されてきたことが想定される。このため、このような市場における青果物流通の実態を明らかにすることは、今後、流通活性化に向けた検討を行っていくうえにおいて、多くの知見や方向性を示すものといえよう。

　それと同時に、産地集荷市場的な性格を強めた卸売市場は引き続き本来的役割である周辺地域への供給拠点としての機能も求められるため、卸売業者は地域への供給と遠隔地への搬出という２つの方向性について、そのバランスを如何に図りながら事業を行っていくかが問われることになる。さらにいうならば、このような市場は周辺市場との関係においても単に競争だけでなく、相互の棲み分けや役割分担を考慮に入れながら事業展開を図ることが求められている。

　その一方で、小売構造で量販店のシェアが拡大するなかにおいては、園芸生産地域の卸売市場も量販店対応に係る各種機能の高度化が要請される状況下にある。したがって、このような市場の卸売業者や仲卸業者が行う量販店対応の実態について明らかにし、その課題を摘出することは、卸売市場における量販店対応をより一般化していくうえにおいて意義があるといえよう。

　上記の理由により、本研究では流通環境が変化する状況下における園芸産地に立地する卸売市場を中心とした青果物流通の実態とその変容について明確化するとともに、そのような変化が持つ流通上の意義を明らかにすることを目的としている。そして、同目的に応える知見を得るには園芸生産地域に立地するだけでなく、同一県内など比較的限定された圏域下に所在するとともに、その性格に関しても多様性の高い相当数の卸売市場を事例とする分析が望ましいと考えられる。このため、本研究においては長野県内に設置された青果物卸売市場等を事例として、これら市場で営業を行う卸売業者や仲卸業者、さらにはそれと提携する産地出荷業者等を取りあげて、その集分荷と

量販店対応及び県外等への販売実態等を明らかにするとともに、市場流通における機能向上に向けた取り組みについて検討し、このような取り組みが持つ青果物流通上の意義について明らかにしたい。

（3）本研究の課題

　上記の研究目的を達成するために、本研究の課題を以下のとおり設定する。第1に、園芸生産地域を後背地に持つ長野県内の青果物卸売市場の卸売業者について、その概要と集分荷及び量販店対応の実態を明らかにする。また分析を行うに際しては、長野県内の卸売業者の特徴として、その本社及び支社・関連会社によりグループを形成するものが存在しているが、このようなグループに属する卸売業者間の関係、具体的にはグループ内における各社の位置付けや役割分担についても留意したい。第2に、長野県の市場で営業活動を行う仲卸業者の実態を把握するとともに、これら仲卸業者と卸売業者との提携取引や役割分担等についても検討を行う。第3に、卸売業者が主導する長野県外の量販店や卸売市場に対する販売実態について明らかにする。第4に、卸売業者と産地出荷業者との提携に基づく県外販売の実態を明らかにする。このように、本研究では青果物流通のなかでも卸売市場に関する分析を中心としているが、卸売市場は出荷者や分荷先等と相互に規定し合う関係にあることから、長野県における青果物流通の環境変化をより詳細に把握するため、以下についても併せて検討することにしたい。具体的には課題の第5として、長野県内の農協における集出荷の現状と変容について明らかにする。なかでも広域合併農協については、合併が農協の集出荷に及ぼした影響について留意したい。そして第6の課題として、卸売市場から青果物を調達する長野県内の量販店を対象として、これら業者における青果物の調達行動と県内市場の利用状況、及びその評価等についても明らかにしたい。

（4）事例地としての長野県

　本研究は長野県を中心とする青果物流通について分析を行うが、ここで同

県を事例地とすることの妥当性について確認したい。本書第1章でみるように長野県は園芸生産が盛んな地域であり、このうち野菜に関しては標高が高く冷涼な気候であるという気象条件もあって、夏期を中心に高原野菜の生産が盛んに行われている。同県の野菜生産は葉茎菜類の構成比が比較的高い傾向にあるが、それ以外にも果菜類や根菜類、さらには菌茸類[8]など多品目の生産が行われている。また、果実については1879年という比較的早い段階にりんごの苗木が持ち込まれ、1907年には現在の長野市上松や往生寺に産地が形成されていた[9]。そして近年では果実生産量の多さだけでなく、ぶどうやもも、なしなど生産品目の多様化が進行している。このように、長野県は野菜・果実ともに全国有数の生産地域となっている。

　長野県の青果物流通に関しては、県内に歴史的な経緯等が異なる多数の青果物市場が配置されているだけでなく、これら市場には県外消費地等への搬出を担う産地集荷市場が含まれるなど市場の性格に関しても多様性が高いことから、青果物流通の態様についてより多角的な観点からの分析が可能である。同時に、長野県内の卸売業者は複数の業者により構成されるグループが存在しているだけでなく、本書第8章でみるようにこれらのなかには早い段階から中継市場的な機能を担うものや経年的に産地集荷市場化が進行しつつあるものが含まれるという特徴がある。また、日本列島の中央部に位置するという長野県の立地環境もあって、現在では県内市場から全国各地に向けた搬出が行われているだけでなく、首都圏等の大都市圏に比較的近いということもあって、農協や卸売業者のみならずより小規模な産地出荷業者であっても県外実需者等に対する直接販売が可能となるなど、産地段階の出荷形態に関する選択肢の多さを指摘できる。このことは産地段階の集出荷主体が出荷戦略を検討していくうえにおいて、多様な方向性の存在が想定される地域であることを意味している。以上の理由から、本研究の事例地として長野県は適性が高いといえよう。

第3節　本書の構成

　本節においては本書の章構成について確認する。本書は上記の目的及び課題を達成するため、序章と終章に加えて第1章から第9章からなる全11章により構成されている。各章の概要を簡単に述べると以下のとおりとなる。

　第1章は長野県の青果物流通に関する検討を行うに先立って、同県の概要や農業生産の現状について確認を行う。また、青果物を初めとする卸売市場の配置状況や取扱額の動向等について、行政資料に基づいて確認する。

　第2章は長野県内卸売市場の主要出荷者の一つである県内農協について分析を行う。具体的には、長野県内の農協配置状況や主要出荷品目等を確認したうえで、1990年代以降に行われた広域合併の実施状況について概観したい。また、このような合併が青果物の集出荷体制や出荷戦略に及ぼした影響について分析するとともに、これら農協における県内市場の利用状況及び出荷先としての位置付けについても明らかにしたい。

　第3章以降は長野県における青果物の市場流通そのものに関する分析となる。このうち第3章から第5章までの3章については、市場流通のなかでも卸売業者が直接的に関与する経済行為として、県内市場の卸売業者における集分荷の概要と卸売業者が直接的に行う長野県外を含む量販店対応について分析を行う。卸売業者の分析を3つの章に分けた理由としては、本研究においては支社も含めて14社の卸売業者に対する実態調査を行ったが、これら全てを1つの章で取り扱った場合には多くの頁数を要せざるを得ず、他章とのバランスが悪くなることが第1の理由である。また、長野県内にはA社グループ及びB社グループという2つの卸売業者群が存在しており、歴史的にもこれらが競い合うことによりグループ全体として活力が維持されてきたという経緯がある。このため、本研究においてはグループごとの特徴をより明確にするため、それぞれ1章を充てることにしたというのが第2の理由である。上記の理由により、第3章はA社グループの5社、第4章ではB社グループ

の5社、最後の第5章においてはこれら2つのグループに属さない4社の独立系卸売業者を対象として、それぞれ分析を行うことにする。特に、第4章においては個別卸売業者の集分荷や市場機能の向上に向けた取り組みだけでなく、B社グループとしての展開方向についても併せて検討したい。

　仲卸業者は卸売市場流通のなかで重要な機能を担っていることから、第6章では長野県内の卸売市場で営業活動を行う青果物仲卸業者について、その営業実態や流通上の諸機能の強化・向上について明らかにしたい。県内市場のなかで仲卸業者が存在する市場は6市場であるが、本章においてはこのうち長野市場[10] の4社、松本市場の3社及び諏訪市場の1社を事例として取りあげ、これら仲卸業者の仕入・販売の概要、及び量販店対応の実態やそれによってもたらされた機能強化について検討する。また、これら仲卸業者の一部は卸売業者と資本関係があるだけでなく、卸売業者と提携しながら一体的な量販店対応を展開していることから、このような事例の取組内容と流通上の意義についても明らかにしたい。

　第7章では青果物を調達する側の視点から長野県内の卸売市場を評価するため、同県内に本社を置く3社の量販店を事例に検討を行いたい。具体的には、調査対象となった量販店の規模や店舗展開地域を確認した後に、これら量販店における青果物調達の概要や県内市場の利用状況とその選択要因、さらには調達先としての県内市場の評価や位置付けについて明らかにする。

　ここまでは主として長野県内を対象とする青果物流通についてみてきたが、流通環境が変化するなかで県内の卸売業者や産地出荷業者よる県外への販売が拡大していることから、第8章以降においては長野県内の業者による県外販売について分析を行う。このうち第8章では、卸売業者の主導により能動的に展開される県外販売について検証するとともに、このような取り組みが持つ青果物流通上の意義について検討したい。ただし、県内卸売業者が県外量販店に対して直接販売するケースについては、すでに第3章から第5章において確認していることから本章の検討対象とはしていない。

　最後の第9章では産地出荷業者による長野県外への販売について検討する。

なかでも産地集荷市場の卸売業者が産地出荷業者と提携することで実現された県外販売に焦点をあて、その実態と流通上の意義について明らかにしたい。なお、長野県内で確認されたこのような取組事例は果実が主要対象となっていることから、本章における検討も長野県北部の産地集荷市場を事例として、そこで行われる果実販売を中心に検討を行うことにする。

　以上が本書各章の概要であるが、最後の終章では園芸生産地域に立地する卸売市場等における青果物流通について、本書を通じて明らかとなった実態やそれを踏まえた検討結果を総括したい。

注
1）農協の広域合併については、1988年の第18回JA全国大会で示された「21世紀を展望する農協の基本戦略」が契機となっている。
2）本書でいう産地集荷市場とは、園芸生産地域もしくはその近くに立地し、そこで青果物を集荷するとともに、産地出荷業者等への販売を通じて消費地域等に立地する卸売市場等に向けた搬出を行う市場をいう。
3）『平成8年卸売市場データ集』によれば、1985年における青果物の卸売市場経由率は85.2%、うち野菜は87.4%、果実は81.4%を占めていた。
4）中央卸売市場等の公設市場が新設される際には、行政の指導により複数の既存卸売業者や青果物問屋を統合することで新たな会社を設立し、新市場の卸売業者として収容するケースが多いことから、中間流通段階の大型化に結びついている。
5）『令和元年度卸売市場データ集』によれば、2017年における野菜の市場経由率は64.3%であるのに対し、果実は37.6%に過ぎない。ただし、これを国産青果物に限定するならば78.5%が市場経由とされていることから、国産果実についてもその大部分が市場流通になると考えられる。
6）『平成26年全国消費実態調査』によれば、2014年における消費者の食料品購入先のうちスーパーの占める割合は野菜が74.9%、同じく果実では59.7%を占めている。
7）青果物の卸売市場流通に関する研究動向については、いずれも筑波書房刊行の木村彰利『大都市近郊の青果物流通』2010、同『変容する青果物産地集荷市場』2015、同『大都市近郊地域流通市場の機能強化』2018において検討していることから、そちらを参照されたい。
8）菌茸類は生産関係の統計では林産物に分類されているが、流通段階以降においては一般に野菜として扱われていることから、本書においても野菜に含め

て記述している。

9）『長野県の園芸』日本園芸会長野県支部編、1929、p.46及びpp.35-54による。

10）長野市場と松本市場の意味するところについては本書第3章、同じく諏訪市場については同じく第4章を参照されたい。

第1章

長野県の園芸生産と卸売市場

第1節　本章の課題

　序章で確認したように、本研究の目的は園芸産地における卸売市場中心とする青果物流通の実態と変容を明確化することにあるが、本章はそれを行うための前段階の作業として、本研究の事例地となった長野県及び同県の園芸生産の概要を確認する。それと併せて、長野県における青果物卸売市場の設置状況と市場流通の動向について確認を行いたい。

　ただし、青果物流通のなかでも実態調査に基づくものについては本書第2章以降で検討することから、本章の第4節及び第5節では長野県庁の資料により、同県における卸売市場の配置状況と青果物流通の概況について確認するに留めたい。

第2節　長野県の概要

　長野県は本州の中央部に位置しており、その面積は1万3,561.56km²[1]と比較的広く、全国の都道府県のなかでも第4位の大きさである。同県には飛騨山脈・木曽山脈・赤石山脈・八ヶ岳連峰に代表されるような日本有数の山岳地帯が存在していることから、全県的に標高が高いだけでなく、県内はこれら山岳によりいくつかの盆地や谷に区分されている。そして、これらの盆地や谷にはそれぞれ異なった文化が形成されるという特徴がある。同県の人口は**表1-1**にあるように2015年段階で203万4,145人[2]であり、全国の順位で

表 1-1　長野県の地域区分と人口（2015 年）

単位：人、%

	自 治 体	人 口	構成比
県 計	－	2,034,145	100.0
北 信	飯山市、中野市、下高井郡（山ノ内町、木島平村、野沢温泉村）、下水内郡（栄村）	81,942	4.0
長 野	長野市、須坂市、千曲市、上水内郡（信濃町、飯綱町、小川村）、上高井郡（小布施町、高山村）、埴科郡（坂城町）	527,744	25.9
北アルプス	大町市、北安曇郡（池田町、松川村、白馬村、小谷村）	56,179	2.8
松 本	松本市、塩尻市、安曇野市、東筑摩郡（麻績村、筑北村、生坂村、山形村、朝日村）	421,081	20.7
木 曽	木曽郡（木曽町、上松町、南木曽町、木祖村、王滝村、大桑村）	25,310	1.2
上 田	上田市、東御市、小県郡　（長和町、青木村）	191,730	9.4
佐 久	小諸市、佐久市、北佐久郡（軽井沢町、御代田町、立科町）、南佐久郡（小海町、佐久穂町、川上村、南牧村、南相木村、北相木村）	204,946	10.1
諏 訪	岡谷市、諏訪市、茅野市、諏訪郡（下諏訪町、富士見町、原村）	191,850	9.4
上伊那	伊那市、駒ヶ根市、上伊那郡（辰野町、箕輪町、飯島町、南箕輪村、中川村、宮田村）	179,322	8.8
南信州	飯田市、下伊那郡（松川町、高森町、阿南町、阿智村、平谷村、根羽村、下條村、売木村、天龍村、泰阜村、喬木村、豊丘村、大鹿村）	154,041	7.6

資料：「統計ステーションながの」による。
　　　https://tokei.pref.nagano.lg.jp/statistics/17951.html
注：1）人口は 10 月 1 日時点である。
　　2）データの出典の違いにより県計は各地域の合計値と一致しない。

は16位の位置にあるが、面積が広いこともあって人口密度は149.9人/km^{2}と低い水準である。

　このように長野県は広大な面積を持つこともあって、従来から一般的に北信・東信・中信・南信の４地域に区分されて扱われることが多い。それに加えて県庁は2017年４月から新たな区分法を採用しており、具体的には表中にあるような10地域に整理されている。なお、各地域の位置関係については**図1-1**を参照されたい。このうち、従来からの区分法の北信にあたるのは北信地域と長野地域であり、同じく東信にあたるのが上田地域[3]と佐久地域、中信となるのが北アルプス地域[4]と松本地域及び木曽地域、最後の南信には諏訪地域と上伊那地域及び南信州地域[5]が含まれている。ただし、現在

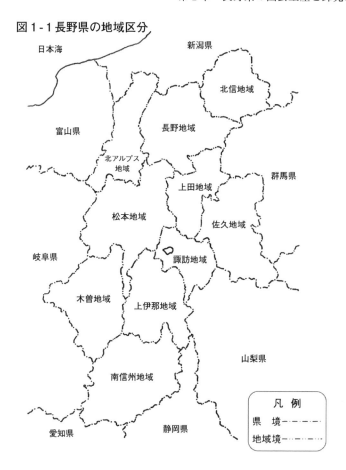

図1-1長野県の地域区分

でも長野県民の生活レベルにおいては、かつての４区分法や10区分であって
も2017年以前の呼称が使用されるケースが多い。これら地域の人口は地域ご
との差異が大きく、県全体に占める構成比でみた場合、長野地域の25.9％や
松本地域の20.7％など特定の地域に人口が集中する一方で、北アルプス地域
は2.8％、木曽地域では1.2％に過ぎない。

　最後に長野県の代表的な都市について確認するならば、人口の多いものか
ら長野市（県庁所在地・長野地域）、松本市（松本地域）、上田市（上田地域）、
佐久市（佐久地域）、飯田市（南信州地域）、安曇野市（松本地域）、伊那市（上

伊那地域）、千曲市（長野地域）などがあげられる。そして、これら都市の多くは各地域における経済や文化の中心地になっている。

第3節　長野県の農業生産

（1）耕地面積等の状況

　本節においては長野県農業について概観するとともに、同じく同県の園芸生産について確認を行いたい。最初に農業生産の基盤となる耕地面積等の推移についてまとめたものが**表1-2**である。2018年段階における耕地面積は10

表1-2　長野県の耕地面積等の推移

単位：ha、%

		1990 年	2000 年	2010 年	2015 年	2018 年
実面数	耕地面積計	137,500	118,200	111,200	108,900	106,700
	田	70,800	59,600	55,400	54,000	52,800
	畑	66,750	58,620	55,850	54,900	53,960
	普通畑	38,200	36,300	36,300	36,100	35,700
	樹園地	23,900	18,400	16,200	15,500	15,000
	牧草地	4,650	3,920	3,350	3,300	3,260
	作付延べ面積	128,400	104,500	96,200	93,500	91,400
	耕地利用率	93.4	88.4	86.5	85.9	85.7
構成比	耕地面積計	100.0	100.0	100.0	100.0	100.0
	田	51.5	50.4	49.8	49.6	49.5
	畑	48.5	49.6	50.2	50.4	50.6
	普通畑	27.8	30.7	32.6	33.1	33.5
	樹園地	17.4	15.6	14.6	14.2	14.1
	牧草地	3.4	3.3	3.0	3.0	3.1
	作付延べ面積	−	−	−	−	−
	耕地利用率	−	−	−	−	−
指数	耕地面積計	100	86	81	79	78
	田	100	84	78	76	75
	畑	100	88	84	82	81
	普通畑	100	95	95	95	93
	樹園地	100	77	68	65	63
	牧草地	100	84	72	71	70
	作付延べ面積	100	81	75	73	71
	耕地利用率	100	95	93	92	92

資料：『各年次耕地及び作付面積統計』による。
注：1）端数処理の関係から各耕地面積の合計値は耕地面積計と一致しない。
　　2）端数処理の関係から構成比の合計が100.0にならないことがある。

万6,700ha（100.0％）であり、このうち田が5万2,800ha（49.5％）、畑は普通畑が3万5,700ha（33.5％）、樹園地が1万5,000ha（14.1％）、牧草地は平地が少ないこともあって3,260ha（3.1％）と僅かである。後掲の**表1-3**で示す全国における田の面積割合が54.4％であることと比較するならば、長野県の同割合は幾分低い傾向にある。作付延べ面積については2018年で9万1,400haとなっていることから、耕地利用率は85.7％である。

　農地について地目別に構成比の動きを確認するならば、田は1990年と比較して2.0ポイントの減少であり、畑については普通畑が5.7ポイントの増加、樹園地は3.3ポイントの減少、牧草地も0.3ポイントの減少となっているように、この間に普通畑の構成比のみ拡大がみられる。しかし、後述の指数では普通畑の耕地面積がこの間に大きく減少していることを踏まえるならば、普通畑の構成比の拡大は農地の絶対面積が減少していくなかにおいて、普通畑の減少率が相対的に低かったことによるものである。

　耕地面積の経年動向について、1990年を基準とする指数で確認するならば以下のとおりになる。耕地面積は1990年から2018年の間に3万800haが減少していることもあって、指数も78にまで減少している。これを地目別にみると田が75であるのに対して畑は81であり、このうち普通畑は93、牧草地では70に過ぎないが、樹園地は63にまで落ち込んでいる。また、作付延べ面積が71と大きく減少していることもあって、耕地利用率も92にまで低下している。このような傾向から、この間に農地の絶対量が減少しただけでなく、その効率的な利用という観点からも後退していることが確認できる。

　次に**表1-3**を基に地域別の耕地面積について確認したい。長野県には10万6,722haの耕地が存在しているが、このうち松本地域は1万9,452haであり、表のサイズを抑えるために表出していないが同面積は県全体の18.2％を占めている。次いで佐久地域が1万7,917ha（同16.8％）、長野地域は1万6,934ha（同15.9％）と続いている。これら地区の耕地面積が多いのは、それぞれ松本盆地・佐久盆地・長野盆地と称される平坦地が地域内の中心部分を占めていることによる。一方、狭隘な木曽谷に位置する木曽地域の耕地面積は1,926haに過

ぎず、県全体に占める構成比も1.8％と僅かである。このように、長野県は地域ごとに農業の生産環境が大きく異なっている。

　長野県全体の田及び畑の割合についてはすでにみたが、これを地域ごとに確認するならばその傾向は大きく異なっている。具体的には、耕地面積に占める田の割合は北アルプス地域で85.6％と高く、同地域の特徴となっている。それ以外でも、上伊那地域の64.3％や松本地域の60.3％というように、これらの地域では比較的田の構成比が高くなる傾向にある。一方、畑の占める割合が高い地域としては長野地域の66.7％、南信州地域の66.1％、佐久地域の

表1-3　長野県の地域別耕地面積 (2018年)

単位：ha、%

		耕地面積	田	田本地	畑
実面数	全　　国	4,420,000	2,405,000	2,273,000	2,014,000
	長野県計	106,722	52,765	46,249	53,967
	北　信	9,183	3,742	3,112	5,444
	長　野	16,934	5,641	5,082	11,293
	北アルプス	5,599	4,792	4,192	808
	松　本	19,452	11,738	10,650	7,720
	木　曽	1,926	922	717	1,003
	上　田	8,866	4,622	4,001	4,244
	佐　久	17,917	7,071	6,264	10,842
	諏　訪	6,027	3,319	2,843	2,714
	上伊那	12,716	8,171	7,113	4,540
	南信州	8,102	2,747	2,275	5,359
構成比	全　　国	100.0	54.4	51.4	45.6
	長野県計	100.0	49.4	43.3	50.6
	北　信	100.0	40.7	33.9	59.3
	長　野	100.0	33.3	30.0	66.7
	北アルプス	100.0	85.6	74.9	14.4
	松　本	100.0	60.3	54.8	39.7
	木　曽	100.0	47.9	37.2	52.1
	上　田	100.0	52.1	45.1	47.9
	佐　久	100.0	39.5	35.0	60.5
	諏　訪	100.0	55.1	47.2	45.0
	上伊那	100.0	64.3	55.9	35.7
	南信州	100.0	33.9	28.1	66.1

資料：『平成30年耕地及び作付面積統計』による。
　注：1）長野県計は各地域の合計値としたため、原データの耕地面積とは一致しない。
　　　2）端数処理の関係から合計が100.0にならないことがある。
　　　3）端数処理の関係から表1-2とは数値が一致しない。

60.5％、そして北信地域の59.3％などがあげられるが、これら地域は後述するようにいずれも園芸生産の盛んな地域である。

（2）農家の状況

　本項においては、農業生産の中心的な担い手である農家[6]）及び農業従事者等について確認したい。長野県の農家数等の推移について取りまとめたもの**表1-4**である。2015年における総農家数は10万4,759戸（100.0％）となっているが、このうち販売農家はほぼ半数の5万1,777戸（49.4％）であり、残りの5万2,982戸（50.6％）については自給的農家である。さらに販売農家の内訳をみると主業農家が9,798戸（9.4％）、準主業農家が9,715戸（9.3％）で

表1-4　長野県の農家数等の推移

単位：戸、人、％

		1990 年	2000 年	2010 年	2015 年
実数	総農家	162,298	136,033	117,316	104,759
	販売農家	115,637	90,401	62,076	51,777
	主業農家	28,512	16,348	11,460	9,798
	準主業農家	39,967	23,906	14,357	9,715
	副業的農家	47,158	50,147	36,259	32,264
	自給的農家	46,661	45,632	55,240	52,982
	農業就業人口（販売農家）	195,546	155,620	100,244	82,922
	基幹的農業従事者	130,180	92,103	83,247	73,467
構成比	総農家	100.0	100.0	100.0	100.0
	販売農家	71.2	66.5	52.9	49.4
	主業農家	17.6	12.0	9.8	9.4
	準主業農家	24.6	17.6	12.2	9.3
	副業的農家	29.1	36.9	30.9	30.8
	自給的農家	28.8	33.5	47.1	50.6
	農業就業人口（販売農家）	100.0	100.0	100.0	100.0
	基幹的農業従事者	66.6	59.2	83.0	88.6
指数	総農家	100	84	72	65
	販売農家	100	78	54	45
	主業農家	100	57	40	34
	準主業農家	100	60	36	24
	副業的農家	100	106	77	68
	自給的農家	100	98	118	114
	農業就業人口（販売農家）	100	80	51	42
	基幹的農業従事者	100	71	64	56

資料：『各年次農林業センサス』による。

あるのに対し、副業的農家は3万2,264戸（30.8％）となっていることから、農家全体の8割以上は副業的もしくは自給的農家によって占められている。販売農家の農業就業人口は8万2,922人であり、そのうち基幹的農業従事者は7万3,467人となっているように、農業就業人口の88.6％は基幹的農業従事者が占めている。

　農家数の推移について1990年を基準とする指数で確認するならば、総農家数はこの25年の間に5万7,539戸の減少となっているため、2015年の指数も65にまで減少している。同じく同年の販売農家の指数は45、このうち主業農家は34、準主業農家は24というようにいずれも大きく落ち込んでいるのに対し、副業的農家は68と比較的高位に留まっているだけでなく、自給的農家に至っては114にまで上昇している。このことは、この間に主業・準主業農家の多くが販売から撤退し、自給的農家等へと変化したことを意味している。その一方で、農業就業人口（販売農家）に占める基幹的農業従事者の割合は1990年の66.6％から2015年には88.6％と22.0ポイントも増加しているように、多くの農家が自給的農家にシフトしていくなかにおいて、専従的な農業従事者の割合が増加するという動きもみられる。

　長野県における農家等の状況について、地域別にまとめたものが表1-5である。県全体の販売農家数が5万1,777戸であることはすでにみたが、地域的には長野地域の1万545戸が多く、耕地面積と同じ理由で表出していないがこれは県全体の20.4％占めている。それ以外では松本地域の9,518戸（同18.4％）、佐久地域の7,456戸（同14.4％）と続いているように、地域別の耕地面積と同じくこれら3地域の構成比が高くなっている。

　総農家に占める販売農家の割合を地域ごとに比較した場合、北アルプス地域の58.4％、北信地域の58.1％、松本地域の53.9％、佐久地域の52.6％、南信州地域の51.4％などが高い構成比を示している。また、総農家に占める主業農家+準主業農家の割合でみても同様の傾向である。これらから、農業生産が盛んな地域においては販売農家率も高くなる傾向にある[7]ことが確認できる。販売農家の農業就業人口に占める基幹的農業従事者率を地域別に比較

表 1-5　長野県の地域別農家数等 (2015 年)

単位：実数、戸、人、%

実数

地域	農業経営体	家族経営体	組織経営体	総農家	販売農家	主業農家	準主業農家	副業的農家	自給的農家	農業就業人口（販売農家）	基幹的農業従事者
全 国 計	1,377,266	1,344,287	32,979	2,155,082	1,329,591	293,928	275,041	778,622	825,491	2,096,662	1,753,764
県 計	53,808	52,599	1,209	104,759	51,777	9,798	9,715	32,264	52,982	82,922	73,467
北 信	4,657	4,489	168	7,635	4,433	1,247	802	2,384	3,202	7,865	7,375
長 野	11,178	10,990	188	22,144	10,545	1,892	2,093	6,560	11,599	17,626	15,966
北アルプス	2,395	2,325	70	3,959	2,313	219	476	1,618	1,646	3,051	2,615
松 本	9,809	9,589	220	17,656	9,518	1,846	1,919	5,753	8,138	15,098	13,390
木 曽	836	810	26	1,932	803	73	124	606	1,129	1,064	917
上 田	4,038	3,945	93	9,802	3,896	524	668	2,704	5,906	5,970	4,821
佐 久	7,617	7,508	109	14,165	7,456	1,764	1,106	4,586	6,709	11,568	10,390
諏 訪	2,817	2,767	50	5,830	2,759	516	536	1,707	3,071	4,580	3,984
上伊那	4,740	4,577	163	10,939	4,560	529	764	3,267	6,379	6,430	5,310
南信州	5,721	5,599	122	10,697	5,494	1,188	1,227	3,079	5,203	9,670	8,699

構成比

地域	農業経営体	家族経営体	組織経営体	総農家	販売農家	主業農家	準主業農家	副業的農家	自給的農家	農業就業人口（販売農家）	基幹的農業従事者
全 国 計	100.0	97.6	2.4	100.0	61.7	13.6	12.8	36.1	38.3	100.0	83.6
県 計	100.0	97.8	2.2	100.0	49.4	9.4	9.3	30.8	50.6	100.0	88.6
北 信	100.0	96.4	3.6	100.0	58.1	16.3	10.5	31.2	41.9	100.0	93.8
長 野	100.0	98.3	1.7	100.0	47.6	8.5	9.5	29.6	52.4	100.0	90.6
北アルプス	100.0	97.1	2.9	100.0	58.4	5.5	12.0	40.9	41.6	100.0	85.7
松 本	100.0	97.8	2.2	100.0	53.9	10.5	10.9	32.6	46.1	100.0	88.7
木 曽	100.0	96.9	3.1	100.0	41.6	3.8	6.4	31.4	58.4	100.0	86.2
上 田	100.0	97.7	2.3	100.0	39.7	5.3	6.8	27.6	60.3	100.0	80.8
佐 久	100.0	98.6	1.4	100.0	52.6	12.5	7.8	32.4	47.4	100.0	89.8
諏 訪	100.0	98.2	1.8	100.0	47.3	8.9	9.2	29.3	52.7	100.0	87.0
上伊那	100.0	96.6	3.4	100.0	41.7	4.8	7.0	29.9	58.3	100.0	82.6
南信州	100.0	97.9	2.1	100.0	51.4	11.1	11.5	28.8	48.6	100.0	90.0

資料：「2015年農林業センサス」による。

した場合、北信地域の93.8％が最も高いが、最低の上田地域でも80.8％となるなど地域間に大きな傾向の相違は認められない。

（3）農業産出額の状況

　長野県の農業生産の最後として、農業産出額と生産農業所得について確認したい。**表1-6**は農業産出額の構成と経年動向等について取りまとめたものである。2017年について確認すると、県全体の農業産出額は2,475億円であり、このうち耕種が2,145億円と86.7％を占めている。耕種以外では畜産が300億円（12.1％）、加工農産物が30億円（1.2％）である。さらに耕種の内訳を確認するならば、いも類[8]を含む野菜が853億円（34.5％）、果実が625億円（25.3％）、米が472億円（19.1％）、花きが141億円（5.7％）、そしてその他の54億円（2.2％）となっている。また、野菜と果実の合計は全体の59.8％を占めていることから、長野県においては園芸生産が盛んに行われている。ちなみに、2018年の全国に占める長野県の農業産出額の順位[9]は野菜（いも類を含まず）が第7位、果実は第3位である。農産物に限らず、長野県においては統計上は林産物に区分される菌茸類の生産も盛んであり、2017年の栽培きのこ類産出額は539億円というように果実産出額に次ぐ規模となっている。続いて所得率を確認するならば、長野県の生産農業所得は1,008億円であることから生産農業所得を農業産出額で割ることにより産出した所得率は40.7％となる。

　農業産出額等の経年的な動向を確認すると以下のとおりである。1990年の農業産出額計は3,382億円となっているが、同年を基準とする指数でみると2017年には73に減少している。ただし、年ごとの豊凶や相場変動の影響も大きいが2010年では66にまで数値を落としていたように、近年はいくらか持ち直しつつあることがうかがえる。耕種について詳細にみると、2017年の米は57、野菜は92、果実は88、花きは62などとなっている。なお、2010年については米が52にまで低下しているだけでなく、それ以外についても栽培きのこ類を除けば大きく数値を落としている。このような産出額の変動により、生

表 1-6　長野県の農業産出額等の推移

単位：億円、％

			1990 年	2000 年	2010 年	2015 年	2017 年
金額	農業産出額計		3,382	2,557	2,243	2,421	2,475
	耕種		2,807	2,196	1,925	2,081	2,145
		米	824	596	428	422	472
		野菜	924	735	801	900	853
		果実	712	579	485	558	625
		花き	227	201	161	149	141
		その他	120	85	50	52	54
	畜産		564	333	288	308	300
	加工農産物		11	28	30	32	30
	生産農業所得		1,500	962	658	930	1,008
	栽培きのこ類		553	502	495	496	539
構成比	農業産出額計		100.0	100.0	100.0	100.0	100.0
	耕種		83.0	85.9	85.8	86.0	86.7
		米	24.4	23.3	19.1	17.4	19.1
		野菜	27.3	28.7	35.7	37.2	34.5
		果実	21.1	22.6	21.6	23.0	25.3
		花き	6.7	7.9	7.2	6.2	5.7
		その他	3.5	3.3	2.2	2.1	2.2
	畜産		16.7	13.0	12.8	12.7	12.1
	加工農産物		0.3	1.1	1.3	1.3	1.2
	生産農業所得（所得率）		44.4	37.6	29.3	38.4	40.7
	栽培きのこ類		-	-	-	-	-
指数	農業産出額計		100	84	66	70	73
	耕種		100	84	69	75	76
		米	100	73	52	45	57
		野菜	100	91	87	107	92
		果実	100	87	68	79	88
		花き	100	86	71	103	62
		その他	100	101	42	36	45
	畜産		100	81	51	46	53
	加工農産物		100	112	273	291	273
	生産農業所得		100	72	44	63	67
	栽培きのこ類		100	91	90	90	97

資料：『各年次生産農業所得統計』、『各年次林産出額統計』による。
　注：1）農業産出額は各算出額の合計値としたため、原データの農業産出額計とは一致しない。
　　　2）端数処理の関係から合計が 100.0 にならないことがある。
　　　3）野菜はいも類を含む。

産農業所得についても経年的に低下する傾向にあり、2010年当時の指数である44よりは持ち直しているものの、2017年においても67に留まっている。一方、菌床栽培が中心となる菌茸類は生産が安定していることに加えて、価格に関しても通年契約等により比較的安定しているため、産出額の年次変動は比較的緩やかである。

表1-7　長野県の農業産出額（2017年）

単位：億円、千万円、%

		農業産出額	耕種	米	野菜	果実	花き	その他	畜産	加工農産物
金額	全　　国	92,787	59,950	17,456	26,703	8,450	3,438	3,904	33,223	615
	長野県計	24,751	21,451	4,729	8,531	6,245	1,378	568	3,000	300
	北　信	2,408	2,257	354	537	1,107	177	82	151	…
	長　野	3,944	3,784	502	594	2,414	126	148	160	…
	北アルプス	769	661	453	84	56	48	20	108	…
	松　本	4,900	4,072	1,049	1,750	1,005	131	137	828	…
	木　曽	192	122	39	68	3	4	8	68	…
	上　田	1,482	1,308	396	400	345	134	33	174	…
	佐　久	5,590	4,914	674	3,741	195	276	28	673	…
	諏　訪	1,278	1,170	301	582	28	245	14	108	…
	上伊那	1,809	1,509	692	404	219	149	45	299	…
	南信州	2,082	1,654	269	371	873	88	53	431	…
構成比	全　　国	100.0	64.6	18.8	28.8	9.1	3.7	4.2	35.8	0.7
	長野県計	100.0	86.7	19.1	34.5	25.3	5.7	2.2	12.1	1.2
	北　信	100.0	93.7	14.7	22.3	46.0	7.4	3.4	6.3	
	長　野	100.0	95.9	12.7	15.1	61.2	3.2	3.8	4.1	
	北アルプス	100.0	86.0	58.9	10.9	7.3	6.2	2.6	14.0	
	松　本	100.0	83.1	21.4	35.7	20.5	2.7	2.8	16.9	
	木　曽	100.0	63.5	20.3	35.4	1.6	2.1	4.2	35.4	
	上　田	100.0	88.3	26.7	27.0	23.3	9.0	2.2	11.7	
	佐　久	100.0	87.9	12.1	66.9	3.5	4.9	0.5	12.0	
	諏　訪	100.0	91.5	23.6	45.5	2.2	19.2	1.1	8.5	
	上伊那	100.0	83.4	38.3	22.3	12.1	8.2	2.5	16.5	
	南信州	100.0	79.4	12.9	17.8	41.9	4.2	2.5	20.7	

資料：『平成29年生産農業所得統計』、『平成29年市町村別農業産出額（推計）』による。
注：1）端数処理の関係から構成比の合計が100.0にならないことがある。
　　2）野菜はいも類を含む。
　　3）…は事実不詳を意味する。

　続いて長野県の地域別の農業産出額について、**表1-7**により確認したい。地域別の産出額は多い地域から順に佐久地域の5,590億円、松本地域の4,900億円、長野地域の3,944億円、北信地域の2,408億円などとなっているが、その品目構成は地域ごとに大きく異なっており、各地域の農業生産を特徴付けている。具体的には、産出額第1位の佐久地域は野菜が66.9％を占めているが、これは同地域が夏期の葉物野菜を中心とする高原野菜の一大生産地域であることによる。なお、野菜に関しては諏訪地域も45.5％と高くなっている。同じく産出額第2位の松本地域については野菜が35.7％、米が21.4％、果実が20.5％というように、多様な品目の生産が行われている。同3位の長野地域

は比較的早い段階から果実生産が導入されたこともあって、現在でもぶどうやりんご等、多品目にわたる果実生産が行われ、その産出額も61.2％を占めている。長野地域以外で果実生産が盛んな地域としては、北信地域の46.0％や南信州地域の41.9％があげられる。このように長野県内には園芸生産が盛んな地域が存在する一方で、産出額は少ないものの米作に特化した北アルプスのような地域もみられるなど、同県では地域ごとに特徴的な農業生産が行われている。最後に、表中にない菌茸類については比較的全県で生産されているが、なかでも北信地域や長野地域が中心的な生産地域である。

第4節　長野県における青果物市場の配置状況

　本章においてはこれまで長野県農業について確認をしてきたが、本節と次節においては第2章以降で行う検討のための前提として、同県の青果物流通について県庁の行政資料により確認する。長野県内に設置されている卸売市場[10]については**表1-8**のとおりである。なお、同表及び後掲の**図1-2**の作成にあたっては長野県庁の資料を用いていることから、市場名についても正式名称をそのまま使用している。このため、ヒアリング結果に基づく次章以降の記述内容とは直接的な関連性がないことを付言しておきたい。

　長野県には中央卸売市場は存在せず[11]、設置されているものはいずれも地方卸売市場である。2017年の段階では県内に21市場[12]が存在しており、卸売業者数は支社も含めて33社となっている。卸売市場の取扱品目は青果物を扱うものが16市場と最も多く、それ以外では水産物が9市場、花きが4市場、食肉が4市場である。ただし、これら卸売市場のなかには1市場に複数の卸売業者が入る総合市場だけでなく、単一卸の市場であっても複数品目が扱われるケースが含まれている。

　地域別に設置状況をみるならば、北信地域の2市場はいずれも青果物を中心に取り扱う市場である。長野地域には5市場が存在するが、同地域は県庁所在地であるため人口が多く、このため後掲の**表1-9**で示すように、地元の

表 1-8 長野県内の地方卸売市場一覧（2017年）

地域	市場名	所在地	取扱品目	卸売業者数	備考
北信	①飯山中央地方卸売市場	飯山市木島531	青果物・水産物	1社	主に青果物を扱う
	②中野長印地方卸売市場	中野市田麦567-1	青果物	1社	
	③長印須坂地方卸売市場	須坂市小島689-1	青果物	1社	地域拠点市場
	④東果青坂地方卸売市場	須坂市高梨333-10	青果物	1社	
長野	⑤長野地方卸売市場	長野市市場1-11	青果物	2社	地域拠点市場
			水産物	2社	
	⑥長野中央園芸地方卸売市場	長野市西和田1-29-40	花き	1社	
	⑦戸倉地方卸売市場	千曲市戸倉235-3	青果物	2社	
松本	⑧松本市公設地方卸売市場	松本市笹賀7600-41	水産物・食肉	2社	公設市場、地域拠点市場
			花き	1社	
上田	⑨上田連合地方卸売市場	上田市秋和531-1	青果物	1社	地域拠点市場
	⑩丸水長野県水上田地方卸売市場	上田市秋和266-1	青果物・水産物・食肉	1社	主に水産物を扱う
	⑪上田丸一地方卸売市場	上田市問屋町290	水産物	1社	
	⑫東信中央園芸地方卸売市場	上田市常磐城1662-1	花き	1社	
佐久	⑬佐久長印地方卸売市場	佐久市長土呂64-5	青果物	1社	地域拠点市場
	⑭佐久連合地方卸売市場	佐久市長土呂93-8	青果物	1社	
	⑮佐久丸一地方卸売市場	佐久市長土呂131-6	水産物・食肉	1社	主に水産物を扱う
	⑯地方卸売市場長野中央園芸地方卸売市場 佐久営業所	佐久市長土呂64-14	花き	1社	
諏訪	⑰諏訪市公設地方卸売市場	諏訪市湖南3873	青果物	1社	公設市場、地域拠点市場
上伊那	⑱丸伊伊那地方卸売市場	伊那市西春近5842-1	水産物	2社	
	⑲伊那丸一地方卸売市場	伊那市西春近5852-1	青果物・水産物・食肉	1社	主に水産物を扱う
	⑳駒ヶ根市公設地方卸売市場	駒ヶ根市上穂南4-13	青果物	1社	公設市場
南信州	㉑飯田市地方卸売市場	飯田市松尾上溝3050	水産物	2社	公設市場、地域拠点市場

資料：長野県資料による。

消費需要に対する供給を担う⑤のような大規模総合市場が含まれている。その一方で、同地域は果実をはじめとする園芸生産地域でもあるため産地集荷市場の存在も想定されるところである。長野地域に次いで人口集積がみられる松本地域は1市場ではあるが、⑧のように比較的規模が大きい公設総合市場が設置されている。上田地域には4市場があり、これら市場の取扱品目や性格には多様なものが含まれている。高原野菜の一大産地を含む佐久地域には4市場が設置されている。諏訪地域には公設総合市場が1市場、上伊那地域には比較的小規模な3市場が存在している。そして、最後の南信州地域には1つの公設総合市場が設置されている。このように、長野県においては北アルプス地域と木曽地域を除く全ての地域に卸売市場が設置されており、生鮮食料品流通の担い手となっている。

　長野県内の卸売市場のうち比較的規模が大きく、生産者等の出荷先として重要であるとともに県民に対する生鮮食料品の供給拠点としての重要性が高い市場については、県庁により「地域拠点市場」として位置付けられている。具体的には生鮮食品を扱う③⑤⑧⑨⑭⑰㉑の7市場が該当しており、また、食品以外では花きを扱う⑥が含まれている。なお、長野県内の卸売市場のうち⑧⑰⑳㉑の4市場は公設市場であるが、このうち⑳以外の3市場は地域拠点市場に指定されているように、重要度の高い市場は行政により公設市場として設置される傾向にある。

第5節　長野県内卸売市場における青果物流通の動向

　長野県内の卸売市場における青果物取扱額の推移について取りまとめたものが**図**1-2であり、このうち地域拠点市場については図中に市場名を記載している。長野県庁に記録が残された期間についてその動向を確認するならば、県内市場における青果物取扱総額は1980年に976億円であったものが、バブル経済による拡大期と時期的に重複することもあってその後の取扱額は大きく増大し、1991年には期間中最高額となる1,462億円が記録されている。そ

図1-2　長野県内卸売市場における青果物取扱額の推移

単位：百万円

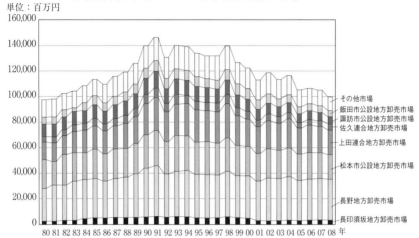

その他市場
飯田市公設地方卸売市場
諏訪市公設地方卸売市場
佐久連合地方卸売市場

上田連合地方卸売市場

松本市公設地方卸売市場

長野地方卸売市場

長印須坂地方卸売市場

80 81 82 83 84 85 86 87 88 89 90 91 92 93 94 95 96 97 98 99 00 01 02 03 04 05 06 07 08 年

資料：『各年次長野県卸売市場要覧』による。
注：1）長印須坂地方卸売市場の2001年以前の取扱額は旧市場の卸売業者のものである。
　　2）長野地方卸売市場の1987年以前の取扱額は市場の母体となった市場の合計である。
　　3）松本市公設地方卸売市場の1988年以前の取扱額は移転前の旧市場の合計である。
　　4）佐久連合地方卸売市場の1992年以前の取扱額は移転前の卸売業者のものである。
　　5）取扱額の一部には加工食品等を含むものがある。
　　6）2006年のその他市場は2市場の取扱額を欠く。

　の後、県内市場の取扱額は伸び悩む状況へと基調が変化しながらも、1998年
には1,395億円と2度目のピークが形成されている。そして2000年代以降は
再び取扱額を減少させながら、記録が残る最後の年となる2008年の997億円
に至っている。

　図1-2では個々の市場の動向を把握しにくいことから、主要市場の動きに
ついて取りまとめたものが**表1-9**である。なお、同表についても県庁に記録
が残る1980年から2008年の間を対象としている。2008年段階における各市場
の取扱額は、多い市場から順に長野地方卸売市場の320億300万円（32.1％）、
上田連合地方卸売市場の192億6,900万円（19.3％）、松本市公設地方卸売市場
の192億4,200万円（19.3％）、諏訪市公設地方卸売市場の60億2,200万円（6.0％）
などとなっている。

　次に、各市場の動向を相対的に把握するため、長野県全体の青果物取扱額

表1-9　長野県内卸売市場の青果物取扱額及び構成比

単位：百万円、％

		1980年	1985年	1990年	1995年	2000年	2005年	2008年
金額	長印須坂地方卸売市場	2,392	5,086	5,739	5,057	4,673	2,795	3,211
	長野地方卸売市場	25,705	30,608	38,153	33,946	33,268	31,587	32,003
	松本市公設地方卸売市場	22,543	23,012	26,100	25,294	23,010	20,574	19,242
	上田連合地方卸売市場	13,703	18,147	24,426	25,184	21,417	20,368	19,269
	佐久連合地方卸売市場	4,219	5,977	7,044	6,774	6,088	4,294	4,559
	諏訪市公設地方卸売市場	9,861	10,779	12,819	11,554	9,429	6,979	6,022
	飯田市公設地方卸売市場	5,385	7,137	7,830	7,694	8,284	5,460	4,788
	その他市場	13,793	12,583	17,671	18,433	16,092	13,165	10,612
	卸売市場計	97,601	113,329	139,782	133,936	122,261	105,222	99,706
指数	長印須坂地方卸売市場	100	213	240	211	195	117	134
	長野地方卸売市場	100	119	148	132	129	123	125
	松本市公設地方卸売市場	100	102	116	112	102	91	85
	上田連合地方卸売市場	100	132	178	184	156	149	141
	佐久連合地方卸売市場	100	142	167	161	144	102	108
	諏訪市公設地方卸売市場	100	109	130	117	96	71	61
	飯田市公設地方卸売市場	100	133	145	143	154	101	89
	その他市場	100	91	128	134	117	95	77
	卸売市場計	100	116	143	137	125	108	102
構成比	長印須坂地方卸売市場	2.5	4.5	4.1	3.8	3.8	2.7	3.2
	長野地方卸売市場	26.3	27.0	27.3	25.3	27.2	30.0	32.1
	松本市公設地方卸売市場	23.1	20.3	18.7	18.9	18.8	19.6	19.3
	上田連合地方卸売市場	14.0	16.0	17.5	18.8	17.5	19.4	19.3
	佐久連合地方卸売市場	4.3	5.3	5.0	5.1	5.0	4.1	4.6
	諏訪市公設地方卸売市場	10.1	9.5	9.2	8.6	7.7	6.6	6.0
	飯田市公設地方卸売市場	5.5	6.3	5.6	5.7	6.8	5.2	4.8
	その他市場	14.1	11.1	12.6	13.8	13.2	12.5	10.6
	卸売市場計	100.0	100.0	100.0	100.0	100.0	100.0	100.0

資料：「各年次長野県卸売市場要覧」による。
注：1）長印須坂地方卸売市場の2001年以前の取扱額は旧卸売業者のものである。
　　2）長野地方卸売市場の1987年以前の取扱額は市場の母体となった市場の合計である。
　　3）松本市公設地方卸売市場の1988年以前の取扱額は移転前の旧市場のものである。
　　4）佐久連合地方卸売市場の1992年以前の取扱額は移転前の市場の合計である。
　　5）取扱額の一部には加工食品等を含むものがある。

に占める各市場の構成比をみるならば、経年的には長野地方卸売市場への集中が顕著であり、1980年に26.3％であったものが2008年までの間に5.8ポイントの拡大が確認できる。その一方で、松本市公設地方卸売市場はこの28年間に3.8ポイントの減少、同じく諏訪市公設地方卸売市場も4.1ポイントの減少となっている。このような傾向から、長野地方卸売市場の拡大は県内他市場のシェアを取り込むことによってもたらされた可能性が高い。一方、上田連合地方卸売市場に関しては異なる傾向を示しており、同市場は長野地方卸売

市場と比較的近い場所に立地しているにも関わらず、この間の取扱額は比較的堅調に推移している。

　最後に取扱額の動向を市場ごとに把握するため、1980年を基準年とする指数で確認したい。卸売市場計からみると2008年における指数は102でしかないにも関わらず、長野地方卸売市場については125にまで拡大している。しかし、1990年の同市場は148であったことを踏まえるならば、この間、決して順調に取扱額を伸ばしてきたのではないことが確認できる。それ以外の市場では上田連合青果地方卸売市場が141と大きく拡大している一方で、諏訪市公設地方卸売市場は61、松本市公設地方卸売市場は85、飯田市公設地方卸売市場では89というようにいずれも取扱額を減少させており、その他市場についても77と低下している。このような指数の動向からも、長野地方卸売市場と上田連合地方卸売市場は県内他市場のシェアを取り込みながら取り扱いを拡大してきたことがうかがえる。なお、長印須坂地方卸売市場についても2008年の指数が134となっているように取扱額は拡大しているが、同市場は果実生産地域のなかに設置されていることから、他の市場とは異なる背景や成長要因の存在が想定される。

第6節　小括

　本章は長野県における青果物流通を検討するための前提として、同県の農業や園芸生産の現状について確認するとともに、県内における卸売市場の配置状況や取扱額の動向等について確認を行った。その結果、長野県は標高が高いことに加えて県内に多くの山岳地帯が存在しているため、これらを境界として10地域に区分されていた。各地域の農業生産環境については、地域ごとに異なる傾向が存在していた。そして、同県の園芸生産は全国でも有数の位置にあるだけでなく、野菜・果実ともに一大生産地域が形成されていた。

　しかし、全国的に農業を取り巻く環境が厳しさを増すなかでは同県も例外でなく、たとえば農地は経年的に減少していることに加えて耕地利用率も低

下するなど、農業の生産基盤は脆弱化しつつある。農家については絶対数が減少しているだけでなく主業農家や準主業農家の構成比が低下しつつあり、その一方で自給的農家が拡大するという動きも顕著である。また、農業就業人口や基幹的農業従事者も経年的に大きく減少するなど、将来的な担い手確保という観点からは課題が多い。

農業産出額の動向については、その年々における農産物価格の変動による影響が大きいと考えられるが、金額でみる限り経年的な減少傾向が確認された。そして、長野県農業は地域ごとの特異性が大きく、たとえば北信地域や長野地域及び南信州地域では比較的果実生産が盛んであった。一方、高原野菜の一大産地である佐久地域等では夏期を中心とする葉物野菜等の生産が盛んに行われていた。また、松本地域等においては多様な農業生産が展開されるといった特徴が存在していた。

卸売市場に関しては長野県内に21の地方卸売市場が設置されており、このうち青果物を取り扱うものは16市場であった。また、これら市場では33社の卸売業者が営業活動を行っていた。県内市場における青果物取扱額は1991年をピークとして伸び悩む傾向にあり、特に1998年以降は取扱額を大きく減少させながら推移するという傾向が存在していた。市場間の関係においても、一部市場のシェアが拡大するなかでそれ以外の市場が縮小するという動きが確認された。そしてこのような動向は、長野県内の卸売市場には長期的に基幹的な流通機構として機能していくうえにおいて、多くの課題が存在することを示唆するものである。

注

1）長野県ホームページによる。
　　〈https://www.pref.nagano.lg.jp/koho/kids/menu02/ookisa.html〉
2）2015年の人口は国勢調査の結果に基づくものであるが、長野県による2021年
　　1月段階の推計でも203万1,795人となっていることから、この間に大きな変化
　　は生じていない。
　　〈https://www.pref.nagano.lg.jp/tokei/tyousa/jinkou.html〉
3）上田地域は、2017年まで上田市と小県郡を合わせた名称である「上小地域」

と呼称されていた。

4）北アルプス地域は、2017年まで大町市と北安曇郡を合わせた名称である「大北地域」と呼称されていた。

5）南信州地域は、2017年まで飯田市と下伊那郡を合わせた名称である「飯伊地域」と呼称されていた。また、同地域は「下伊那地域」と称されることも多かった。

6）後掲の**表1-5**で示すように、長野県内には1,209の組織経営体が存在しているが、農業経営体に占める割合は2.2％にすぎない水準であるため、本項においては主として農家について記述している。

7）総農家に占める販売農家率が高い地域は地域内に兼業機会が少ない地域と捉えることも可能であるが、人口が多くこのため兼業機会も多いと考えられる長野地域や松本地域において同率が高くなっていることを踏まえるならば、いわゆる農業生産の活力と販売農家率には正の相関関係の存在が想定される。

8）いも類は厳密には野菜に含まれないが、林産物となる菌茸類とともに流通段階以降においては青果物として取り扱われていることから、本研究においても青果物に含めて記述することにする。

9）『平成30年生産農業所得統計』による。

10）長野県内の卸売市場として2020年の卸売市場法改正までは規模未満市場が存在したが、同法改正後となる本書執筆時の段階には制度として存在しないことから、長野県庁も現状を把握していないとのことであった。2020年10月の段階では、規模未満市場として「丸塩青果生産組合市場」、「有限会社長野流通園芸卸売市場」、「株式会社長印塩尻支社」の３市場が存在していたが、このうち前２社は花き市場であり、後１社については市場としての実態がない状態であった。

11）長野県内の市場のうち、⑧松本公設地方卸売市場は1969年から使用していた市場施設の老朽化を理由として1989年に移転のうえ再整備が行われている。この場合、当初計画では中央卸売市場となることが予定されていたが、検討を重ねるなかで地方卸売市場へと計画が変更されている。同様に、⑤長野地方卸売市場においても旧市場の移転再整備を検討していた段階では長野市を開設者とする中央卸売市場とすることが予定されていた。しかし、水産物卸売業者等の意向もあって取り引き等に関する自由度がより高いと考えられた民設地方卸売市場へと計画が変更され、1988年の開場に至っている。

12）長野県内の卸売市場数は、県庁に保管された最も古い記録である1979年２月発行の『卸売市場要覧』によれば地方卸売市場が47市場、規模未満市場は14市場であったことから、この間に半数以下へと減少している。

第2章

長野県内農協の出荷対応と卸売市場

第1節　本章の課題

　わが国の産地段階における青果物の集出荷においては総合農協による共販が重要な役割を果たしており、卸売市場制度と並んで青果物流通を特徴付けている。そして、近年の農協共販の動向に大きな影響を与えたものとして、1991年以降に展開された総合農協の合併推進があげられる。その後、広域合併を行った農協は広範に設立されており、現在においては合併農協が一般的な形態となっている。青果物の集出荷に関しては、合併によりかつての旧農協単位の共販が合併農協単位のものへと再編されただけでなく、出荷先の地域や業態にも多大な影響を及ぼしている。

　このため先行研究をみても、これまでに広域合併が青果物流通に与えた影響に関する研究は多く存在しており、その主要なものだけでも宮崎県を事例に合併により成立した大型農協の指定市場の集約化を分析した坂爪・細野[1]、佐賀県系統農協の産地マーケティングと大都市市場との結合関係を分析した細野[2]、農協合併に伴う出荷単位の大型化と産地マーケティングの関係について検討した小野[3]、合併にともなう農協の組織再編について分析した徳田[4]などが存在している。

　しかし、青果物流通の現状をより詳細に把握するとともに今後の施策展開に向けた一助とするためには広域合併が定着し、それによる影響がより顕在化した現段階の検証を行うことの必要性が高いと考えられる。上記の理由により、本章においては合併農協を含む長野県内の総合農協10組合に対し、

2019年の８月から11月にかけて実施したヒアリングの結果に基づいて、変化する流通環境のもとにおける農協の青果物に関する出荷対応の変容と、このような展開が持つ流通上の意義について明らかにすることを目的としている。

　長野県を分析対象に選定する理由としては、同県は国内でも有数の園芸生産地域であるだけでなく、品目的にも野菜・果実ともに多品目にわたる生産が行われていることから、検討結果を青果物全般の傾向として一般化することが可能であると考えられる。販売面に関しても、同県からは首都圏に加えて中京や関西など多方面にわたる市場出荷が行われているだけでなく、首都圏等の量販店に対する直接販売も可能となるなど、農協の出荷戦略に係る選択肢が多いという特徴がある。このような理由から、長野県の事例を分析することにより農協共販の変化の態様がより可視化しやすくなると考えられるため、同県は本研究の事例地として適性が高いといえよう。

　最後に、本章の課題について確認するならば以下のとおりとなる。本章では長野県内の農協再編の動向について確認したうえで、第１に合併農協及び非合併農協における近年の集出荷体制再編の実態について明らかにする。第２に合併等にともなう出荷対応、具体的には販売先の地域や業態に関する変化を検証し、その流通上の意義や課題について明確化したい。

第２節　長野県内の農協配置状況と広域合併

（1）長野県内における農協の配置状況

　最初に長野県における農協合併の進展について確認すると以下のとおりである。同県で農協の広域合併が広範に展開される以前の段階にあたる1990年の状況からみるならば、当時は県内に92組合[5]が存在しており、これらの多くは基本的に市町村単位で組織されていた。そして、同年11月時点の正組合員戸数は全県で20万5,000戸であり、１組合当たりの平均組合員戸数は2,228.3戸/組合となっていた。これが2018年では組合数が16農協にまで減少しており、このうち郡またはそれに準じた地域以上を管轄する広域合併農協

は10組合であり、それ以外の比較的小規模なものが6組合となっている。同年の正組合員戸数は県合計で14万8,310戸、1組合当たりでは9,269.4戸/組合となっていることから、この間に1組合当たりで4.2倍もの組合員規模の拡大がもたらされている。

（2）青果物の集出荷における農協の位置付け

　本節の最後として、長野県の青果物集出荷における農協の位置付けを確認したい。全国農業協同組合連合会長野県本部の生産販売部における農産物販売実績[6)]を経年的にまとめたものが**図2-1**である。直近となる2018年度の販売実績1,552億1,700万円のうち花きを含む青果物は1,027億6,300万円を占めており、うち野菜・花きは669億7,900万円、果実は357億8,400万円、菌茸類は197億2,200万円となっている。また、直販等は全農長野県本部が量販店等に対して直接的に販売する農産物等が該当しており、このため青果物以外の品目も含まれているが、その総額は137億5,400万円である。これらの金額の大

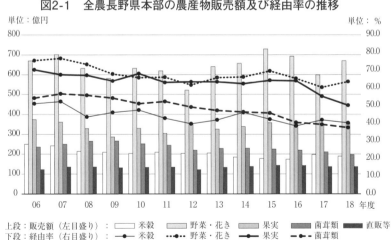

図2-1　全農長野県本部の農産物販売額及び経由率の推移

資料：『各年次生産農業所得統計』、『各年次林産出額統計』、全農長野県本部資料より推計。
　注：1）野菜はいも類を含む。
　　　2）経由率は直販等を含まない。

きさから、長野県の青果物を含む農産物の集出荷において、農協系統組織が重要な役割を果たしていることが確認できる。

　引き続き同図により長野県本部における販売実績の経年動向をみるならば、農産物はその年々の豊凶変動や市場価格の動向等に左右されることもあって、この間は1,400億円代から1,600億円台で推移している。しかし、図示した範囲では2007年度の1,691億3,100万円が最高値であり、それと比較して2018年度の実績は139億円の減少となっていることを踏まえるならば、同県本部の販売額は経年的に減少基調にあることがうかがえる。

　全農長野県本部の販売額を同じく同県の農業産出額で割り戻すことで算出した県本部経由率について確認するならば、2018年度の経由率は野菜・花きで63.5%、果実は50.1%、菌茸類は37.5%となっている。ただし、同経由率は同県本部による直販等は含んでいないので、実際の数値はこれより幾分高くなっていると考えられる。県本部経由率を経年的にみた場合、2007年と比較していずれも低下しており、具体的な減少幅を示すならば野菜・花きで13.2ポイント、果実は17.3ポイント、菌茸類でも19.1ポイントの減少となっている。この間、直販等の販売額が大きく変動していないことを考え合わせるならば、長野県における農産物の県本部経由率が経年的に低下していることは明らかであろう。

第3節　調査対象農協の概要

（1）調査対象農協の概要

　調査対象となった長野県内農協の概要については**表2-1**のとおりである。また、これら農協の本部所在地については**図2-2**のとおりである。なお、これら10農協の販売額を合わせるとその総計は1,660億8,815万円となるが、これは2018年度の全農長野県本部販売額の1,554億3,800万円を106億円以上も上回る金額となっていることから、調査対象は県内の主要農協をほぼ網羅しているということができる。

表2-1　調査対象農協の概要（2018年度）

単位：人、百万円、％、千円/人

	本所所在地	管轄市町村	正組合員数（下段は構成比）			販売事業取扱額（下段は構成比）					b/a	備考
			合計(a)	個人	法人	合計(b)	野菜	果実	菌茸類	その他		
A農協	中野市	中野市（一部を除く）	4,222 / 100.0	4,114 / 97.4	108 / 2.6	27,134 / 100.0	334 / 1.2	5,168 / 19.0	21,128 / 77.9	505 / 1.9	6,427	
B農協	長野市	長野市、須坂市、千曲市、中野市（一部）、飯山市、埴科郡（坂城町）、上高井郡（小布施町・高山村）、上水内郡（信濃町・飯綱町・小川村）、下高井郡（山ノ内町・木島平村・野沢温泉村・栄村）	32,708 / 100.0	32,602 / 99.7	106 / 0.3	29,635 / 100.0	1,881 / 6.3	14,040 / 47.4	6,417 / 21.7	7,297 / 24.6	906	・広域合併農協
C農協	松本市	松本市（市中心部等を除く）、東筑摩郡（麻績村・生坂村・山形村・朝日村）	21,695 / 100.0	21,626 / 99.7	69 / 0.3	19,424 / 100.0	9,132 / 47.0	2,743 / 14.1	−	7,549 / 38.9	895	・広域合併農協
D農協	塩尻市	塩尻市（一部を除く）	3,284 / 100.0	3,269 / 99.5	15 / 0.5	2,338 / 100.0	1,176 / 50.3	477 / 20.4	…	685 / 29.3	712	・野菜は菌茸類・花卉を含む
E農協	塩尻市	塩尻市（一部）	920 / 100.0	917 / 99.7	3 / 0.3	3,433 / 100.0	3,164 / 92.2	135 / 3.9	−	134 / 3.9	3,731	
F農協	上田市	上田市、東御市、小県郡（長和町・青木村）	16,101 / 100.0	16,055 / 99.7	46 / 0.3	8,523 / 100.0	2,666 / 31.3	1,082 / 12.7	580 / 6.8	4,195 / 49.2	529	・広域合併農協
G農協	佐久市	佐久市、小諸市、北佐久郡（軽井沢町・御代田町・立科町）	19,236 / 100.0	19,189 / 99.8	47 / 0.2	18,117 / 100.0	10,751 / 59.3	942 / 5.2	234 / 1.3	6,190 / 34.2	942	・広域合併農協
H農協	南牧村	南佐久郡（小海町・佐久穂町・川上村・南牧村・南相木村・北相木村）	2,861 / 100.0	2,854 / 99.8	7 / 0.2	28,833 / 100.0	25,317 / 87.8	−	125 / 0.4	3,391 / 11.8	10,078	・広域合併農協
I農協	伊那市	伊那市、駒ヶ根市、上伊那郡（辰野町・箕輪町・飯島町・南箕輪村・中川村・宮田村）	15,753 / 100.0	15,637 / 99.3	116 / 0.7	13,487 / 100.0	2,222 / 16.5	907 / 6.7	2,115 / 15.7	8,243 / 61.1	856	・広域合併農協
J農協	飯田市	飯田市、下伊那郡（松川町・高森町・阿南町・阿智村・平谷村・根羽村・下條村・売木村・天龍村・泰阜村・喬木村・豊丘村・大鹿村）	15,788 / 100.0	15,697 / 99.4	91 / 0.6	15,165 / 100.0	2,373 / 15.6	5,757 / 38.0	2,131 / 14.1	4,904 / 32.3	961	・広域合併農協

資料：各農協資料により作成。
注：1）−は該当なしを表す。
　　2）…は詳細不明を意味する。

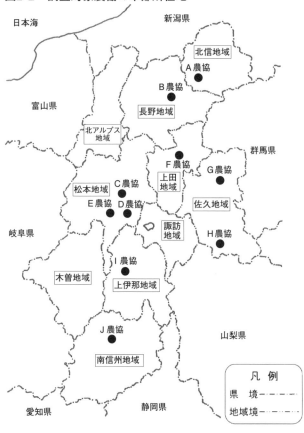

図2-2　調査対象農協の本部所在地

　これら農協の概要について確認すると以下のとおりとなる。まず、広域合併農協に該当するのはB・C・F・G・H・I・Jの7農協である。これら農協の管内は前章でみた長野県内の地域区分と比較的相似しており、具体的にはB農協は長野地域、C農協は松本地域、F農協は上田地域、G農協とH農協は佐久地域、I農協は上伊那地域、最後のJ農協は南信州地域に概ね該当している。このように管轄地域が広いため正組合員数や販売額でみたこれら農協の規模も大きく、例えば正組合員ではB農協の3万2,708人が最も大きく、比較的少ないI農協でも1万5,753人となっている。ただし、合併農協のな

かでもH農協については傾向が異なっており、具体的には同農協は南佐久郡
全域を管内とする農協ではあるものの、管内には市が存在しないこともあっ
て人口密度は低く、このため正組合員数も2,861人でしかない。

　次に合併農協を販売額でみた場合、最大規模となるのは正組合員数が最も
多いB農協の296億3,500万円となるが、第2位については組合員数が少ない
H農協の288億3,300万円となっている。このため、正組合員1人当たりの出
荷額はB農協の90万6,000円/人に対し、H農協では1,007万8,000円/人[7]となっ
ているように、H農協管内においては農業生産が盛んに行われていることを
物語っている。

　上記以外のA・D・Eの3農協は、調査時現在で広域合併に応じていない[8]
ものである。このうちA農協は、ほぼ中野市1市を管内としていることから
正組合員数も4,222人と決して多くはないが、後述のように管内で菌茸類の
生産が盛んに行われていることもあって271億3,400万円の販売実績があり、
正組合員当たりの販売額も642万7,000円/人と調査対象中2番目の多さであ
る。D農協は松本地域南部の中心都市である塩尻市の大部分を管内とする農
協であり、販売額は23億3,800万円である。最後のE農協もD農協と同じく塩
尻市に所在しているが、その管轄区域は旧村単位であるため正組合員数も
920人に過ぎない。しかし、同農協管内においては高原野菜の生産が盛んに
行われていることから、組合員当たりの出荷額も373万1,000円/人とH農協や
A農協に次ぐ高さとなっている[9]。

（2）調査対象農協の主要取扱品目

　調査対象農協の主要取扱品目について取りまとめたものが**表2-2**である。
ただし、多品目の野菜を取り扱う合併農協においては主要品目だけでも膨大
な数となることから、このような農協については一部品目のみを掲載するに
留めている。

　農協の取扱品目を簡単に確認するならば、長野県北部のA農協は菌茸類に
特化するという特徴があり、その77.9％までが菌床栽培の菌茸類によって占

表2-2　農協の主要取扱品目と出荷額（2018 年度）

単位：百万円、%

農協	品目	出荷額	構成比	主 要 出 荷 品 目	備　考
A農協	合計	27,134	100.0		
	野菜	334	1.2	きゅうり (101) 、アスパラガス (77) 等	・野菜品目は多品目
	果実	5,168	19.0	ぶどう (4,701) 、もも (431) 、りんご (422) 、プラム (196) 、さくらんぼ (122) 、なし (57) 、洋なし (41) 等	
	菌茸類	21,128	77.9	エノキタケ (11,135) 、ブナシメジ (6,173) 、エリンギ (2,523) 、ナメコ (259) 等	
	その他	505	1.9	畜産 (68) 、米穀 (55) 等	
B農協	合計	29,635	100.0		
	野菜	1,881	6.3	アスパラガス、きゅうり、ズッキーニ等　ー	
	果実	14,040	47.4	ぶどう、りんご、もも、アンズ等	・菌茸は中野市が中心
	菌茸類	6,417	21.7	エノキタケ、ブナシメジ、しいたけ、なめこ等	
	その他	7,297	24.6	直売 (2,261) 、米穀 (2,219) 、畜産 (2,138) 等	
C農協	合計	19,424	100.0		
	野菜	9,132	47.0	すいか (2,600) 、ねぎ (1,000) 、ながいも (550) 、レタス等	・すいか、ながいもは山形村、レタスは朝日村が中心
	果実	2,743	14.1	りんご (1,196) 、ぶどう (992) 、なし (172) 、もも (97) 等	
	菌茸類	-		ー	
	その他	7,549	38.9	畜産 (3,212) 、米穀 (2,969) 、花卉 (944) 等	
D農協	合計	2,338	100.0		
	野菜	1,176	50.3	レタス、サニーレタス、アスパラガス、キャベツ、はくさい、ブロッコリー、きゅうり、ピーマン等	・野菜は菌茸類・花卉を含む
	果実	477	20.4	なし (110) 、ぶどう (100) 、りんご (80) 、加工ぶどう (35) 、もも (30) 等	
	菌茸類	…	…	…	
	その他	685	29.3	米穀 (374) 、直売 (143) 、畜産 (127) 等	
E農協	合計	3,433	100.0		
	野菜	3,164	92.2	レタス (900) 、サニーレタス・グリーンリーフ (500) 、キャベツ・グリーンボール (200) 、パセリ (100) 等	
	果実	135	3.9	ぶどう (80) 、なし (15) 、もも (5) 等	
	その他	134	3.9	畜産 (134) 、米穀 (39) 等	

		出荷額	構成比	主要品目	備考
F農協	合計	8,523	100.0	—	・レタス・はくさいは菅平高原が中心
	野菜	2,666	31.3	レタス（2,100）、はくさい、キャベツ、ブロッコリー等	
	果実	1,082	12.7	ぶどう（540）、りんご（430）、もも、ネクタリン等	
	菌茸類	580	6.8	エノキタケ、なめこ、ブナシメジ、エリンギ等	
	その他	4,195	49.2	畜産（1,207）、米穀（1,447）、直売（1,215）等	
G農協	合計	18,117	100.0	—	・野菜30品目のうち主要11品目で野菜の90%を占める
	野菜	10,751	59.3	レタス、はくさい、キャベツ等	
	果実	942	5.2	りんご、もも、ブルーベ等	
	菌茸類	234	1.3	エノキタケ、ナメコ、ブナシメジ等	
	その他	6,190	34.2	畜産（3,048）、米穀（2,449）等	
H農協	合計	28,833	100.0	—	
	野菜	25,317	87.8	はくさい（8,208）、レタス（6,571）、サニーレタス（1,631）、グリーンリーフ（1,109）、キャベツ（1,220）等	
	菌茸	125	0.4	エノキタケ等	
	その他	3,391	11.8	畜産（3,167）、花卉（205）等	
I農協	合計	13,487	100.0	—	
	野菜	2,222	16.5	アスパラガス（463）、ブロッコリー（297）、きゅうり（207）、スイートコーン（146）、ねぎ（144）、いちご（129）等	
	果実	907	6.7	りんご（158）、なし（122）等	
	菌茸	2,115	15.7	ブナシメジ（1,187）、なめこ（528）、エノキタケ（200）等	
	その他	8,243	61.1	米穀（4,361）、畜産（1,562）、花卉（1,427）等	
J農協	合計	15,165	100.0	—	・ねぎは果菜類の裏作として生産 ・市田柿は加工品であるが果実として扱われる
	野菜	2,373	15.6	きゅうり（1,100）、ねぎ等	
	果実	5,757	38.0	市田柿（2,300）、なし（1,700）、りんご（600）等	
	菌茸	2,131	14.1	ブナシメジ、エノキタケ、なめこ等	
	その他	4,904	32.3	畜産（3,089）、花卉（560）、米穀（579）等	

資料：各農協資料及びヒアリング（2019年）により作成。
注：1）出荷額は概数である。
　　2）品目別に続く（　）内の数字は当該品目の出荷額である。
　　3）…は詳細不明を意味する。

められている。同時に、北信地域に立地しているため果樹生産も盛んであり、近年は従来のりんごに代わってぶどうの取扱額の拡大が顕著である。B農協の管内は戦前から果実生産が盛んに行われてきただけでなく、従来からのりんごに加えて経年的にぶどうやももなど多品目化をともないながら推移している。その一方で同農協は正組合員数が多く、管内には長野市という県内最大の都市が存在することもあって近郊園芸生産地域としての性格を併せ持っており、多品目にわたる野菜生産が行われている。

　長野県中部のC農協も人口が多い松本市を管内[10]としており、都市近郊という立地環境もあって多品目の野菜生産が行われているが、なかでもすいか、ねぎ、ながいも、レタスなどの生産量が多くなっている。そして、これらの野菜は特定の地域で集中的に生産される傾向にあり、具体的にはすいかは波田町、ながいもは山形村、レタスは朝日村において生産が集中している。その要因は、これら品目が合併前の旧農協の主導により産地化されたという経緯の存在に加えて、合併後も以前の生産・出荷体制が引き継がれ、現在に至っていることによる。なお、ねぎに関しては上記3品目の連作回避を目的として栽培される関係から、農協管内の広範囲で生産されている。D農協はC農協と隣接しているため、都市近郊産地として多品目にわたる生産が行われている。E農協はD農協と同じ塩尻市内にあるが、管内の比較的標高が高い場所に広大な畑地が存在することもあって、レタス等の高原野菜が盛んに生産されている。F農協は地域が異なるものの立地環境においてC農協との共通性が高く、このため多品目の野菜が生産されるという傾向にある。また、管内に菅平など標高の高い地域が含まれており、高原野菜の生産も盛んである。

　G農協とH農協はいずれも佐久地方に位置しており、標高が高いことから管内には高原野菜の生産地域が形成されている。このうち、G農協の管内には軽井沢などの観光地が存在しており、また関東地方へのアクセスが良いこともあって、県内外に対する野菜の供給基地として多品目にわたる生産が行われている。一方、H農協も高原野菜の一大生産地域となっているが、戦後

に開拓・産地化されたという経緯も関係して、現在では大規模な生産・出荷が行われている地域である。なお、品目的にははくさい、レタス類、キャベツなど葉物野菜に特化する傾向が強い。

　最後のＩ農協とＪ農協は長野県でも南部に立地しており、このうちＩ農協が管轄する上伊那地域はかつての養蚕地帯であったものが、平坦地が多いだけでなく早い段階から用水が整備された[11] こともあって稲作へと生産品目が移行し、このため現在においても稲作のウェイトが高い地域となっている。Ｊ農協もＩ農協と共通性が高い地域であり、かつては養蚕が中心であったが、現在では果実生産に移行するとともに干し柿の一種である「市田柿[12]」を特産品とするという特徴がある。

　以上、本章の調査対象となった10農協の概要について確認したが、長野県は面積が広いだけでなく南北に長いこともあって、農業生産に関しても農協ごとに大きな傾向の相違が存在していた。

（3）調査対象農協における広域合併の経緯

　調査対象農協には広域合併農協が７組合含まれているが、これら農協における合併の経緯については表2-3のとおりである。合併時期からみると、1992年というのがB及びCの２農協であり、それ以外では90年代というのがF・Ｉ・Ｊの３農協、2000年代以降となるのはG及びHの２農協である。ただし、合併を段階的に実施してきたケースも多く、たとえばB農協では1992年の合併後、1998年に２農協、2016年には３農協の追加合併が行われている。同様に、C及びG農協についても当初の合併後、隣接する小規模な農協を追加的に合併しながら現在に至っている。

　調査対象農協は上記のような経緯を経ているが、その結果として現在の管轄区域が形成されている。そして、これら合併農協の管轄地域は１つの郡を管内とするものが多く、このような例として６農協が該当している。しかし、B農協は４郡以上の市町村を管内に含んでいるように、これら農協の合併は必ずしも同一の基準により行われたものではない。なお、合併前に存在した

表 2-3　広域合併農協の合併の経緯（1991 年以降）

	実施時期	合併農協数	合併後の動向
B 農協	1992 年 3 月	8 農協	・1998 年 3 月に 2 農協を合併 ・2016 年 3 月に 3 農協を合併
C 農協	1992 年 9 月	3 農協	・2004 年 10 月に 1 農協を合併
F 農協	1994 年 11 月	7 農協	
G 農協	2000 年 3 月	4 農協	・2002 年 9 月に 1 農協を合併
H 農協	2003 年 3 月	5 農協	
I 農協	1996 年 6 月	5 農協	
J 農協	1997 年 12 月	6 農協	

資料：各農協資料及びヒアリング（2019 年）により作成。

旧農協の管内区分や所有施設については、合併後も基本的に新農協の支所等として再編・継承されている。

第 4 節　農協の集出荷施設の再編

（1）拠点的集出荷施設の設置

　本節では、合併後等に行われた農協における集出荷施設の再編整備について検討する。調査対象のうち、広域合併農協についてはいずれも旧農協の集出荷施設を継承しており、合併後はその再編整備が課題となっていた。このため本項においては表2-4に基づいて、合併農協等が合併後等に実施した拠点的な集出荷施設の設置について確認したい。

　調査対象となった合併農協のなかからいくつかの具体的事例を取りあげるならば、最初の例として、品目横断的な選別及び集出荷施設を設置したF農協について検討したい。F農協は1994年に合併しているが、2000年には旧農協から継承した 6 箇所の集荷所を統合し、新たに野菜だけでなく果実や花きも含めた多品目を取り扱う総合的な集荷・選別施設を設置している。そして同施設を整備することによって、新施設内に設置された品目別選果機で選別が行われるとともに、選別後は同施設内で冷蔵保管されるため選果作業の効率化や鮮度保持機能が向上し、出荷に際しても市場等に対する搬出拠点が一元化されることにより効率的な出荷体制が確立されている。ただし、機械選

表 2-4　農協の集出荷施設の再編動向

農協	合併年	品目	過去（合併時等）の集出荷施設	現在の集出荷施設（2018年）	備考
A農協	—	野菜	・1990年当時の選果場は10箇所	・選果場を3箇所に集約	
		果実	・1977年と1982年に選果所を設置	・1994年に集荷所を増設し、3箇所体制となる	・取扱量の拡大に伴い集荷所を増設
		菌茸類			
B農協	1992年	野菜	・旧農協単位の集荷所から出荷　集荷施設（1次集荷）は100箇所以上	・旧農協単位の集荷所から出荷　集荷施設（1次集荷）は70箇所に集約	
		果実	・選果場数はりんご15、ぶどう12、もも9	・選果場はりんご12箇所、ぶどう12箇所、もも9箇所　・各選果場から市場に出荷	・ぶどうは個選
		菌茸類	・各選果場から市場に出荷	・旧農協単位の集荷所から整備	・飯山市に菌茸専用施設あり
C農協	1992年	野菜	・集荷所は18箇所以上	・拠点的集荷所を5箇所で整備　・集荷施設（1次集荷）は13箇所に集約	
		果実	・すいか・ながいも・ねぎは専用施設あり	・すいか・ながいも・ねぎは専用施設を設置　・選果場1箇所、ぶどう集荷所3箇所	・ぶどうは個選
		菌茸類	…		
D農協	—	野菜	・1979年に拠点的集荷所（果実も選果）を設置　・1982年にぶどう・りんごの選果場を設置	・拠点的集荷所（果実も選果）は1箇所　・集荷施設（1次集荷）は4箇所　・ながいもは専用施設あり　・ぶどうは専用選果場（旧なし・りんご選果場）あり	
		果実	…		
		菌茸類			
E農協	—	野菜	・1973年に拠点的集荷所を設置　・4箇所以上の集荷施設は1980年には設置済み	・拠点的集荷所は2箇所　・集荷施設（1次集荷）は4箇所	・ぶどうは個選
		果実	・ぶどう専用の選果場あり	・ももの専用の選果場あり	
		菌茸類	・相当以前の集荷所から出荷		
F農協	1994年	野菜	・集荷所は6箇所　・菅平高原に野菜集荷所が2箇所　・ぶどう専用の集荷所3箇所	・2000年に拠点的集荷所を設置　・集荷施設（1次集荷）は4箇所設置　・菅平高原集荷所が2箇所　・ぶどう専用の集荷所は3箇所	・菅平は集荷所から直接市場に出荷　・ぶどうは個選
		果実			
		菌茸類			
G農協	2000年	野菜	・集荷施設・集荷所は計17箇所	・拠点的集荷所（予冷庫あり）は7箇所　・集荷施設（1次集荷あり）は7箇所	
		果実			
		菌茸類			
H農協	2003年	野菜	・集荷所は14箇所以上	・集荷所（予冷庫あり）は14箇所	・現在でも予冷庫のない集荷所が存在　・集荷場は旧JA農協のものを継続使用
		果実	・選果場は15箇所程度	・拠点的集荷所は3箇所　・集荷施設（1次集荷）は15箇所	・集荷場は合併前に設立
		菌茸類			
I農協	1996年	野菜	・選果場は11箇所程度	・出荷の拠点となる選果場は1箇所　・集荷施設（1次集荷）は11箇所	・合併時に選果場を3箇所に設置　・2019年に選果場を1箇所に集約
		果実			
		菌茸類			
J農協	1997年	野菜	・集荷施設・集荷所は30箇所程度	・2014年に拠点の集荷所を1箇所に集約化　・集荷施設（1次集荷）は30箇所	・集荷的施設は段階的に1箇所に集約化　・集出荷体制は旧田舎現状維持
		果実	…	・選果場は一般果実2箇所、市田柿1箇所	・集出荷体制は当面現状維持
		菌茸類		・集荷場は1箇所	

資料：各農協資料及びヒアリング（2019年）により作成。
注：1）合併は1991年以降に行われているものを対象とした。
　　2）集出荷施設は品目間の重複を含む。
　　3）—は非該当を意味する。
　　4）…は詳細不明を意味する。

果が技術的に不可能なぶどうに関しては、生産者が選別・荷造りを行う必要があるため従来からの集荷所が継続使用されており、また新施設から距離がある菅平高原で生産された高原野菜については、別途、専用の集荷所[13]が設置されている。

　次に、すでにみたF農協以外の野菜に関する施設整備を確認するならば以下のとおりである。C農協はかつて18箇所以上存在した野菜の集荷場を5箇所の拠点的集荷所に再編しており、このうち出荷量の多いすいか、ながいも、ねぎについてはそれぞれ専用の選別・集出荷施設[14]が整備されている。また、G農協もかつて17箇所存在した野菜の拠点的集荷所を合併後には7箇所へと集約・再整備し、I農協の野菜についても15箇所から3箇所へと大幅な集約化が実現されている。J農協の野菜の集出荷施設に関しては30箇所に分散していたものが、現在では1箇所の拠点的な施設へと再編されている。そして、J農協によるこのような整備は一挙に行われたのではなく、1997年に6箇所へ集約し、2008年には2箇所、そして2014年には1箇所へというように、段階的な整備が行われているのが特徴的である。

　続いて、F農協を除く果実に関する施設整備についてみていくが、先に結論をいうならば、果実については合併以降、現在に至るまで大きな再編が行われた例は少ない。このような傾向となった背景として、野菜は比較的早い段階から地域ごとに多様な品目が生産されてきたという経緯があり、このため従来から出荷組合等により小規模な集荷所が多数設置される傾向があったことから整理統合の必要性が高かった。それに対して果実では、その産地化が長野地域等のりんごを除くならば相対的に後発であるだけでなく、産地化に際しても農協主導により行われたケースが多かったことにより選果場も当初から計画的に整備されてきたため、合併後に整理の余地が少なかったことが考えられる。ただし農協ごとの相違も大きく、たとえばI農協では旧農協が設置した11箇所の果実選果場が1箇所へと集約化されている。また、合併を行っていないA農協についても1990年当時に10箇所あった野菜と共通の選果場が、調査時現在では3箇所となっているように大幅な再編が行われてい

る。その一方で、早い時期から果実産地が形成されたB農協においては1992年の段階でりんごだけも15箇所の選果場が稼働していただけでなく、このうち12箇所は2018年に至っても継続使用されており、再編は未だこれからという状況である。

　菌茸類についてはその詳細までは不明[15]であるが、圃場において自然環境の影響を受けながら生産される野菜や果実と比較して、調節された環境のもとで菌床栽培により生産される菌茸類は工業製品的な性格が強いだけでなく、選別やパッキングも生産者の段階で行われるケースが多いことも関係して、農協の集荷所についても管内で生産が開始された当初から集約的であったと考えられる。このため合併等の環境変化があったとしても、集出荷体制の変化は比較的限定的であった可能性が高い。

　以上、農協における合併後の拠点的な集出荷施設の整備についてみてきたが、これら事例では集出荷の拠点となる施設を再編整備することによって出荷ロットの拡大や物流機能の向上がもたらされただけでなく、新たに選果機や予冷・保管施設が導入されることによって、選別機能や鮮度保持機能の強化がもたらされている。

（2）中間集荷施設の整備

　広域合併農協等では拠点的な集出荷施設が設置される一方で、野菜に関しては旧農協から継承した施設を一律に廃止するのではなく、合併後は生産者から1次集荷し、拠点的集出荷施設に移送するための中間集荷施設として継続使用されるケースも多い。このような対応がとられる背景には生産者の高齢化があり、多くの出荷者が施設整備によってより遠隔となった新施設までの輸送を行えないことが、中間集荷施設が整備された理由の一つである。

　前掲の表2-4で示したように、野菜に関するこのような対応はA農協とH農協を除く8農協において行われている。いくつかの具体例で確認するならば、管轄地域が広いB農協においては旧農協時代に集荷施設が100箇所以上存在していたが、現在でも70箇所に集約化されながら1次集荷施設として継

続使用されている。C農協では旧農協時代に18箇所あった集荷所のうち、現在においても13箇所が１次集荷施設として使用されている。Ｉ農協とF農協についても同様であり、いずれも新たな拠点的集荷所を設置する一方で、旧集荷所は１次集荷のための施設として継承されている。また上記以外の４農協についても、それぞれ規模等は異なるものの管内各所に中間集荷施設が設置され、１次集荷のための施設として利用されている。

　このような１次集荷施設の設置は、出荷者に対して出荷に係る労力や時間の節減をもたらすものであることから、高齢生産者の出荷継続につながることは明らかであろう。その一方で、中間集荷施設から拠点的集出荷施設までの輸送は農協職員または輸送業者によって行われるため、集出荷作業の効率化や出荷経費の削減という意味では課題となっている。

第５節　農協の出荷対応の変容

（１）分荷権の所在の変化

　本節では調査対象農協の近年における出荷対応の変化について確認するが、それに先だって、合併等により分荷の最終決定権、言い換えると分荷権の所在がどのように変化したかについて確認したい。なお、**表2-5**は調査対象農協の合併時等の段階における出荷対応であり、同じく**表2-6**は調査時現在の対応[16]である。

　長野県の系統農協における青果物販売は、「長野方式」と称されるように全農長野県本部が県内農協に分荷指示を行い、各農協はそれを踏まえて出荷を行うとされている。しかし、実際には県本部の指示にある程度従いながらも数量等については農協の担当部署が最終決定していることから、分荷権は基本的に農協側にある[17]とみなすことができる。それを踏まえて広域合併農協の分荷についてみるならば、合併以前は旧農協に存在していた分荷権が合併以降は新農協の本所へとその権限が移行されたケースが多く、このような例としてはB（野菜を除く）・C・F・H・Ｉの５農協が該当している。分

表2-5　農協の合併時等における出荷対応

	合併年	品目	過去（合併当時等）の集出荷対応	
			分荷権	出　荷　先
A農協	－	野菜	県本部	・2010年頃の出荷先は卸売市場97〜98％、その他2〜3％
		果実		・選果場毎に複数の出荷先あり
		菌茸類		・2010年頃の出荷先は卸売市場50％、その他50％
				・取扱量の関係から出荷先数は現在より少ない
B農協	1992年	野菜	旧農協	・出荷先の業態は卸売業者が70％以上、その他30％
		果実		・出荷先の業態は卸売業者が70％以上、その他30％
				・出荷先の卸売業者は100社以上
				・上位12社の卸売業者の構成比は35％
		菌茸類		…
C農協	1992年	野菜	旧農協	・主として西日本の卸売業者
D農協	－	野菜	…	・2001年頃の出荷先卸売業者は20社
		果実		・2001年頃の出荷先卸売業者は11社
E農協	－	野菜	県本部・農協	・1998年頃の出荷先は卸売業者を中心に60社
				・出荷地域は関西40％
F農協	1994年	野菜	旧農協	・出荷先の卸売業者は80社以上
		果実		
		菌茸類		
G農協	2000年	野菜	旧農協	・出荷先の業態は卸売業者98％、県本部2％
		果実		・出荷先の卸売業者は56社
		菌茸類		・分荷地域は関西50％、関東30％、中京15％、その他5％
H農協	2003年	野菜	旧農協	・出荷先の卸売業者は130〜140社
		菌茸類		・2011年の分荷地域は関西36〜37％、関東28〜29％
I農協	1996年	野菜	旧農協	・出荷先の業態は卸売業者100％
		果実		・分荷地域は中京40％、次いで関西、関東
		菌茸類		
J農協	1997年	野菜	旧農協	・出荷先は卸売業者とその他を合わせて100社
		果実		

資料：各農協資料及びヒアリング（2019年）により作成。
　注：1）合併は1991年以降に行われたものを対象とした。
　　　2）業者数や構成比等は概数である。
　　　3）－は非該当を意味する。
　　　4）…は詳細不明を意味する。

荷権が支所から本所に移行された場合、販売先との交渉も本所の専任担当者により統括的に行われるケースが多くなるため、その結果として交渉力やマーケティング機能が強化されるだけでなく、合併にともなう出荷ロットの拡大も一因となって、農協の出荷先に対する影響力がより拡大したことは疑いのないところであろう。なお、非合併農協であるA社においては、2005年

表 2-6　農協の現在における出荷対応

	合併年	品目	現在の出荷対応（2018 年）		
			分荷権	出　荷　先	
A農協	－	野菜	農協	・出荷先の業態は卸売業者 97〜98%、2〜3%	
		果実		・出荷先の卸売業者は 30 社	
				・上位 4 市場を重点市場に位置付け	
		菌茸類		・出荷先の業態は指定市場 50%、量販店・その他市場 40%、県本部 10%	
				・菌茸類の出荷先は 100 社以上（うち、指定市場 50 社、その他市場 10 社）	
				・上位 6 市場を重点市場に位置付け	
				・上位 6 社の構成比は 40%、上位 15 社では 70〜80%	
B農協	1992 年	野菜	農協支所	・出荷先の業態は卸売業者 70%、その他 30%	
		果実	農協本所	・出荷先の業態は卸売業者 70%、その他 30%	
				・出荷先の卸売業者は 76 社	
				・上位 12 社の卸売業者（重点市場）の構成比は 60%	
		菌茸類		・大きな変化なし	
C農協	1992 年	野菜	農協本所	全体	・出荷先の業態は卸売業者が 90%、その他 10%
					・出荷先の卸売業者は 60〜70 社
					・上位 34 社の卸売業者の構成比は 59%
					・分荷地域は関西 20%、関東 20%、中京 20%、県内 16%、その他 4%
				すいか	・出荷先の卸売業者は 40〜50 社
					・分荷地域は関西〜九州 40%、関東 20%、中京 20%、県内 20%
				ながいも	・出荷先の卸売業者は 9 社
					・出荷先地域は県内（5 社）60%、県外 40%
D農協	－	野菜	県本部	・出荷先の卸売業者は 7 社	
				・卸売市場の構成は、大阪本場 30%、神戸 30%、その他 40%	
		果実	農協	・出荷先の卸売業者は 4 社	
				・卸売市場の構成は、名古屋 60%、徳島 30、高松 5%、県内 5%	
E農協	－	野菜	県本部・農協	・出荷先は卸売業者を中心に 30 社	
				・出荷地域は関東 34%、関西 34%、九州 9%、その他 18%、県内 5%	
F農協	1994 年	野菜	農協本所	・出荷先の業態は卸売業者が 80%、その他 20%	
		果実		・出荷先数は卸売業者を中心に 40 社	
		菌茸類		・出荷地域は関東 50%、関西 20%、県内 20%	
G農協	2000 年	野菜	農協支所	・出荷先の業態は卸売業者 96%、県本部等 4%	
		果実		・出荷先の卸売業者は 39 社	
		菌茸類		・大規模卸売業者に集約化され、上位 4 社の構成比は 15%	
				・分荷地域は関東 45%、関西 30%、中京 20%、その他 5%	
H農協	2003 年	野菜	農協本所	・出荷先の卸売業者は 100 社	
		菌茸類		・分荷地域は関東 35%、関西 31%、中京等 12%、九州 15%、県内 7%	
I農協	1996 年	野菜	農協本所	・出荷先の業種は卸売業者（46 社）85%、その他（80 社）15%	
		果実		・卸売業者上位 6 社の構成比は 36%、13 社では 56%	
		菌茸類		・分荷地域は中京 40%、次いで関西、関東	
J農協	1997 年	野菜	農協本所	・出荷先の業態は卸売業者（40 社）80%、その他 20%	
				・卸売業者の分荷地域は中京（2 社）49%、関西 9%、県内 9%、その他 13%	
				・中心品目である夏秋きゅうりは 60%を中京の市場に出荷	
				・出荷先の卸売業者は 40 社、その他は 26 社	
		果実		・出荷先の業態は卸売業者 80%、その他（直販等 60 社）20%	
				・卸売業者の分荷地域は関東 32%、中京（2 社）16%、関西 24%、県内 8%	

資料：各農協資料及びヒアリング（2019 年）により作成。
注：1）合併は 1991 年以降に行われたものを対象とした。
　　2）業者数や構成比等は概数である。
　　3）－は非該当を意味する。

備　　考
・2005 年頃に連合会の指示から独自分荷へ変更
・野菜は品目数が多く集約化は難しい
・出荷先は拠点市場の卸売業者にシフト
・農協全体では 10 市場に重点化
・選果場単位では 5 市場/選果場に集約化
・販売先との関係から出荷先の集約化は難しい
・実質的な分荷指示は農協支所単位で行われる
・出荷先の卸売業者数は減少傾向で推移
・朝日村については農協支所が独自に分荷・精算
・出荷量が多いレタス等は農協連合会が指示
・それ以外の品目は E 農協が分荷
・出荷先は拠点市場の卸売業者にシフト
・将来的には輸送費の高い関西から関東にシフト
・菅平については農協支所が独自に分荷・精算
・農協本所が大まかな分荷を指示
・出荷先は集荷所毎に異なる
・出荷先は拠点市場の卸売業者（上位 4 社）にシフト
・地方の出荷額 2 億円以下の卸売業者に出荷停止
・主要 15 品目の分荷指示は県本部が作成
・経年的に出荷量の多い支所で出荷先を集約化
・市場以外への販売は I 農協の特流直販課が対応
・出荷先の集約化は 2008 年に検討・実施
・2014 年からは県外市場を見直し
・関西に関しては拠点市場から中小市場にシフト
・出荷先集約化は出荷所を整備した 2009 年に実施
・分荷地域は 1997 年当時と大きな変化なし
・分荷地域は 1997 年当時と大きな変化なし

頃に県本部による分荷指示から独自分荷へと変更しているように、長野方式から独自分荷へとシフトする動きも確認されている。

（2）出荷先業態の多様化

長野県内の農協における出荷先業態は、現在においても都市部の卸売業者が中心的であるが、経年的には多様化する傾向にある。例えば、G農協では全農長野県本部への販売[18]が合併前の2％から調査時現在では4％にまで拡大している。I農協についてもほぼ全量を卸売業者に出荷していたものが、2001年に直販専門部門である特流直販課を設置することで県内外の量販店等に対する直接的な販売力が強化され、その結果、調査時における卸売業者以外への販売割合は15％を占めるまでに拡大している。同様にC・F・Iの3農協もかつての卸売業者中心の販売から、経年的に量販店や農産物直売所等を組み合わせた多様性の高い販売対応へと変化している。

本項でみたような販売先業態の多様化は、農協による直売所の設置が一因となっていることは間違いのないところではあるが、同時に直販部門を設置したI農協の例にもあるように、農協本所の直接的な販売力やマーケティング機能の強化によりもたらされたケースも含まれている。

（3）出荷先の集約化

長野県内の農協における合併後等に生じた出荷先数の変化については以下のとおりとなる。このうち合併農協については、合併の前後で出荷先数が確認できる事例をみる限りいずれも減少傾向で推移している。具体的には、B農協の果実では2016年の合併を機に複数の拠点的な選果場で集荷し、それを農協本所が一元的に販売するという「多元集荷一元販売体制」の確立が目標として掲げられており、調査時現在において同目標はほぼ達成されたとしている。そして、このような取り組みを行うなかでB農協は、果実の出荷先を農協全体として10社の拠点市場卸売業者に重点化するとともに、選果場単位でも5市場/選果場程度にまで絞り込むことを通じて、農協全体の出荷先を

合併時の100社以上から現在の76社にまで減少させている。そして、このような取り組みによって果実に関しては上位 6 社に出荷が集中し、同農協の果実出荷額のうちこれら 6 社で60％を占めるまでに至っている。

　F農協は1994年当時80社以上に出荷していたが、市場や卸売業者の統廃合もあって現在の40社にまで絞り込まれている。この場合、出荷が継続されたのは関東や関西及び長野県内の卸売業者であり、特に県外については拠点市場が対象となっている。G農協についても合併後は年間出荷額が 2 億円未満の市場に対する出荷を停止することによって、出荷先数は2000年の56社から現在の39社にまで減少しただけでなく、大田市場や大阪本場、京都市場、名古屋北部市場といった拠点市場の卸売業者 4 社のウェイトが増しつつある。高原野菜の一大生産地域を管内とするH農協の場合、年間の出荷数量が経年的に減少するどころかむしろ増える状況である[19]にも関わらず、規模の大きな集荷所については出荷先を拠点市場の大規模卸売業者へとシフトさせることによって、H農協全体の出荷先もかつての130〜140社から現在では100社へと減少している。ただし、同農協の出荷先が減少した理由には単に出荷先の集約化だけに留まらず、市場や卸売業者の統廃合により結果的にもたらされたというものが含まれている。J農協についても同様であり、卸売業者以外の出荷先を合わせるならば1997年当時の100社から、調査時現在では66社というように出荷先の集約化が進行している。そして、その背景には集荷量の減少に加えて、2008年の拠点的集出荷施設の整備による一元的な出荷体制の構築が存在している。

　上記のような傾向は、出荷規模の拡大を伴わない非合併農協についても同様である。具体的にみるならば、A農協は2005年の長野方式からの離脱を契機として出荷先を絞り込んだが、2009年以降は大きく変化していないとしている。しかし、その一方では販売先の上位 6 位、具体的には大田市場、国立市場、名古屋北部市場、大阪本場、京都市場の卸売業者を重点市場に選定することにより、優先的な販売先として位置付けている。また、D農協は調査時において関西を中心に中京等も含めた 6 市場に出荷しているが、2001年当

時は20市場であったことから、この間に大幅な集約化が行われている。同じくE農協においても1998年当時の関西を中心とする60社から、現在では30社へと半減している。このような出荷対応の一因には市場整備にともなう市場や卸売業者の減少も関係しているが、その一方ではD農協の野菜販売額がこの間に70億円から31億円へと大きく減少したという事実の存在も、出荷先を絞り込まざるを得なくなった理由として指摘されている。

　農協の出荷先集約化と関連して、ここで近年におけるトラックの確保の問題について述べておきたい。2018年の労働基準法改正とその翌年の施行によりトラック運転手の運転時間等が規制されたが、これにともなって長野県内の青果物流通においても輸送に不可欠なトラックの確保が難しくなり、農協が出荷を行うに際して大きな問題となっている。そしてこのような問題の存在は、農協による出荷先の集約化がより促進された一因となっている。なおこの点に関しては、調査事例のなかでもE農協やF農協、H農協から指摘されたことを付言しておきたい。

　以上、長野県内の農協広域合併等によってもたらされた出荷先集約化についてみてきたが、同県においても既存研究で確認された事例と同じく、広域合併農協等においては合併にともなう出荷量の増大や集出荷施設の再編整備等を契機として、その出荷先を拠点市場の大規模卸売業者等へと集約化する傾向にあることが確認された。そして、農協がこのような出荷対応を選択する理由としては、出荷ロットの拡大による有利販売の実現や輸送経費及び出荷に要する労力の削減といった肯定的なものだけに留まらず、近年では輸送に必要なトラックの確保問題といった否定的な理由も指摘されているように、大ロットで出荷せざるを得ない状況下にあるという一面も存在していた。

（4）搬出地域の変化

　広域合併農協等における搬出地域の変化について確認すると以下のとおりである。まず、合併農協のなかから合併時と現在とで搬出地域の違いを確認できる農協を例に、その変化の実態を確認したい。C農協は1992年当時に行っ

ていた西日本の卸売業者を中心とする販売から、現在では関西・関東・中京を組み合わせた販売へと変化している。G農協も2000年頃は関西が50％を占めていたが、現在では関東や中京のウェイトが高まっている。H農協は2003年の合併以前に行っていた関西と関東を組み合わせた販売から、近年は関東へと出荷地域がシフトしている。Ｉ農協に関しては経年的な変化が少なく、同農協が長野県南部に位置することもあって、この間一貫して中京地方が中心的な出荷先地域となっている。

　次に非合併農協についてみるが、このような農協のなかで出荷地域の変化を確認できるのはE農協のみである。同農協の場合、1998年当時は関西に40％を出荷していたものが、現在では関東が34％というように関西の30％を上回っていることから、この間に出荷先地域のウェイトは西日本から東日本へと変化している。

　以上を要約するならば、合併の有無に関わらず県内農協の出荷戦略は、かつての関西地方から関東地方を重視する方向へとシフトする傾向にあることが指摘できる。その要因としてC農協及びG農協からは、かつて関西市場の価格は高水準であったが、近年は全国的に平準化された点が指摘されている。またH農協は、2008年頃までの関東市場は東北地方からの出荷品と競合するので有利販売が行えなかったが、現在では関東に入荷が集中しても価格への影響は生じ難くなったため、価格が同水準ならば関西よりも輸送距離が短い関東市場に優位性があるとしている。このように関東市場の価格が比較的平準化される背景には、関東の拠点市場で形成される建値の影響力や集散機能の強化と関係している可能性が高い。

（5）全農長野県本部における販売動向

　本節においては調査対象農協における市場出荷を中心とする出荷対応の変化について確認したが、それを踏まえて長野県全体の動向を把握するために、全農長野県本部における販売実績を確認するならば以下のとおりとなる。

　長野県内農協の出荷を取りまとめる長野県本部の販売実績[20]については、

同県本部は2012年において青果物を全国145社の卸売業者に出荷していたが、このうち上位5社のシェアは29.7％、10社では46.0％となっていた。しかし、5年後の2017年には出荷先の卸売業者数が25社減の120社となる一方で、上位5社のシェアは4.7ポイント増の34.4％、10社では5.4ポイント増の51.4％となっている。このような動向からも長野県内の農協は出荷先を絞り込みながら、特定の市場に対して集中的に出荷する傾向にあることが確認できる。そしてこのような傾向を言い換えるならば、県内農協からの出荷額が相対的に少ない中小規模市場が、農協の出荷先から経年的に外されてきたということができる。

第6節　農協における長野県内市場の位置付け

　農協の出荷対応の最後として、表2-7により長野県内の卸売市場に対する出荷実態とその評価について確認すると以下のとおりとなる。調査対象のなかで県内市場への分荷率が最も高いのはF農協であり、全体の20％が長野県内に仕向けられているが、そのうち18％までが同じ上田市内にあるB-1社への出荷である。同農協は全ての品目を恒常的に県内市場へと出荷しているだけでなく、輸送距離が短いことを理由に全量をB-1社等が受け入れてくれるのが望ましいとしている。しかし、実際にはB-1社の受入数量に上限が存在することから、同農協出荷量の一部に留まっているのが現状である。

　その次に県内分荷率が高い農協はC農協の16％である。同農協は松本市内に本部があるという立地環境もあって、県内市場のなかでも松本市場のA-2社が8％、B-3社が4％と比較的高い構成比となっている。C農協によれば、長野県内の市場に出荷したものが同じく県内の量販店で販売される場合、店頭では農協名まで表示されるケースが多いため、消費者サイドからすれば「顔が見える」流通が実現される点を評価している。その一方で、近年の輸送費高騰やトラックの確保難という要因の存在により、地元市場を活用せざるを得ないという側面も指摘されている。

表2-7　農協の長野県内市場への出荷概要

単位：%

農協	品目	県内出荷率	県内市場への出荷状況	県内市場の評価
A農協	野菜	35	・青果物全体の県内出荷率は6.1% ・品目を問わずA-1社とA-4社、B-1社に出荷 ・数量的には同じ中野市内にあるA-4社が多い	・最終的に量販供給となるので県外市場への出荷と大差はない ・A-4社に関しては農協が負担する輸送費が抑えられる
	果実	10		
	菌茸類	4		
B農協	果実	13	・果実はA社及びB社グループに出荷 ・A社及びB社グループは重点市場に位置付け	・県内市場への出荷は拡大しつつある ・県内への出荷は輸送費の削減という理由も大きい
C農協	野菜	16	・A-2社8%、B-3社4%、その他（A-1・B-1・B2・F）4%	・県内市場は出荷者からみて顔のみえる流通 ・輸送経費が高騰するなかで地元市場を重視
	果実			
	菌茸類			
D農協	野菜	10	・A-2社6%、B-1社4%	・長野県は園芸生産県であるため県外市場を中心とせざるを得ない ・相場低迷時は輸送費が抑えられる県内市場への出荷が増加
	果実	5	・A-2社5%	
E農協	野菜	5	・A-2社（全品目）3%、B-3社（レタス・サニーレタス）2%	・拠点市場で存在感を示すためにも、大量に出荷できない ・県内市場は受入可能数量が少なく、大型トラックが満載できない時期には県内出荷となる
F農協	野菜	20	・B-1社18% ・県内市場には全品目を対象に、宿命的に出荷	・輸送費の全て県内市場が望ましいが、受入数量の問題から県外となる ・近年は拠点市場と県内市場の差がなくなりつつある
	果実			
	菌茸類			
G農協	野菜	4	・B-1社1.6%、A-1社1.2%、B-4社0.8%、A-5社0.4%	・県内分布は縮小傾向にある ・理由は①最終的に県外に搬出されるため、②県内卸の販売力低下 ・以前は情報が少なく県外市場に出荷したが、現在は県外出荷可能
H農協	野菜	7	・Bグループ4.2%、A社グループ2.8% ・D社とF社に若干量を出荷	・県内市場と拠点市場は同価格であり、県内市場の評価は高まっている ・県内市場による県外搬出が拡大し、県内市場の販売先の可視化され、安心感がある ・近年は県内市場の重要性は増している
I農協	野菜	3	・A-1社1.5%、B-1社0.8%、A-2社0.4%、F社0.2%、D社0.1%	・かつてはB-5社・D社・F社に相当量を出荷
	果実			
	菌茸類			
J農協	野菜	9	・B-1社4.2%、B-5社2.7%、A-1社1.9%	・A-1社は販売先が分かる安心感により出荷量が増加 ・B-1社・B-5社も県外販売店が分からず減少傾向にある

資料：各農協資料及びヒアリング（2019年）により作成。

B農協も長野県内の市場を高く評価しており、県外の拠点市場と同じく重点市場として位置付けているだけでなく県内出荷率も経年的に上昇していることから、調査時現在では同農協の果実のうち13％までがA社グループ及びB社グループに出荷されている。ただし、その理由として単に輸送距離が短いからという点も指摘されており、特に２級品は輸送費をかけて長野県外まで搬出することにメリットは少ないことが県内市場に出荷する一因であるとしている。しかしその一方では、B農協は生産者の庭先から集荷したアスパラガスを農協の集荷所で県内市場の卸売業者[21]に引き渡し、それを卸売業者が選別・結束したうえで販売するという取り組みが試行されていることから、卸売業者との間には単に農協と出荷先という以上の関係が構築されていることは明らかであろう。

　このように県内市場に対しては肯定的な評価がなされているが、上記３農協以外で県内出荷率が確認できるものについてはA農協の野菜を除けば10％以下でしかなく、農協の出荷戦略における県内市場の位置付けも補完的なものとなっている。また、G農協やＩ農協のように経年的な県内出荷率が低下傾向にある農協も存在している。長野県内の市場が評価されない要因としては、長野県は人口規模が小さく消費量が限定的であることから県内市場の受入数量にも自ずと上限があり、このため農協の出荷先は県外をメインとせざるを得ないという制約の存在があげられている。それと同時にG農協からは、長野県内の市場に出荷しても県外へと転送されてしまうことを考慮するならば、出荷先として県外市場を選択する方が流通のあり方として望ましいとする意見も聞かれた。また県内市場への出荷が縮小する一因としては、同じくG農協から長野県内に対する県外量販店の進出にともなって県内市場の販路が縮小し、販売力も低下しつつある点が指摘されている。そしてこのような傾向の存在は、本書第８章で検討するように卸売業者が長野県外への販売を拡大させる要因にもなっている。

　上記のように、県内出荷率の低い農協においては長野県内の市場に対する否定的な評価も存在しているが、それでも多くの農協から県内市場に出荷す

る場合の輸送費の安さや拠点市場と遜色のない価格水準等が評価されている。またD農協からは、園芸生産県においては遠隔地の大消費地に対する出荷を中心とせざるを得ないだけでなく、拠点市場に常時売場を確保した方が安定的な販売が実現されるため大量かつ継続的な出荷が必要になるとの意見が聞かれた。しかし、相場低迷時には輸送コストを削減するため県内市場への出荷を行う必要があることから、平時においても出荷を停止することは難しいとの意見も聞かれた。

　このように、長野県内の農協における県内市場の利用状況や評価は様々であるが、多くの農協は各市場の得失を踏まえたうえで、これらを農協の出荷戦略のなかに位置付けながら出荷先として活用していた。

第 7 節　小括

　本章においては園芸生産県である長野県内の広域合併農協等を事例として、近年における集出荷対応の変容について検討を行った。その結果、集出荷施設の再編については、旧農協の施設を継承した広域合併農協は産地段階における効率的な集出荷を実現するとともに、選果や予冷に係る各種機能の向上につながる拠点的な集出荷施設を設置する一方で、旧農協の集荷所を中間集荷施設として継続使用することにより生産者の利便性向上や出荷作業の負担軽減を図っていた。農協の出荷対応については、合併により分荷権を旧農協から本所に移行することで出荷先に対する交渉力の強化やマーケティング機能の向上がもたらされていた。出荷先に関しては、従来からの市場出荷に加えてそれ以外の業態が拡大するなど販路の多様化が進展する一方で、関東地方の大規模卸売業者等に対する出荷集約化を通じた有利販売の実現や物流効率化といった展開が確認された。また、このような変化は非合併農協においても共通して確認された。

　以上、本章で明らかになった長野県内の広域合併農協等における出荷対応の変容は、既存研究で指摘された合併農協の出荷対応の変化を再確認するだ

けでなく、その傾向がより深化しつつあることを示すものといえよう。そし
てこのような出荷対応の変化、なかでも出荷先の集約化は、拠点市場等の大
規模卸売業者が担う集散機能の強化に依拠するところも大きいが、経年的に
厳しさを増す青果物の流通環境のもとにあっては産地段階における集出荷の
効率化や出荷経費削減をもたらすものであり、将来的に園芸産地の活力を維
持していくうえにおいて一定の意義があるといえよう。その一方において、
園芸生産県の農協が拠点市場等に出荷を集中することは地方都市等に立地す
る中小規模市場等の集荷力が弱体化することを意味しており、将来的には青
果物流通における需給ギャップの拡大となって、問題がより顕在化していく
可能性があることも指摘しておきたい。

注
1 ）坂爪浩史・細野賢治「系統農協の指定市場政策に関する一考察―宮崎県青果
　　物をめぐる産地市場系統との集分荷競争の構図―」『農業経済論集』47（1）、
　　1997、pp.87-98。
2 　）細野賢治「園芸新産地における市場対応の現状と課題―佐賀県系統組織を
　　事例として―」『農業経済論集』48（2）、1997、pp.1-11。
3 ）小野雅之「青果物卸売市場流通・制度の変容と産地対応」『農業市場研究』6（2）、
　　1998、pp.1-10。
4 ）徳田博美「合併農協における販売事業の再編過程―JAフルーツ山梨を事例と
　　して―」『農業市場研究』21（2）、2012、pp.29-35。
5 ）『平成2年版都道府県農業協同組合名鑑』及び『平成30年版都道府県農業協同
　　組合名鑑』による。
6 ）長野県内の農協が販売を行う場合、全農長野県本部に商流を経由させないケー
　　スも存在している。しかし、図2-1で示したように推計された農協経由率から
　　経年的な動向を確認するうえにおいては、県本部に商流を通さないケースが
　　あったとしてもその解釈に大きな錯誤は生じないと考えられる。なお、第1
　　章でも述べたが本書においては菌茸類を林産物ではなく、野菜や果実と同じ
　　く農産物として記述している。
7 ）調査対象となった10農協の正組合員1人当たり平均販売額をみても125万2,900
　　円/人に過ぎないことから、H農協正組合員の販売額は突出して大きいといえる。
8 ）D農協は本研究のヒアリング後となる2020年11月にC農協と合併したが、E農
　　協については同じタイミングでC農協との合併が検討されたものの、組合員の

同意が得られることなく現在まで非合併農協として存続している。

9）E農協によれば、同農協が広域合併に応じない理由は基本的に組合員の意向といえるが、その背景には農協管内で収益性の高い農業生産が行われていることもあって信用事業等の業績が良く、このため組合員の側に合併することで農協の経営内容が悪化したり、資金力に悪影響が及ぶことに対する危惧が存在している点が指摘されている。なおE農協によれば、長野県内の農協のなかで販売事業を含む経済事業だけで黒字となるのは、同農協以外ではA農協とH農協のみではないかとのことである。

10）松本市のうち中心市街地はC農協の管内ではなく、そこには金融農協的性格の強い別の農協が存在している。

11）I農協が管轄する上伊那地域では、米騒動が一因となって大正年間に「西天竜幹線用水路」が着工され、同用水の完成後は天竜川から取水した水を天竜川西岸地域に供給するとともに、1,200haという大規模な水田開発が行われている。

12）干し柿である市田柿は加工品であるが、J農協は生産者が加工したものを青果物等と同じく委託販売していることから、加工品であっても青果物に含めて取り扱われている。

13）出荷額の大きいC農協及びG農協の高原野菜については農協本所からの独立性が高く、このため調査時現在においても支所単位で分荷指示や代金精算が行われている。

14）C農協の拠点的集荷所のうち、すいかとながいもの施設については旧農協から引き継いだ施設を再整備したものである。

15）組織規模が大きい合併農協おいては野菜・果実・菌茸類の担当者はそれぞれ異なっているが、本研究に係るヒアリングは基本的に野菜もしくは果実の担当者を対象に実施したこともあって、菌茸類の集出荷に関して得られた情報は限定的であった。

16）調査対象農協における合併時と現在の出荷対応を比較するには**表2-5**と**表2-6**を同一の表にまとめた方が対比は容易となるが、実際に作表すると表があまりに大きくなってしまうことからここでは敢えて2つに分割している。

17）A農協によれば、全農長野県本部による分荷指示についても各農協の過去における販売実績を踏襲しながら行われていることから、実質的な出荷先の決定者は農協であるとしている。

18）この場合、全農長野県本部はG農協等から集荷した青果物を取りまとめて、長野県外の量販店等に対して直接的に販売している。

19）例えば、H農協の中核的な3つの集荷場における取扱量は、2005年当時の500万ケース/年から2018年には680万ケース/年にまで増加しており、現在では施設の狭隘化が問題となっている。

20）全農長野県本部資料による。
21）この場合の卸売業者名は非公表であるが、アスパラガスの輸送をA社及びB社
　　グループ共同の持株会社が設立した運送業者が行っていることから、両グルー
　　プのいずれかに属する卸売業者であることは確かである。

第3章

卸売業者A社グループの集分荷概要と量販店対応

第1節　本章の課題

　本章から第5章にかけては、長野県内の卸売市場における青果物流通の概要を把握するため卸売業者の集荷及び分荷の実態について確認するとともに、卸売業者が直接的に実施する量販店対応を明らかにすることを通じて、卸売業者の機能強化について検討することを目的としている。また、これら3章は本書第7章以降における分析の前提となるものである。このような地方卸売市場の卸売業者による量販店対応に関する分析は、すでに静岡県東部地域、神奈川県湘南地域等及び東京都多摩地域等を対象地域として行われている[1]が、本研究は園芸産地を後背地に持つ市場を事例とすることによって、卸売業者による量販店への対応実態についてさらなる一般化を図りたい。

　すでに序章で述べたが、長野県内の青果物市場の特徴としてA-1社を中心に同社の支社[2]や関連会社によって形成されるA社グループと、同じく本社であるB-1社とその支社からなるB社グループという2つのグループが存在している点があげられる。そして、これらグループ会社における青果物の集分荷は本社や支社等が独自に行うだけでなく、グループの有機的な協力関係のもとで行われるケースが想定される。このため本書では、両グループにそれぞれ1章を充てることでグループを構成する卸売業者の集分荷実態を分析するとともに、グループに属さない卸売業者についてはさらに別の章で検討したい。なお、後述するようにA社グループとB社グループは共同で持株会社[3]を設立しているが、本研究においてはそれぞれ独立した企業グループ

として取り扱うことにしたい。そして本章においてはA社グループについて分析を行うが、それに係るヒアリングは2017年5月から2018年8月の間に適宜行っている。

ここでA社グループ[4)]の概要について確認すると、長野県内にはグループ本社であるA-1社に加えて、卸売業者としてA-2社・A-4社・A-5社の3支社と関連会社であるA-3社が存在している。また卸売業者以外では、A-1社と同じ市場に入場する4社の仲卸業者と市場外で菌茸類の生産を行う1社が同社グループに含まれている。長野県外の構成会社としては、千葉県船橋市と市川市に青果物卸売業者が1社ずつ設置されている。さらにいうならば、A-1社がB-1社と協同で設立した持株会社の子会社として運送業者[5)]と青果物加工業者が存在しており、これらも広義の関連会社ということができる。

第2節　卸売業者A社グループの概要と取扱額の推移

（1）卸売業者A社グループの概要

長野県内にあるA社グループ卸売業者の概要について取りまとめたものが**表3-1**である。また、これらの位置関係については**図3-1**を参照されたい。A-1社グループのうち長野県内の卸売業者について確認すると概略は以下のとおりである。

A-1社は長野市内にある拠点的な卸売市場（以下、長野市場という）の卸売業者である。なお、同市場においては後述のB-2社も営業活動を行っている。A-1社の起源は1913年に善光寺近くの市街地内で創業した青果物市場にあり、1965年に長野市郊外の若松地区へ移転した後、1988年にはさらに郊外となる現在の市場用地に移転している。ちなみに、長野市場は青果物を扱うA-1社とB-2社以外に2社の水産物卸売業者が入場する総合市場であるだけでなく、場内には青果・水産ともに仲卸業者が存在している。仲卸業者のなかで青果物を扱うものは10社であるが、このうち4社は前述のようにA社グループの業者である。A-1社の2016年における年間取扱額は255億3,700万

表3-1　A社グループ卸売業者の概要（2016年）

単位：百万円、%

	所在地	取扱額		構成比	現在までの経緯	備考
			金額			
A-1社	長野市	合計	25,537	100	・1913年12月：善光寺近くで創業 ・1965年：長野市若里に移転 ・1967年1月：長野市内の卸売業者と合併 ・1988年4月：現在地に移転 ・2015年10月：B-1社と共同で持ち株会社を設立	・A社グループ本社 ・B-2社と同一市場で営業 ・千葉県船橋市に関連卸売業者あり ・市場内に仲卸業者（10社）あり
		野菜	16,599	65		
		果実	8,938	35		
A-2社	松本市	合計	12,464	100	・1971年：旧市場開設 ・1988年3月：A-1社の支社となる ・1989年3月：A-1社から分離・他の卸売業者と合併 ・1989年10月：現在地に移転 ・2006年月：A-1社と協同で持ち株会社を設立 ・2009年2月：A-1社の支社となる	・公設市場の卸売業者 ・A-1社の支社 ・B-3社と同一の市場内にあり ・市場内に仲卸業者（8社）あり
		野菜	7,478	60		
		果実	4,986	40		
A-3社	須坂市	合計	4,215	100	・2002年8月：A-1社の完全子会社となる ・2006年6月：現在地に移転	・A-1社の完全子会社
		野菜	1,490	35		
		果実	2,725	65		
A-4社	中野市	合計	2,853	100	・1975年8月：A-1社の支社として設立	・A-1社の支社
		野菜	1,141	40		
		果実	1,712	60		
A-5社	佐久市	合計	2,254	100	・1986年4月：A-1社の関連会社として小諸に設立 ・1992年9月：A-1社の小諸支社となる ・1993年6月：現在地に移転	・A-1社の支社 ・B-5社と隣接して設置 ・市場隣接地に仲卸業者（6社）あり
		野菜	1,578	70		
		果実	676	30		

資料：各社資料及びヒアリング（2017年）による。

注：1）長野県外のA社グループ卸売業者を除く。
　　2）野菜と果実の取扱額及び構成比は概数である。

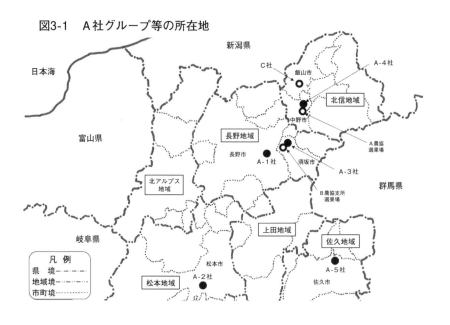

図3-1　A社グループ等の所在地

円となっているが、同金額は長野県内の青果物卸売業者としては最大規模の
ものである。同時に、A-1社が属する長野市場は県内最大の取扱規模である
ことから、県を代表する集散市場として機能している。なお、表出していな
いが同社の取扱品目のうち、野菜に関しては多様な品目を幅広く扱う傾向に
ある。これは、同社の基本的な性格が地域の消費需要への供給を担う消費地
市場と想定され、このため最終仕向先である量販店の豊富な品揃え要求に応
える必要があることによると考えられる。なおこの点に関しては、後述の
A-2社についても同様である。一方、果実に関してはりんごやぶどうなど特
定品目の構成比が高くなる傾向が存在している。

　A-2社は松本市内に設置された公設市場（以下、松本市場という）の卸売
業者である。同社の沿革はやや錯綜しており、かつては外部資本から独立し
た卸売業者であったものが1988年にA-1社の支社となり、さらにその翌年に
はA-1社から分離するとともに、地元卸売業者を統合することで再び独立の
卸売業者となっている。そして2006年にはA-1社と協同で持株会社を設立し

ているが、2009年2月以降は経営上の問題により再びA-1社の支社となって現在に至っている。A-2社の取扱額は124億6,400万円と比較的規模が大きいだけでなく、同社が入場する松本市場はB-3社に加えて2社の水産物卸売業者と8社の青果物仲卸業者が存在しているように、中信の中核的な市場というべき位置付けものである。

A-3社は須坂市にあるA-1社の関連会社である。同社もかつては地元資本の独立した卸売業者であったが、2002年8月にはそれを継承しながら新たにA-1社の関連会社[6]として設立されている。A-3社の取扱額は42億1,500万円であるが、このうち果実が65％を占めているように取扱品目に特徴のある業者である。

A-4社も果実生産が盛んな北信地域の中野市にあり、取扱額が28億5,300万円の卸売業者である。A-4社についても品目的な偏りが強く、同社取扱額の60％は果実によって占められている。また、同社もかつては地元資本の卸売業者であったが、1975年8月にA-1社と合併し、その支社となって現在に至っている。

最後のA-5社は野菜生産が盛んな佐久市にあり、取扱額22億5,400万円の卸売業者である。同社はかつて小諸市内にあった地元資本の卸売業者を起源としているが、1986年4月にはA-1社の関連企業として同社グループの1員となり、さらに1992年9月から現在までは同じく支社として営業活動を行っている。また、1993年の上信越自動車道佐久インターチェンジの供用開始を契機として、同インターチェンジに近い現在地へと移転している。なお、A-5社とB-4社の市場施設は隣り合わせに設置されており、売買参加者は両社を仕入先として併用することが可能である。このため本書においては今後、これら2社を実質的に同一の卸売市場（以下、佐久市場という）に属する卸売業者とみなして記述することにしたい。さらに佐久市場と隣接して、小規模ながらも仲卸業者的な性格を持つ青果物流通業者6社が店舗を構えていることから、佐久市場は実質的に仲卸制度のある市場ということができる。なお、A-5社が立地する佐久地域は標高が比較的高く、市場の周辺地域は高原

野菜の一大生産地域が形成されていることから、同社の性格もこのような立地環境に大きな影響を受けていると思われる。

（2）卸売業者A社グループの取扱額の推移

A社グループ卸売業者における取扱額の経年的な推移については**図3-2**のとおりである。グループ全体の取扱額からみるならば、近年で最も多い年は2016年の473億2,300万円である。それ以前については、図示されたなかでみる限り2004年の458億4,900万円で一度ピークが形成されているが、その後は伸び悩みながら推移し、2016年へと至っている。そして、直近となる2018年の取扱額は429億9,700万円であった。以上から、少なくとも2000年代以降に限るならば、A社グループの業績は決して順調ではなかったといえよう。

A社グループ各社の動きを2003年を基準とする指数で確認すると以下のとおりとなる。なお、図示していないが2018年におけるA社グループ全体の指

図3-2　A社グループ卸売業者の取扱額推移

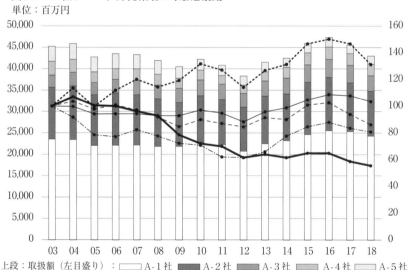

単位：百万円

上段：取扱額（左目盛り）：□ A-1社　■ A-2社　▨ A-3社　▨ A-4社　▨ A-5社
下段：指数（右目盛り）：●— A-1社　●-- A-2社　●‥ A-3社　●-‐ A-4社 ━ A-5社

資料：長野県資料（2003年－2008年）、A-1社資料（2009年－2017年）による。
　注：　A-2社の2008年以前の取扱額はその前身会社のものである。

数は95である。取扱額の推移を個別にみた場合、大きな拡大がみられるのは A-3社の131があげられる。特に、2016年の数値は150を示しているように、全国的に卸売市場の青果物取扱額が低迷するなかにおいても同社に関しては大きく拡大している。また、グループ最大規模のA-1社は2018年でこそ103となっているが、2003年から2014年の間は100を割り込んでいるだけでなく、最高値となった1016年においても109に留まっているように、総じて現状維持で推移する傾向にある。上記2社以外のA社グループ3社についてはいずれも業績が低迷しており、なかでもA-5社は2018年の段階で56にまで数値を落としていることから、経営的に課題を抱えている可能性が高い。

　以上が長野県内にあるA社グループ卸売業者の概要と取扱額の動向である。これらは同じグループに属する会社であっても立地環境や取扱品目が異なっているだけでなく、それぞれが独立した卸売業者として営業活動を行っている。しかし、その一方においては次節以降で検討するように、グループ企業間で有機的に連携しながら事業活動が展開されるという特徴も併存している。

第3節　卸売業者A社グループの集荷概要

　A社グループ卸売業者の集荷について取りまとめたものが**表3-2**である。最初に出荷者構成から確認すると以下のとおりとなる。A-1社は比較的規模が大きく集荷力も強いと想定されることを裏付けるように、同社は県内外の農協からの集荷が全体の40％を占めている。それ以外では個人・出荷組合[7]と産地出荷業者がそれぞれ20％となっているが、このうち個人・出荷組合については北信地域から集荷される果実の割合が高い。これら以外にもA社グループが15％、A社グループ以外の他市場が5％といずれも相当割合を占めているように、A-1社においては多様な業態から集荷が行われている。A社グループからの集荷はA-2社からの転送となっているが、これについては後述のようにA-2社もA-1社から集荷していることを踏まえるならば、両社の間には荷の相互融通的が行われるという関係が存在している。

表 3-2　A社グループ卸売業者の集荷概要（2016年）

単位：%、実数

出荷者構成		構成比	委託集荷率	県産品率	備　　考
A-1社	農協	40	80〜85	30〜40	・個人出荷者は150〜200名、うち果実が60〜70% ・個人出荷者のうち野菜は北信〜東信、果実は長野市内が多い ・出荷組合は果実を中心に30組合
	個人・出荷組合	20			
	産地出荷業者	20			
	他市場	5			
	A社グループ	15			・A-2社から調達
	合　　計	100			−
A-2社	農協	39	80	60	・農協は主として県内（県産品の多くは農協から集荷） ・A-1社からの転送を含めると農協は80%
	出荷組合	3			
	個人	2			・個人出荷者数は登録6,000年、実態あり2,000、常時200人 ・個人出荷者は大町市から塩尻市にかけて所在
	産地出荷業者	3			
	A社グループ	50			・A-1社から調達
	その他	3			・その他は転送業者
	合　　計	100			
A-3社	農協	5	97〜98	95	・農協は個人からの集荷が少ない時期や規格外品を集荷
	個人・出荷組合	92〜93			・個人出荷者数は県内に4,000人 ・個人出荷者は北信を中心に広く県内に所在 ・出荷組合は実質的に個人出荷
	A社グループ	2〜3			・A-1社から調達
	合　　計	100			
A-4社	農協	28	65	80	・野菜の農協は19%、果実は32%
	出荷組合	4			・野菜の出荷組合は4%、果実は4% ・果実の出荷組合は1組合のみ
	個人	24			・野菜の個人は43%、果実は16% ・個人出荷者は中野市・須坂市・山ノ内町・豊田村等の1,000人
	生産法人	4			・生産法人は野菜・果実ともに4%
	産地出荷業者	20			・野菜の産地出荷業者は11%、果実は24%
	A社グループ	20			・A-1社から調達 ・野菜のA社グループは20%、果実は20%
	合　　計	100			−
A-5社	農協	70	80	50	・農協は佐久地域の農協の割合が高い
	個人	8			・出荷実績のある個人は100人 ・個人出荷者は北佐久及び南佐久地域、小諸市等に所在
	出荷組合	2			・出荷組合（2組合）は実質的に個人
	産地出荷業者	0			
	A社グループ	20			
	合　　計	100			−

資料：ヒアリング（2017年）による。
注：構成比及び出荷者数は概数である。

　A-2社の集荷構造はA社グループ、具体的にはA-1社からの転送が50%を占めている。一方、同社における農協からの直接集荷は39%となっているが、これについては長野県内の農協が中心であり、県外農協の出荷品は主にA-1社からの転送により調達している。このように転送集荷率が高いという事実だけをみるならば、A-2社は自律集荷に課題があると評価されるかも知れな

いが、実際には県外農協からの集荷は集荷力や交渉力の強いA-1社がグループを代表して一元的に行っているというのが実態であり、A-1社からの転送はA社グループとしての共同集荷ということができる。この点については、A-3社・A-4社・A-5社等におけるA社グループからの集荷についても同様の性格のもの[8]ということができる。A-1社からの転送品の物流は、A-1社に一度着荷した荷が再びA-2社へと輸送されてくる場合と、A-1社の帳合いにより集荷された荷が産地からA-2社へと直送される場合とに大別される。

　A-3社の集荷に関しては個人・出荷組合が90％以上を占めている。これら個人出荷者等は長野地域や北信地域を中心に所在する4,000人となっているが、これらのなかには農協等から同社へと出荷先を変更してきた出荷者も多く含まれている。例えば、2004年におけるA-3社のりんご出荷者は1,093人であったが、2016年には2,111人にまで増加しているように、同社の個人出荷者等は経年的に拡大しながら推移している。

　同じく果実生産地域にあるA-4社は、A-3社とは対照的に出荷者構成が分散化する傾向がみられ、具体的には農協や個人・出荷組合、産地出荷業者、A社グループから集荷されている。このように分散化する理由は後述の分荷概要や本書第8章で確認するように、同社は県外量販店に納品する仲卸業者等への販売割合が高く、このため量販店から要求される品揃えに応じる必要から多様な業態を通じて集荷を行っていることによる。

　A-5社の集荷のうち70％は農協となっているが、このように高い構成比となる一因は市場周辺で生産された野菜を地域の農協から集荷していることにあり、同社の集荷面における特徴となっている。農協を介在させる理由は農協の集荷力を活用することに加えて、新規出荷者を確保するためA-5社が農協出荷者から直接的に集荷したのでは農協との間に軋轢が生じる結果となることから、それを回避するという理由が想定される。

　以上がA社グループ卸売業者の出荷者構成であるが、次に、それを踏まえて委託集荷率について確認したい。A社グループの卸売業者のうち委託集荷率が最も低いのはA-4社となるが、それでも65％を占めている。A-1社から

の転送集荷が50％を占めるA-2社についても転送品の多くが委託として処理されているため、委託集荷率も80％が維持されている。特に、個人・出荷組合からの集荷率が高いA-3社に至っては97〜98％が委託により集荷されている。このように、A社グループにおいては総じて高い委託集荷率となっていることから、自律集荷が維持されていることは明らかであろう。

A社グループにおける集荷の最後として、長野県産品の構成比について確認したい。A社グループの卸売業者における県産品率をみると、総じて高い割合が維持されている。個別にみるならば、最も低いA-1社でも30〜40％が県産品によって占められており、A-3社に至っては95％が長野県産となっている。このように、A社グループの県産品率が高くなった理由としては、グループ全体の取り組みとして長野県内の個人出荷者等からの集荷拡大に努力してきた点があげられる。ただし、A-1社については相対的に県産品率が低くなっているが、その要因として同社は規模が大きく最終的に量販店へと供給される青果物の絶対量が多いため、野菜・果実ともに幅広い品揃えが求められる点があげられる。それと同時に、長野県は寒冷な気象条件により年間を通じた青果物生産が不可能であることから、品揃えの確保のため県外から積極的に集荷を行う必要があることによる。

以上、本節においてはA社グループの集荷について概観したが、市場の規模や立地環境等を背景として、同じグループに属する卸売業者であっても集荷構造には大きな相違がみられた。その一方で、A-1社により集荷された青果物がグループ会社間で相互融通されるなど、グループとしての一体的な取り組みの存在も確認された。

第4節　卸売業者A社グループの分荷概要

本節においては、長野県内のA社グループ卸売業者における分荷概要について、**表3-3**に基づいて確認する。A-1社からみると、同社が属する長野市場には仲卸業者が存在していることもあって、その直接的な販売先も40％が

仲卸業者によって占められている。これら仲卸業者は主として量販店に再分荷しているだけでなく、そのうち25％は長野県内の量販店に仕向けられ、残りの15％は県外量販店へと搬出されている。そして、これら仲卸業者にはA-1社と資本関係のあるものが含まれているが、このような仲卸業者が量販店に販売するケースには本書第6章で検討するようにA-1社の主導のもとで行われ、実質的には同社による直接販売というべきものが含まれている。ま

表 3-3　A 社グループ卸売業者の分荷概要（2016 年）

単位：％、実数

	セリ取引率	分荷先構成	構成比	業者数	県内分荷率	備　　考
A-1 社	10	同市場仲卸業者	40	9	60	・A-1 社の関連仲卸業者を含む ・15％は県外量販店に再販売 ・30％は A-1 社も商談に参加 ・仲卸業者を介して S-1 社に販売
		一般小売店・納品業者	20	200		
		量販店	10	2		・県外量販店に直接納品
		外食業者・カット加工業者	10	5		
		産地出荷業者	15	10		・主として果実を購入
		他市場	5	2		・A 社のグループ企業（船橋市を含む）等
		合　　計	100	−		
A-2 社	2	同市場仲卸業者	67	8	…	・仲卸業者の 1 社は場外業者 ・仲卸業者を介して S-1 社に販売 ・一部は県外スーパーに販売
		一般小売店・納品業者	20	200		・登録 2,000 件、実態あり 200 件、常時 20〜30 件 ・一般小売店は大町市から塩尻市にかけて所在
		量販店	10	1		・量販店は S-1 社
		他市場・その他	3	…		・他市場は A-5 社・D 社等
		合　　計	100	−		−
A-3 社	60〜70	一般小売店・納品業者	15	40	23	・一般小売店頭は須坂市を中心に所在
		量販店	5	10		
		産地出荷業者	80	40〜50		・主として果実を購入 ・産地出荷業者 MR 社・ND 社との提携取引を含む
		合　　計	100	−		
A-4 社	28	他市場仲卸業者	52	30	14	・仲卸業者（納品業者を含む）は県外業者
		一般小売店・納品業者	14	20		
		量販店	14	2		
		産地出荷業者	20	6		・主として果実を購入 ・産地出荷業者 TM 社との提携取り引きを含む
		合　　計	100	−		
A-5 社	5	同市場仲卸業者	30	6	50	・仲卸業者は主として納品を行う
		一般小売店・納品業者	10	15〜16		
		量販店	10	3		
		産地出荷業者	50	100		・関東地方や中京地方等に所在 ・主として野菜を購入
		合　　計	100	−		

資料：ヒアリング（2017 年）による。
注：1）構成比及び業者数数は概数である。
　　2）県外分荷率は最終分荷でみた構成比である。
　　3）…は詳細不明を意味する。

たA-1社の主導とまではいえなくとも、仲卸業者と量販店との商談の場に
A-1社の販売担当者が立ち会うケースも多い。このため、A-1社が仲卸業者
に販売した青果物の3/ 4程度については、同社と最終分荷先である量販店
との間で何らかの交渉が行われている。このような対応をみる限り、A-1社
と仲卸業者との間には親密な関係が構築されているといえよう。

　一方、A-1社が量販店に対して直接的に販売するケースは10％であり、こ
の場合、ほぼ全量が県外量販店への販売となっている。上記以外のA-1社の
販売先は、一般小売店・納品業者[9]の20％や外食業者・カット加工業者の
10％、産地出荷業者が15％、他市場が5％となっている。このうち産地出荷
業者については、主としてりんごを中心とする果実が販売されるという特徴
がある。また、他市場の大部分は長野県外を含むA社グループである。

　A-2社の分荷先は以下のとおりである。同社販売先の67％は同市場内の仲
卸業者7社と市場外の仲卸業者1社[10]によって占められている。A-2社は
A-1社と同じく、量販店に販売する場合は基本的に仲卸業者を介しており、
そのなかには構成比までは確認できないものの最終的に長野県外の量販店[11]
へと再分荷されるケースも含まれている。しかし、仲卸業者への販売全体に
占める割合では、県内仕向が中心的である。なお、仲卸業者経由で量販店に
販売する場合、その6割程度は量販店のみならず農協や卸・仲卸業者までも
が関与した事前契約取引となっている。仲卸業者に次いで多い販売先は一般
小売店・納品業者の20％である。これら一般小売店等は登録数でみれば2,000
件となっているのに対し、購入実態のあるのは200件程度であり、さらに常
時調達に訪れるものに限るならば20～30件に過ぎない。そしてこのような傾
向となる背景には、急速な店舗数の減少があげられている。A-2社が直接販
売する量販店はS-1社に限定されるだけでなく、同社店舗のなかでも松本周
辺の7店舗のみに納品しているため、販売全体に占める割合は10％である。
また、全体の3％程度はA-5社やD社等への転送となっている。

　A-3社は全体の80％を産地出荷業者[12]に販売しており、業者数では延べ
40～50社に及んでいる。これらの産地出荷業者は、A-3社から購入した果実

等を長野県外の市場に再分荷したり、県外量販店に販売している。なお、
A-3社と産地出荷業者との取り引きには、本書第9章で検討する同社とMR
社及びND社との提携による県外量販店への販売が含まれている。産地出荷
業者以外では、須坂市周辺の一般小売店・納品業者に15%、同じく小規模スー
パーに10%を販売している。

　A-4社の販売先は長野県外の市場仲卸業者等の割合が高く、計30社に対し
て全体の52%を販売している。2社の量販店には14%を販売しているが、こ
れらの店舗はいずれも長野県外に所在している。産地出荷業者は6社に対す
る20%の販売となっているが、このうち1社についてはA-4社との提携取引
であることから、本書第9章で改めて検討したい。

　A-5社は産地出荷業者への販売割合が50%を占めている。これらは主に関
東や中京地方に拠点を置いており、業者数では100社となっているが、常時
でみるならば30社程度である。佐久市場の仲卸業者には6社に対して30%を
販売しているが、これら仲卸業者は納品業者的な性格が強く、このため販売
された青果物は飲食店等に納品されている。一般小売店・納品業者は15〜16
店を対象とする10%の販売となっている。量販店については本書第7章で検
討するS-1社・S-2社を含む計3社に計10%を販売しているが、これらはい
ずれも市場周辺の店舗が対象である。

　以上、A社グループの分荷概要について確認を行ったが、分荷先に関して
も卸売業者ごとに特徴がみられるだけでなく、長野県外の量販店や仲卸業者
も含めた多様な業態に対する販売が行われていた。

　ここで、各社の集荷及び分荷構成を踏まえて、調査対象における青果物の
取引方法を確認したい。A-1社のセリ取引率は10%であり、主に個人出荷品
を対象としてセリが行われている。セリ取引の購入者は産地出荷業者や一般
小売店等となっているが、近年は個人出荷品であっても相対取引が行われて
いることから、セリ取引率は個人出荷品の構成比よりも低くなっている。
A-2社におけるセリ取引率は2%にまで減少しており、この場合、市場周辺
で生産された個人出荷品を対象に、主として一般小売店等に対して販売され

ている。A-3社は産地出荷業者を対象に、全体の60〜70％がセリにより取り引きされている。特に、果実についてはほぼ全量がセリで取り引きされるという特徴がある。A-4社のセリ取引率は28％となっているが、この場合、地元の個人出荷者や出荷組合からの出荷品が対象である。A-5社も原則としてセリは個人出荷品のみで行われていることから、その取引率は５％に過ぎない。このように、A社グループにおいてはA-3社を除いてセリは取引方法の主流ではなく、総じて相対取引により販売されている。

　本節の最後として、A社グループの卸売業者が販売した青果物の最終仕向先、具体的には長野県内への分荷率とそれを踏まえた市場の性格について確認する。各社の県内分荷率については業者ごとに大きな傾向の相違がみられ、前項で確認したように大部分が県内仕向けとなるA-2社や同じく県内分荷率の高いA-1社については、基本的に長野県内の消費需要に対する供給拠点ということができる。その一方で、全体の86％が県外へと搬出されるA-4社のような事例も存在しており、同じくA-3社やA-4社についても県外搬出が中心的である。そして卸売業者による長野県外への搬出については、日常の取り引きのなかで自ずと拡大してきたという側面もあるが、その多くは卸売業者の主導により意図的に拡大されたものである。このため、卸売業者による県外販売については本書第8章において、改めて検討を行うことにする。また、県外販売を行うにあたっては卸売業者が産地出荷業者と提携し、相互に役割を分担しながら展開される事例も存在していることから、このような取り引きについては本書第9章において、より詳細な分析を行うことにしたい。

　以上、A社グループ卸売業者に対する検討の結果により、なかでも集荷における出荷者構成や県産品率、分荷面では分荷先構成や県内分荷率等を踏まえてこれら卸売業者の性格を確認するならば以下のとおりである。まず、消費地市場に該当するものは県内分荷率が高いA-1社とA-2社となるが、A-1社については果実に限定するならばりんご等を中心とする果実が産地出荷業者を通じて県外へと搬出されていることから、産地集荷市場的な性格が強いものとなっている。一方、産地集荷市場となるのは県産品率が高い一方で県

内分荷率が低いA–3社とA–4社があげられる。また、A–5社については県産品率・県内分荷率ともに50％程度に過ぎないが、野菜の生産地域に立地していることを考慮するならば産地集荷市場的な性格が強いといえよう。

第5節　卸売業者A社グループの量販店対応

　本章では長野県内のA社グループ卸売業者の集分荷について検討してきたが、本節では分荷に関連して、**表3-4**に基づき卸売業者が量販店に対して直接的に販売するケースにおける量販店対応の実態を明らかにする。なお、卸売業者が主導的に取り引きを行っていても、量販店との間に仲卸業者が介在する場合については本書第6章で検討することにしたい。

　最初にA–1社から確認するが、県内最大の卸売業者である同社からは県内外の量販店に対して相当量の青果物が供給されている。しかし、A–1社が量販店に販売する場合は基本的に仲卸業者を経由させているため、常時直接的に販売しているのは長野県外の大手量販店2社に限られており、割合的には同社販売額の10％に過ぎない。この場合の納品方法は、A–1社が長野県外の量販店の集配センターに対し、出荷ケースの状態で搬入している。

　A–2社による量販店への直接販売も取扱額の10％に過ぎず、量販店には基本的に仲卸業者を通じて販売している。ただし地域スーパーであるS–1社については、松本地域等の7店舗を対象に直接的な販売が行われている。この場合、パッキングはA–2社が外部業者に委託し、店舗単位の仕分及び個店への配送についても運送業者に委託することで対応している。

　A–3社は北信地域等にある10社の量販店[13] に対し、取扱額の5％程度を直接的に販売している。この場合は一般的な品質の青果物[14] を対象に、ケース単位の納品が行われている。なお、パッキング等の作業が要求される量販店に対しては、本書第9章でみるように産地出荷業者との提携を通じて販売されている。

　A–4社が直接的に販売する量販店は新潟県及び石川県の各1社となってお

表3-4　A社グループ卸売業者による量販店への直接販売（2016年）

単位：%

	分荷率 （県内）	量販店名	量販店対応の内容
A-1社	10 (-)	県外2社	・県外量販店2社は大手量販店 （・量販店には基本的に仲卸業者を介して間接的に対応）
A-2社	10 (10)	S-1社（7店舗）	・パッキングはA-2社が外部委託、配送は運送業者に委託 （・量販店には基本的に仲卸業者を介して間接的に対応）
A-3社	5 (5)	北信地域等10社	
A-4社	14 (-)	新潟県内1社 石川県内1社	・出荷ケース単位で集配センターに納品
A-5社	10 (-)	S-1社、S-2社、 BS社	・パッキングは行っておらず、ケース単位で店舗に納品が 多い

資料：ヒアリング（2017年）による。
注：構成比は概数である。

り、同社販売額に占める割合は合わせて14％である。これら量販店への納品にあたっては、その荷姿はいずれも出荷ケースに入れられたままの状態であり、納品方法についても量販店の集配センターまでの搬入となっている。

最後のA-5社における量販店販売率は10％であり、その対象は長野県内のS-1社とS-2社、及び県外に本部を置くBS社[15]の3社である。ただし、3社の量販店とも全店に供給しているのではなく、佐久地域の店舗のみが対象となっている。この場合、納品時の荷姿は基本的に出荷ケースのままとなっているが、納品はこれら量販店の集配センターではなく個店に対する直接搬入[16]が行われている。

以上、A社グループ卸売業者による量販店への直接販売時の対応についてみてきたが、A-2社を除いて納品時の荷姿は出荷ケースのままとなっているだけでなく、納品方法も量販店の集配センターまでの搬入である。その理由としては、販売にあたってパッキングや仕分、個店配送など細やかな対応が求められる量販店については、本書第6章や第8章及び第9章で検討するように、仲卸業者や産地出荷業者の機能を活用している点があげられる。

第6節　小括

　本章においてはA社グループ卸売業者のうち長野県内で営業活動を行うものを対象として、その集分荷の概要について確認するとともに、卸売業者が量販店に対して直接的に販売する場合の対応実態について検討した。その結果、同じA社グループに属する卸売業者であってもその取扱規模や立地環境等の相違を背景として、集分荷の実態や市場の性格は大きく異なっていた。

　集荷のうち出荷者構成からみるならば、比較的規模が大きいA–1社及びA–2社においては、販売先となる量販店等の品揃えに対応するため多様な業態から集荷が行われていた。一方、A–3社については個人出荷者が中心であり、A–4社も個人の構成比が高い傾向にあった。また、県外農協等からの集荷に関しては集荷力が強いA–1社が一元的に行うとともに、それを他4社に転送するという共同集荷が行われており、グループとしての統一的な集荷行動が確認された。これら卸売業者の県産品率は、長野県という園芸生産県に立地していることもあっていずれも高く、なかでも果実を主とするA–3社とA–4社においては8割以上が長野県産によって占められていた。

　一方、分荷についても卸売業者ごとの相違が大きく、A–1社とA–2社では仲卸業者を経由させる場合も含めて最終的に大部分が量販店等に供給されているが、A–1社については県外量販店への販売も多い。A–3社とA–4社については産地出荷業者等の分荷機能も関係して県外に向けた搬出が盛んに行われており、A–5社についても同様の傾向がみられた。以上により各市場の性格を確認するならば、A社グループの卸売業者のうちA–1社とA–2社は消費地市場であり、A–3社とA–3社及びA–5社につては産地集荷市場としての性格が強いものであった。A社グループの卸売業者が量販店に販売するにあたっては仲卸業者を経由させる場合が多く、直接的な販売は出荷ケースの状態による量販店の集配センター納品が中心的であった。

　長野県内のA社グループには消費地市場だけでなく産地集荷市場が含まれ

ていることもあって、その事業展開も各社の独立性のもとで、市場の立地環境等を踏まえながら独自に行われる傾向が強い。このため、長野県外からの集荷に関して共同集荷的な取り組みがみられるものの、現状においてグループ全体として統一的に事業展開を図っていくという動きは総じて希薄であった[17]。

注
1）地方卸売市場の卸売業者による量販店対応とそれによってもたらされた機能強化については、木村彰利『大都市近郊地方卸売市場の機能強化』筑波書房、2015を参照されたい。
2）A-2社・A-4社・A-5社はA-1社の支社であることから、それぞれを一つの卸売業者とみなして分析対象とすることに議論の余地は残るが、いずれにおいても自己完結性のある集分荷活動を行っていることから、本研究においてはこれら支社も一つの卸売業者として取り扱うことにする。なお、この点に関しては次章で扱うB社グループにおいても同様である。
3）A-1社とB-1社の共同持株会社は2015年10月に設置されており、長期的な経営統合を視野に入れた検討を行っているが、調査時現在では両社グループとも独自に営業活動を展開していることから、本書においてはそれぞれ独立した企業グループとして検討を行う。
4）本文中で記述した卸売市場以外に、本書第5章で検討するC社はA-1社が資本参加しているだけでなく、かつてはC社の社名にA社グループ共通の呼称が含まれるなど、対外的にも同一のグループとして認知されるものであった。しかし、2008年以降は基本的に独立した卸売業者として営業活動を行っている。
5）A-1社とB-1社共同の持株会社が所有する運送業者は、2015年の持株会社設立時に両社がそれぞれ子会社として設立していた2社の運送業者を統合することによって、新たに設立されたものである。
6）A-1社はA-3社の全株式を保有していることから、同社を関連会社ではなく支社とすることも可能であるが、経営上の判断により現在でも別法人として存続させている。
7）卸売業者の出荷者のうち出荷組合については、名義上は組織であっても市場への搬入と代金精算は基本的に個人単位で行われていることから、実質的に個人出荷と考えられる。このため、本書を通じて「個人・出荷組合」や「個人等」と標記し、個人と一括して扱っている。
8）A-1社主導によるA社グループとしての共同集荷は、千葉県船橋市や市川市にある同社グループの卸売業者についても対象となっており、これら卸売業者

にはA–1社から相当量の転送が恒常的に行われている。

9）卸売業者の販売先となる一般小売店については、現在では納品業者との兼業形態が一般的である。このため、本書を通じて「一般小売店・納品業者」や「一般小売店等」として表記し、一般小売店と一括して扱っている。

10）卸売市場外の仲卸業者は、厳密には仲卸業者ではなく場外流通業者といえるが、A–2社の販売先である場外仲卸業者はかつて市場内に店舗と事務所を設置していたものが、業務の効率化のため2014年に拠点を市場外へ移したという経緯があるため、実質的に場内仲卸業者と同じ性格の業者ということができる。

11）A–2社による仲卸業者を介した県外量販店への販売は1980年代後半から開始され、経年的に量的拡大をともないながら現在に至っている。

12）A–3社によれば、産地出荷業者の多くは高齢化しているうえに後継者がなく、このため現在80％を占める同業者への販売率は、調査時の10年後となる2027年には50％程度にまで減少すると予測されている。

13）A–3社の販売先となる量販店には、産地出荷業者を経由させるケースも含めていわゆる大手は含まれていない。同社はその理由として、大手量販店は数量に対する要求が強いことに加えて欠品を認めず、欠品が生じた場合にはその損失分まで補填させられる点を指摘している。また大手量販店は担当者が代わった場合、それまで継続されてきた取り引きそのものまでが打ち切られかねないというリスクがあることも、同社が販売を行わない理由として指摘している。

14）A–3社が量販店に直接販売する青果物は一般的な品質のものとなっており、高品質品を扱う場合は本書第9章でみるように、産地出荷業者であるMR社を通じて対応している。

15）BS社は群馬県に本部を置く食品スーパーであり、北関東を中心として東日本全域に広域的なチェーンを展開している。

16）A–5社が直接販売する3社の量販店のうち2社は集配センターを設置しているが、その所在地は長野市など遠隔地であることから、A–5社と同じ佐久地域の店舗に供給するのであれば、小口配送であっても直接的に納品した方が効率的となることが個店配送が行われる理由である。

17）A社グループに統一的な事業展開という姿勢が希薄なのは、調査時現在においてB社グループとの経営統合が検討されているため、グループ単独で事業展開を行い難い状況にあることと関係している可能性が高い。

第4章

卸売業者B社グループの集分荷概要と量販店対応

第1節　本章の課題

　本章においては、A社グループに続いて長野県内で営業を行うB社グループの卸売業者を事例として、これらの集荷及び分荷概要を明らかにするとともに、卸売業者が直接的に行う量販店対応について検討したい。なお本章に係るヒアリングについては、2018年の2月から9月の間に順次実施している。

　最初にB社グループの概要を確認するならば、おおよそ以下のとおりとなる。調査時現在において、長野県内にはB社グループの本社にあたるB-1社の他に、支社としてB-2社・B-3社・B-4社・B-5社の4社が存在している。また、県外の卸売業者では群馬県伊勢崎市に支社[1]があり、東京都中央卸売市場豊島市場にも関連会社の卸売業者が存在している。卸売業者以外では、B-5社が入場する諏訪市内の卸売市場において仲卸業者のMS-1社が営業活動を行っている。そして、前章でも述べたようにB社グループとA社グループは共同の持株会社を設立しているが、同持株会社には関連会社として輸送業者等が設立されており、これらについても広義のグループ会社とみなされている。

第2節　卸売業者B社グループの概要と取扱額の推移

（1）卸売業者B社グループの概要

　長野県内にあるB社グループ卸売業者の概要は**表4-1**のとおりである。また、

表4-1　B社グループ卸売業者の概要（2017年）

単位：百万円、%

所在地		取扱額 金額	構成比	現在までの経緯	備考
B-1社 上田市	合計	20,294	100	・1964年1月：卸売業者2社の合併により設立 ・1974年4月：現在名に改称 ・2015年10月：A-1社と共同で持株会社を設立	・B社グループ本社 ・群馬県伊勢崎市に支社、東京都板橋区に関連卸売業者あり ・市場内に仲卸業者（1社）あり
	野菜	13,191～14,206	65～70		
	果実	6,088～7,103	35～30		
B-2社 長野市	合計	14,324	100	・1985年10月：長野市若里に設立 ・1988年4月：現在地に移転	・B-1社の支社 ・A-1社と同一市場内にあり ・市場内に仲卸業者（10社）あり
	野菜	9,894	69		
	果実	4,429	31		
B-3社 松本市	合計	8,345	100	・1974年4月：他卸売業者との合併により設立	・公設市場の卸売業者 ・B-1社の支社 ・A-2社と同一の市場内にあり ・市場内に仲卸業者（8社）あり
	野菜	6,008	72		
	果実	2,337	28		
B-4社 佐久市	合計	4,723	100	・佐久市中込の青果市場が前身 ・1972年2月：B-1社の小諸支社となる ・1993月：現在地に移転	・B-1社の支社 ・A-5社と隣接して設置 ・市場隣接地に仲卸業者（6社）あり ・その他は鶏卵等
	野菜	7,039	67		
	果実	1,389	29		
	その他	165	4		
B-5社 諏訪市	合計	4,517	100	・1976年10月：現在地に設立	・B-1社の支社 ・公設市場の卸売業者 ・市場内の仲卸業者（2社）のうち1社はB-1社の完全子会社 ・その他は鶏卵等
	野菜	2,728	60		
	果実	1,671	37		
	その他	117	3		

資料：各社資料及びヒアリング（2018年）による。
注：1）長野県外のB社グループ卸売業者を除く。
　　2）野菜と果実の取扱額及び構成比は概数である。

86

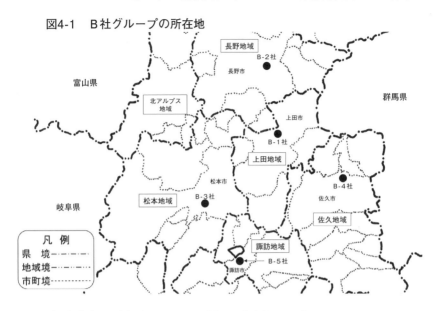

図4-1　B社グループの所在地

これら卸売業者の所在地については**図4-1**を参照されたい。

　最初にB-1社からみるが、B社グループの本社である同社は上田市内の地方卸売市場（以下、上田市場という）で営業活動を行っており、2017年度の取扱額は202億9,400万円となっているように、県内ではA-1社に次ぐ取扱規模の卸売業者である。また、品目構成についても最終的に量販店への分荷割合が高いこともあって、その品揃えに対応するため幅広い品目が取り扱われている。なお、前掲の**表1-1**で示したように上田地域の人口は19万人強に過ぎず、同地域だけを分荷圏としているのであればB-1社の取扱額は50億円弱と推計[2]されることから明らかなように、B-1社は相当量を地域外さらには県域を越えた分荷を行っていると考えられる。現在のB-1社と直接的に系譜が繋がる卸売業者が設立されたのは1964年のことであり、具体的には当時上田市内にあった2つの青果市場の合併により同社の前身会社が設立されている。その後、B-3社の設立時に会社名を現在のものへと改称し、さらに2015年には、前章でも確認したようにA-1社と共同で持株会社が設立されている。なお、上田市場内には1社の仲卸業者が存在しているが、後掲の**表**

4-3で示したB-1社の販売先構成からうかがえるように、その規模は極めて零細であることから、同市場には実質的な仲卸業者は存在していない。

　B-2社はA-1社と同じ長野市場の卸売業者であり、その取扱額は143億2,400万円となっているように、2018年の時点において県内第3位の取扱規模を持つ卸売業者である。また、長野地域という人口集積地に立地していることもあって、B-2社は基本的に量販店等を通じて周辺住民への供給を担っていると考えられる。このため、品目構成も量販店等の求めに応じて多様な青果物が取り扱われている。同社は1985年にB-1社の支社として設立されているが、その立地については長野市の郊外であるだけでなく、当時のA-1社所在地に隣接した場所が選択されている。また1988年4月の長野市場設立に際しても、A-1社と同じく新市場の卸売業者として入場し現在に至っている。すでにみたように、長野市場には10社の仲卸業者が存在しているが、B社グループと資本関係を有するものは存在していない。

　B-3社は松本市場の卸売業者であり、その取扱額は83億4,500万円と県内第4位の規模である。松本市場は行政機関により公設市場として設立されたものであるため、B-2社も基本的に松本地域やその周辺地域に対する青果物供給を担っていると想定される。したがって、その品目構成もB-1社やB-2社と同様に幅広い青果物が扱われている。B-3社の設立は1974年であるが、その際にはB-1社が既存卸売業者を吸収合併し、新たに支社とすることにより設立されている。松本市場には8社の青果物仲卸業者が存在しているが、これらとB社グループとの間に資本関係は存在しない。

　B-4社は高原野菜の生産地域である佐久地域にあり、取扱額は47億2,300億円の卸売業者となっているが、品目構成のうち野菜に関してははくさい、レタス、キャベツ等の葉物野菜の構成比が高いという特徴がある。同社はA-5社に隣接して設置されているだけでなく、実質的に2社を合わせた佐久市場の卸売業者とみなすことができる。また、佐久市場には6社の仲卸類似の業務を行う流通業者が存在するため、規模は小さいが実質的に仲卸制度が存在している。B-4社は佐久市中込にあった個人経営の青果市場を起源とするが、

1972年2月に人口が多い小諸市へ移転するとともに、B-1社の支社となっている。その後、1993年には上信越自動車道の佐久インターチェンジの供用開始を契機として、同インターにほど近い現在地へと移転している。

　B社グループの最後としてB-5社について確認する。同社は諏訪市内の公設市場（以下、諏訪市場という）の卸売業者であり、その取扱額は45億1,700億円となっている。B-5社が入場する諏訪市場は、同社以外に2社の水産物卸売業者が存在する総合市場であるとともに、諏訪地域等への食料供給を行うことを目的として設置されている。B-5社が設立されたのは諏訪市場が開場した2年後にあたる1976年10月であり、その後、現在まで継続して営業を行っている。諏訪市場内には2社の仲卸業者が入場しているが、そのうちMS-1社は2016年に経営破綻した既存仲卸業者をB-1社が買収したものであるため、B社グループとして位置付けられている。

（2）卸売業者B社グループの取扱額の推移

　B社グループ卸売業者における取扱額の推移についてまとめたものが**図4-2**である。2018年のB社グループ合計は498億300万円となっているが、図示した期間中で最も取扱額が大きいのは2004年の619億1,000万円であることから明らかなように、近年は取扱額が減少傾向で推移している。

　取扱額の動きを2003年を基準とする指数でみた場合、図示していないが2018年のB社グループ全体では82にまで低下しているだけでなく、個別に確認してもB-1社は85、B-4社は83、B-3社は65、なかでもB-5社に至ってはこの15年間に半分以下となる47にまで取扱額を落としている。その一方で、比較的堅調に業績を伸ばしているものとしてB-2社があり、同社は2003年以降も一貫して100以上の数値を維持している。そして、2016年に123を記録した後は数値を落としてはいるが、2018年においても119と取扱額が維持されているように、他4社とは対照的な動きを示している。

図4-2　B社グループ卸売業者の取扱額推移

単位：百万円

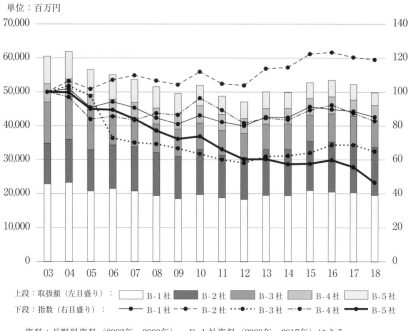

上段：取扱額（左目盛り）：　□ B-1社　■ B-2社　▨ B-3社　▨ B-4社　▨ B-5社
下段：指数（右目盛り）：　　●━ B-1社　●┅ B-2社　●⋯ B-3社　●┅ B-4社　●━ B-5社

資料：長野県資料（2003年－2008年）、B-1社資料（2009年－2017年）による。

（3）卸売業者B社グループの展開方向

　ここで、B社グループが検討している５社の卸売業者の位置付けや方向性[3]について、A社グループとの関係も視野に入れながら確認すると以下のとおりとなる。まず本社であるB-1社については、市場周辺地域に対する青果物供給を担う消費地市場としての卸売業者である必要性はないとしており、むしろ県内外から調達した青果物を第3社販売を通じて長野県外の大口需要先に供給するという商社としての方向性が志向されている。このためB-1社においては、本書第8章で検討するように長野県外の販路開拓を目的とする積極的な取り組みが展開されている。

　長野市場の卸売業者であるB-2社については、同市場が長野県のハブ市場

であることから県外からの集荷力強化を図るとともに、分荷に関しても長野全県のみならず、同県北部に位置するという立地環境を踏まえて新潟県や富山県といった北陸地方も分荷県域下としていくなど、集散市場としての機能をより一層強化していくことが企図されている。なお、現状において長野市場の青果物卸売業者はA-1社とB-2社の2社制となっているが、この体制は将来的にも維持していくことが想定されている。

　松本市場についてもA-2社とB-3社の2社制となっているが、両社は現在の取扱規模のままではいずれも中南信の中核的市場として機能していくことは難しく、このため将来的には2社を統合することで、より市場機能の向上を図っていくことが検討されている。

　B-4社は野菜の生産地域に立地しているので他4社とは性格が異なっており、このため同社については首都圏の業務需要等に対する長野県産野菜等の供給基地とすることを目的に、産地集荷市場としての方向性が志向されている。そして、そのためには隣接するA-5社との合併も併せて検討されているところである。

　B-5社は経年的に取扱額の減少が顕著であるが、その要因の一つは市場周辺地域における一般小売店や地元量販店の減少があげられる。もう一つの理由は、これまで同社で青果物を購入していた量販店が、その調達先を比較的規模が大きな松本市場や長野市場等へとシフトさせた点が指摘されている。さらに量販店の調達行動がこのように変化した理由としては、現在の諏訪市場に他市場と差別化できるだけの特色がないことによるとしている。同市場には上記のような課題が存在するとともに、卸売業者が1社で自立できる規模でもないことから、将来的には市場としての集荷機能を松本市場や長野市場に依存しながら、仲卸業者的な機能を併せ持つ流通の中継基地とすることにより、地域に対する青果物の供給拠点として再活性化していくことが計画されている。前述のように、B-1社は諏訪市場の仲卸業者を買収することでMS-1社をB社グループの構成員としたが、これは卸売業者と仲卸業者を一体的に運用することによって、実質的に仲卸機能をB-5社に取り込んでいく

ための布石と位置付けられている。

　このように、B社グループは青果物流通の環境変化を見据えながら、将来的に既存の市場流通だけに留まらず、青果物流通をより高度化させるため本社及び支社等の特性や役割、機能等を駆使するとともに、A社グループとの関係も踏まえた新たな展開が検討されている。

第3節　卸売業者B社グループの集荷概要

　本節ではB社グループ卸売業者の集荷概要について、**表4-2**により確認したい。最初に本社であるB-1社からみると、同社の仕入先は農協が80％と高い構成比となっている。このうち長野県内の農協は25％であるのに対して県外農協は55％となるなど、同社の集荷においては過半を県外の農協出荷品が占めるという特徴がある。しかし、経年的に農協からの集荷率は漸減傾向にあるとしており、その理由として農協は希望価格に対する要求が強い点が指摘されている。農協以外の集荷先は産地出荷業者が10％となっているが、これについては長野県内の業者が中心的である。また、生産法人は3％、個人・出荷組合は2％である。このうち、個人等は上田地域や佐久地域に所在しているように、構成比こそ低いもののB-1社は地元生産者の出荷先として利用されている。5％を占める他市場からの転送については群馬県伊勢崎市の卸売業者を含むB社グループが中心となっているように、A社グループと同じくグループ間において荷の相互融通が行われている。

　B-2社についても農協からの集荷率が高く、全体の55％を占めている。このように農協からの集荷が多くなる理由としては、長野市場は県内のハブ市場として量販店等から品揃えが求められるが、同社はそれに応じるため全国の農協からの集荷を拡大してきたことによる。次に構成比が高いのは産地出荷業者の43％である。産地出荷業者は主として北関東など長野県外の業者が中心であり、品目的には重要度の高い14品目の野菜が主な対象である。個人

表 4-2　B 社グループ卸売業者の集荷概要（2017 年）

単位：%、実数

出荷者構成		構成比	委託集荷率	備　　　考
B-1 社	農協	80	95	・県内農協 25%、県外農協 55%
	個人・出荷組合	2		・個人出荷者数は登録 700〜800 人、実態ありは 300〜400 人 ・個人出荷者は上田市を中心に坂城町から佐久市にかけて所在
	生産法人	3		
	産地出荷業者	10		
	他市場・B 社グループ	5		・B-1 社の伊勢崎支社を含む
	合　　計	100		
B-2 社	農協	55	83	・県内農協は A 農協・B 農協・H 農協等が多い
	出荷組合	0		・地場産を中心に 0.1%程度
	個人	2		・個人の登録数は 2017 年は 764 人、2002 年は 1,313 人 ・個人出荷者は長野市・千曲市・須坂市等に所在 ・個人出荷品の品目は果実が多い
	産地出荷業者	43		・主として北関東から冬場の野菜を集荷
	合　　計	100		
B-3 社	農協	32	81	・農協集荷品の県外 2/3、県内 1/3 ・市場周辺でも D 農協・E 農協管内からは 80%以上が系統経由で入荷
	個人・出荷組合	2		・個人出荷者数は登録 300 人、常時 100 人 ・個人出荷者は市場から半径 30 km 圏内に所在
	産地出荷業者	35		・産地出荷業者は北海道 7 社、北関東（群馬・茨城）5 社、九州（熊本・福岡）3 社
	他市場	11		・他市場からの集荷は転送業者を経由
	B 社グループ	20		
	合　　計	100		－
B-4 社	農協	36	85	・野菜の農協は 35%、果実は 40%
	個人・出荷組合・生産法人	2		・野菜の個人は 2%、果実 2% ・個人出荷者数は野菜 641 人、果実 260 人、合計 901 人 ・個人出荷者の 90%以上が東信に所在、一部は群馬県（冬場のねぎ等）
	産地出荷業者	55		・野菜の産地出荷業者は 55%、果実は 56% ・野菜の産地出荷業者は佐久・嬬恋地区等の 10 社、果実は県外 14 社・県内 6 社
	他市場・B 社グループ	6		・他市場等は B 社グループからの調達が中心 ・野菜の他市場等は 8%、果実は 2%
	合　　計	100		
B-5 社	農協	32	84	
	出荷組合	2		・地場産を対象とする野菜 2 組合、果実 2 組合
	個人	1		・個人出荷者数は登録 424 人、実績あり 300 人 ・個人出荷者は諏訪市内 70%、松本・塩尻・上伊那地区・南アルプス市等に所在
	産地出荷業者	9		・産地出荷業者は主に茨城県内の 2 社
	他市場	6		・他市場は A-3 社と長野市場の仲卸業者 ・他市場からは山菜や菌茸類を調達
	B 社グループ	50		
	合　　計	100		

資料：ヒアリング（2018 年）による。
　注：1）構成比及び出荷者数は概数である。
　　　2）B 社グループの長野県産品率は非公開。

出荷者の多くは地元生産者によって占められているが、その構成比は2％に過ぎず、同じ長野市場のA-1社が20％となっていることと対比するならば対照的である。

　B-3社の集荷において特徴的なのは、産地出荷業者が35％と最も高い構成比を占めている点があげられる。産地出荷業者を具体的にみると、北海道の7社、北関東の5社、九州の3社が主要な集荷先である。しかし、B-3社は農協から集荷できないものを産地出荷業者から調達しているため、たとえその割合が高かったとしても同社の集荷においては農協を補完する位置付けのものである。その次に構成比が高い集荷先は農協の32％であり、これについてはB-1社やB-2社と比較して低い傾向にある。農協のうち長野県内は21％、県外については11％であることから、比較的県内農協からの調達率が高く、なかでもB-3社が所在する松本地域のC農協やD農協、E農協などが中心となっている。他市場からの転送は31％を占めるが、このうちB社グループからが20％、それ以外が11％である。なおB社グループからの転送は、B-1社の記述でも述べたようにグループ間における荷の相互融通的な性格のものである。最後に2％を占める個人に関しては、市場から半径30kmに所在する100人が常時出荷者となっている。

　B-4社の集荷面での特徴は、産地出荷業者が55％を占めていることにある。同社の集荷を野菜・果実別に確認するならば、野菜を集荷する産地出荷業者は佐久地域を中心として一部に群馬県嬬恋村を含む10社が対象であるため、主として長野県産品が扱われている。県産野菜の集荷において産地出荷業者が中心となる理由は、B-4社が産地開発を行うに際して産地出荷業者と共同で行ってきたという経緯の存在があげられる。具体的には生産者の組織化[4]や栽培支援、集出荷業務など生産者対応に関する実務を産地出荷業者が担う一方で、野菜の販売先となる実需者との交渉等はB-4社が担当するなど、それぞれの役割分担のもとで行われている。一方、産地出荷業者から集荷される果実の7割は長野県外であり、具体的には熊本県・長崎県・和歌山県などの14社が集荷先である。同じく県内では長野地域や北信地域の6社が対象と

なるが、このような集荷が行われる理由は最近まで長野県産の果実が農協から直接的に集荷できず、産地出荷業者から調達せざるを得なかったことによる[5]。産地出荷業者以外では、農協の36％、他市場・Ｂ社グループの６％、個人・出荷組合・生産法人の２％となるが、このうち他市場等は主としてＢ社グループ間の取り引きである。

　最後のB-5社の集荷先で最も構成比が高いのは、Ｂ社グループの50％である。同取り引きはグループとしての共同集荷的な性格のものであるため、たとえ50％であったとしてもB-5社の自立集荷に課題があるとは即断できないが、少なくとも現状において、同社には中継市場的な性格が強いことは指摘し得るであろう。それ以外では、農協が32％、産地出荷業者が９％、他市場が６％、出荷組合が２％、個人出荷者が１％と続いている。このうち他市場については、A-3社や長野市場仲卸業者から山菜類や菌茸類が集荷されている。

　次に集荷方法について確認したい。Ｂ社グループにおける委託集荷率はB-1社の95％を最高として、最低でもB-3社の81％となっているように、総じて高い傾向にある。一般的に集荷力が弱体化した卸売業者の委託集荷率は低くなる傾向にあることから、少なくともこの点からは、Ｂ社グループの集荷力が高く維持されていることが読み取れる。ちなみに、買付集荷となるものは他市場からの転送品や産地出荷業者からの集荷品、農協であっても委託買付[6]となるものなどケースバイケースである。

　集荷概要の最後として長野県産品の割合について確認したいが、Ｂ社グループについてはヒアリング時に県産品率を入手したものの、その公開が認められなかったことから、以下では県産品率の傾向について簡単に述べることにしたい。Ｂ社グループのうち最も長野県産品の構成比が高いのはB-4社であり、一方低いものとしてはB-2社及びB-3社があげられる。また、同社グループで最も取扱規模が大きいB-1社はB-4社に次ぐ県産品率であり、Ａ社グループのA-1社と比較しても同水準か幾分高いレベルとなっている。ただし、Ｂ社グループ全体の県産品率をＡ社グループと比較するならば、相対的に低い割合であるといえよう。ただし、前述のようにＢ社グループ本社と

なるB-1社は商社的な方向性を志向しており、このため広く全国から青果物を集荷するとともに、販売に関しても長野県外への販売に経営努力が向けられている。また、B-2社とB-3社についてはいずれも消費地市場であり、寒冷な気候により収穫期間が限定される長野県産だけでは周年化した消費需要に対応することができないため、県外からも広く青果物を集荷する必要があることは明らかであろう。また、県産品率の低さは視角を変えるならば、B社グループの卸売業者が県外産地に対して強い集荷力を持つことを意味している。これらの点を踏まえるならば、B社グループにおける長野県産率の低さだけを捉えて評価することは早計であろう。

　以上、本節においてはB社グループの集荷概要について確認を行った。その結果、B社グループはA社グループと同様に卸売業者ごとの集荷先構成が大きく異なっているものの、グループ間において荷の相互融通が行われていることも関係して、概して自立的な集荷が行われていた。

第4節　卸売業者B社グループの分荷概要

　本節ではB社グループの分荷について確認するが、同グループ卸売業者の分荷について取りまとめたものが**表4-3**である。取引方法の検討に先立って、分荷先の業態構成からみていくことにしたい。

　B-1社が量販店に販売する場合、同社が直接的に販売するケースと同社が量販店と商談を行いながらも他市場の仲卸業者を経由させるケースとに大別される。このうち前者は全体の42％を占めており、他市場の仲卸業者を経由させるケースについては28％である。これらを合わせた販売先となる量販店の総数は20社であり、地域的には関東10社、北陸2社、中京5社、中四国3社となっている。なおB-1社が販売する量販店のなかには、たとえ同一のチェーンであっても直接販売と仲卸業者経由とを併用するケースが存在している。他市場の仲卸業者経由となる28％の内訳は、県内量販店の4％と県外量販店の24％となる。このうち、仲卸業者経由で長野県外の量販店に販売す

表 4-3　B 社グループ卸売業者の分荷概要（2017 年）

単位：%、実数

	セリ取引率	分荷先構成	構成比	業者数	県内分荷率	備　考
B-1 社	1	同市場仲卸業者	1	1	53	・最終分荷される量販店数は 20 社以上 ・量販店への直接分荷は県内 31%、県外 11% ・分荷先の量販店数は他市場仲卸業者経由分を含む ・県内量販店は S-1 社の割合が高い ・主として果実を購入 ・他市場仲卸業者は最終的に量販店（県内 4%、県外 24%）に再分荷 ・B 社グループは県内 4 社（10%）、県外 2 社（10%）
		一般小売店・納品業者	2	50		
		量販店	42	…		
		外食業者・カット加工業者	5	10		
		産地出荷業者	2	5		
		他市場仲卸業者	28	…		
		B 社グループ	20	6		
		合　計	100	－		－
B-2 社	2	同市場仲卸業者	24	10	52	・量販店は県内（S-1 社、WH 社等）4%、県外（3 社）3% ・主として果実を購入 ・他市場は県内卸売業者 1%、県外卸売業者 16%、県外仲卸業者（30 社）19%
		一般小売店・納品業者	8	240		
		量販店	7	4		
		産地出荷業者	10	10		
		他市場	36	30		
		B 社グループ	10	6		
		その他	5	…		
		合　計	100	－		－
B-3 社	6	同市場仲卸業者	42	8	54	・直接販売する量販店は N G 社のみ ・他市場は県外卸売業者（2 社）13%、県外仲卸業者（5 社）33%
		一般小売店・納品業者	11	100		
		量販店	1	1		
		他市場	46	…		
		合　計	100			－
B-4 社	2	他市場仲卸業者	12	4	50	・仲卸業者の販売先は県内量販店 6%、県外量販店 6% ・売参人数は登録 107 人、常時 50 人 ・直接販売する量販店は S-1 社のみ
		一般小売店・納品業者	14	50		
		量販店	22	1		
		外食業者・カット加工業者	29	15		
		他市場	15	4		
		B 社グループ	8	6		
		合　計	100			－
B-5 社	2～5	同市場仲卸業者	62	2	71	・仲卸業者は M S-1 社・MM-3 社（諏訪支店） ・売参人数は登録 150 人、実態あり 100 人 ・店舗数では県内 2 店舗、山梨県 3 店舗 ・中京地方の市場への転送が中心 ・一部を D 社に転送
		一般小売店・納品業者	14	50		
		量販店	5	2		
		他市場	5	…		
		B 社グループ	14	6		
		合　計	100	－		－

資料：ヒアリング（2018 年）による。

注：1）構成比及び業者数数は概数である。
　　2）県外分荷率は最終分荷でみた構成比である。
　　3）…は詳細不明を意味する。

るケースについては本書第8章で検討したい。量販店以外では、外食業者・カット加工業者が5％、一般小売店・納品業者が2％、産地出荷業者が2％、同市場内の仲卸業者が1％となっている。B-1社においては同市場の仲卸業者に対する分荷率が非常に低くなっているが、その理由は上田市場の仲卸業者は一般的な仲卸業者というよりも、市場敷地内にテナントとして入る食品卸売業者というべき性格のものであり、規模的にも零細であることによる。上記以外にもB-1の分荷先にはB社グループの20％が含まれているが、これは前節でも触れたように同グループ卸売業者が行う共同仕入による相互融通というべきものである。この場合、長野県外の農協等からの集荷は取扱規模が大きく集荷力や交渉力の大きなB-1社が担当し、市場への入荷後に県外を含むグループ各社に対する再分荷が行われている。

　B-2社の場合はB社グループ以外の他市場の構成比が36％と最も高く、このうち長野県内の卸売業者は1％に過ぎないのに対し、県外卸売業者は16％、県外仲卸業者は19％というように、主として長野県外へと搬出されている。次いで構成比が高いのは長野市場仲卸業者の24％、産地出荷業者の10％、B社グループの10％、一般小売店・納品業者の8％と続いている。B-2社が直接的に販売する量販店は7％と比較的限定されており、具体的にはS-1社とWH社を含む県内量販店が4％、県外が3％となっている。

　B-3社の分荷先は長野県外の卸売市場が46％を占めている。その詳細については本書第8章で検討するが、同社からは県外市場の卸売業者や仲卸業者に対する転送が広範に行われていることがうかがえる。それ以外では、松本市場仲卸業者の42％や一般小売店・納品業者の11％と続いている。B-3社が直接的に販売する量販店はNG社のみであり、割合的にも1％に過ぎない程度である。

　B-4社については多様な業態に対する分荷が行われている。具体的には、外食業者・カット加工業者が29％、量販店であるS-1社が22％、他市場が15％、一般小売店・納品業者が14％、B社グループが8％というように、分荷先の業態は分散化している。ただし、同社が属する佐久市場には仲卸業者

が存在しているものの、その零細性もあって基本的にこれらへの分荷は行っていない。B–4社の分荷を特徴付けるものとして外食業者・カット加工業者があげられ、これら業者を経由した野菜等は最終的に首都圏等のファストフードやコンビニベンダーへと供給されている。以上から、B–4社は長野県外の業務需要に対する同県産青果物の供給基地としても機能しているということができる。なお、前節においてB–4社が集荷に関して産地出荷業者と共同で生産者を組織化した経緯について触れているが、同社によるこのような取り組みは、市場が高原野菜の生産地域に所在するという立地環境を活かすとともに、関東圏のファーストフードやコンビニベンダー等に対する長野県産野菜の供給体制を構築することを目的として、比較的早い段階から行われてきたものである。そして、このような取り組みの結果が、現在の分荷先構成に反映されているといえよう。

　B–5の販売先は仲卸業者の割合が高く、具体的にはMS–1社とMM–3社（諏訪支社）[7]の２社で62％を占めている。それ以外では、一般小売店・納品業者とB社グループがいずれも14％であり、量販店と他市場についてもそれぞれ５％という構成となっている。なお量販店に関しては、長野県内とそれに隣接する山梨県内の食品スーパーが含まれている。

　続いて、B社グループ卸売業者の販売先を踏まえたうえで、各社における取引方法について確認したい。表中にあるように、B社グループ各社の取引方法におけるセリ取引率はB–1社の１％からB–3社の６％というように総じて低く、中心的な取引方法である相対に対して補完的な方法ということができる。ただし、B社グループ卸売業者のすべてがセリ取引を軽視しているのではなく、たとえばB–3社では売買参加者の参加が少ないことを理由に2008年から2013年の間はセリを中止していたものが、顧客へのサービスとして2013年の途中から再開するとともに、現在までそれが継続されている例[8]も存在している。そしてこのような取り組みの効果として、調査時現在ではB–3社で青果物を調達する一般小売店等の売買参加者が増加する傾向にある。なお、B–3社以外においても個人出荷品を中心にセリ取引は継続されている

ように、流通環境が変化するなかにおいても同取引の必要性は存在している。

　これまでB社グループの販売先構成等を確認してきたが、ここで同グループが販売した青果物の県内分荷率についてみておきたい。卸売業者が販売した青果物のうち最終的に長野県内へと仕向けられる割合は、B-1社からB-4社までの4社についてはいずれも50％代前半であり、B-5社のみが70％強と高くなっている。これをA社グループと比較するならば、同グループにおいては卸売業者ごとの県内分荷率に大きな差が生じていたが、B社グループについては分荷先構成が異なるものの、比較的均一な構成比ということができる。このような結果となる要因は明らかではないが、本書第8章でみるようにグループ本社であるB-1社が比較的い段階から県外搬出に努力してきたことに加えて、近年はグループ全体として県外販売に努力してきたことによると考えられる。

　以上、本節においてはB社グループの分荷先構成について確認してきたが、各社は規模や立地環境が異なることも一因となって、たとえ同じグループであっても分荷実態には大きな相違が存在することが確認できた。ここでこれまでの検討を踏まえてB社グループ卸売業者の性格について確認するならば、B-1社・B-2社・B-3社及びB-5社の4社は設立当時においていずれも消費地市場であったと考えられる。しかし、現在では取り扱われた青果物の半分近くが長野県外へと最終分荷されていることを踏まえるならば、すでに一般的な消費地市場ではなく、広域分荷市場または産地集荷市場的な性格を併せ持つ性格のものへと変化しているといえよう。一方、B-4社の分荷に関しては外食業者やコンビニベンダー等の割合が高い[9]という特徴が存在しているが、同社は長野県外に50％を搬出しているだけでなく、野菜生産地域に立地していることを考え合わせるならば、産地集荷市場的な性格が強いということができる。

第5節　卸売業者B社グループの量販店対応

　本章ではこれまでB社グループの集分荷について検討してきたが、本節では表4-4を基に、分荷のなかでも卸売業者が直接的に行う量販店対応の実態について明らかにしたい。

　B-1社の上田市場には実質的に仲卸制度がなく、このため同社が直接的に量販店へ販売する場合、一般に仲卸業者が担う機能の多くを卸売業者が行っている[10]。B-1社における量販店への直接販売は42％であり、さらに前節でみたように分荷地域別では長野県内の31％と県外の11％とに分けられる。なお、31％を占める県内量販店はその大部分がS-1社と考えられる[11]ことから、この後は主としてS-1社への対応に限定して検討したい。

　S-1社に販売する場合に要求されるパッキングについては、かつては市場

表4-4　B社グループ卸売業者による量販店への直接販売（2017年）

単位：％

	分荷率 （県内）	量販店名	量販店対応の内容
B-1社	42 （31）	S-1社、YK社（県外） 他20社以上（県外含む）	・仲卸業者経由も含めて量販店への最終分荷率は70％ ・仲卸業者経由も含めて販売先の量販店は20社以上 ・S-1社に納品する商品はパッキングを外部委託 ・S-1社に対する仕分は派遣職員が実施 ・S-1社の個店に対しB社グループの運送業者が配送
B-2社	7 （4）	S-1社、WH社 県外（3社）	・S-1社に直接販売する場合はケース単位での納品が中心 ・S-1社に販売する場合はセンター納品 （・量販店には基本的に仲卸業者を介して間接的に対応）
B-3社	1 （1）	NG社	（・量販店には基本的に仲卸業者を介して間接的に対応）
B-4社	22 （22）	S-1社	・S-1社に販売する場合、パッキングはB-4社または外部委託 ・同じくピッキングと配送は運送業者に委託
B-5社	5 （2）	県内1社（2店舗） 山梨県1社（3店舗）	・山梨県内量販店にはB-5社が仕分し、県外仲卸業者が配送 ・県内量販店にはB-5社が仕分し、市場内で荷渡し （・量販店には基本的に仲卸業者を介して間接的に対応）

資料：ヒアリング（2018年）による。
　注：構成比は概数である。

内でパートにより行っていた。しかし、2008年からは従来の方法に加えて経費削減のため外部委託を併用するようになり、さらに2013年には外部委託へと変更されている[12)]。このように外部委託を導入した背景には、当時は必要な職員の雇用が充分に行えなかったり、雇用しても定着しないケースが多かったという経緯の存在が指摘されている。調査時現在、作業を委託している業者は合計6〜7社に及んでいるが、このように多数の業者を用いる理由としては、各社を競わせることで効率を上げる点が指摘されている。そして、パッキングは量販店に対する商品提案力に直結していることから、同社としても同機能の向上には特に留意しているとのことであった。次に、B-1社による量販店の個店を単位とする仕分については、人材派遣会社から派遣された職員が市場内で行っている。S-1社への納品にあたっては、グループ会社の運送業者が長野県内の30店舗を巡回することにより行われている。

　以上、B-1社によるS-1社への販売について検討してきたが、このような対応には県外を含むS-1社以外の量販店に販売する場合も同様に行われている。ただし、県外量販店の場合は個店配送ではなく基本的に集配センター納品となっている。ここまでみてきたように、市場に仲卸制度がないB-1社においては一般に仲卸業者が担う業務を卸売業者が内部化または外部委託することによって、量販店に対する利便性向上をもたらす各種機能の強化が実現されている。

　B-2社の松本市場には仲卸業者が存在しているため、同社は20社以上の量販店に対して基本的に仲卸業者を経由させたうえで最終分荷を行っている。しかし、S-1社については出荷ケースのまま同社のセンター納品となるためB-2社が直接納品している。

　B-3社についても量販店への販売は基本的に仲卸業者を経由させているが、NG社については直接的に納品しており、この場合はパッキングや仕分等を行わずに出荷ケースの状態で荷渡しされている。なお、NG社は松本地域に10店舗を展開する食品スーパーであり、B-3社もかつては取扱額の10％程度を販売していた。しかし、松本地域にS-1社やDS社といった県内量販店に加

えて、長野県外からの出店が相次いだことが一因となって、調査時現在におけるNG社への分荷率は１％にまで減少している。

　B-4社が直接的に販売する量販店はS-1社のみであるが、この場合、B-4社は市場内に設置したパッケージ室でパッキングを施した後、輸送業者に個店までの配送を委託している。同社とS-1社との取引過程について確認するならば、S-1社の仕入担当者は毎週木曜日と金曜日に市場へ来場し、その際に翌週の販売計画と取引価格を決めている。さらに、毎週土曜日にもS-1社の担当者は来場しているが、この時の商談は翌週の販売計画の最終確認に加えて、１〜２箇月後の販売計画についての検討が行われている。

　最後のB-5社が属する諏訪市場には仲卸制度があるため、同社が直接販売するのは長野県内の１社（２店舗）と山梨県内の１社（３店舗）の量販店に対してのみである。B-5社の販売先である２社の量販店は、その店舗数からも明らかなようにいずれも小規模なローカルスーパーである。B-5社はこれらに対してパッキングを行っておらず、２社のうち長野県内の量販店に対しては同社職員が仕分けた後に、市場内の定められた場所で荷渡しされている。一方、山梨県内の量販店についてはB-5社が仕分けたうえで、市場内で山梨市場の仲卸業者[13]に引き渡すことにより納品が行われている。

　本節においては、B社グループの量販店対応について確認を行ってきた。その結果、A社グループと同じく仲卸制度のある市場の卸売業者は量販店に直接販売するのではなく、各種の作業に対応する必要性から基本的に仲卸業者を介在させるという傾向の存在が確認された。また、取扱規模が大きいにも関わらず市場に実質的な仲卸業者が存在しないB-1社については、卸売業者自身だけでなくグループ会社や外部委託を活用することによって、パッキング・仕分・配送といった諸機能を充実させてきたことが確認できた。

第6節　小括

　本章においては、長野県内の青果物卸売業者のうちB社グループを対象と

して、その集荷及び分荷の概要と卸売業者による量販店対応について検討を行った。その結果は概略以下のとおりである。

　長野県内にある5社のB社グループ卸売業者のうち、B-1社・B-2社・B-3社・B-5社の4社については消費地市場であり、産地集荷市場的な性格となるものはB-4社のみであった。これらの集荷に関しては、最大規模であるB-1社には農協からの集荷率が高いという特徴があるものの、多様な業態から集荷するとともに、広く県外産品も取り扱うという傾向が確認された。また、グループ内で長野県のハブ市場として位置付けられているB-2社や地域の中核的市場であるB-3社についても、それぞれ地域における青果物の供給拠点として地元の消費需要に対応していくため、長野県外を含む多様な地域・業態から青果物の集荷が行われていた。一方、同じく消費地市場であってもB-5社の場合はB-1社からの転送割合が高く、このため中継市場的な性格が存在していた。産地集荷市場的な性格のB-4社は県産品率が決して高くないものの、地域の産地出荷業者と連携しながら生産者の組織化を行うなど特徴的な生産・集荷活動が展開されていた。

　B社グループの分荷面に関しては、いずれも幅広い業態への分荷が行われているだけでなく、本書第8章で検討するように長野県外への分荷に努力してきたこともあって、B-5社除いて県内分荷率は低い傾向にあることが確認された。またA社グループと同様に、規模が大きく集荷力の強いB-1社が県外農協等からの集荷を中心的に担うとともに、それをグループ各社に転送することで相互融通するという共同集荷が行われていた。産地集荷市場であるB-4社の分荷に関しては、長野県外の外食業者やカット加工業者の構成比が高く、県外の業務需要に対する長野県産青果物の供給基地として機能していた。

　最後に卸売業者が直接的に行う量販店対応について検討を行ったが、これについては仲卸制度のある市場の場合、基本的に仲卸業者が量販店対応を担当する傾向にあった。ただし、比較的取扱規模の大きな卸売業者であるにも関わらず市場内に仲卸業者が存在しないB-1社や市場に小規模な仲卸業者し

か存在しないB-4社等においては、卸売業者が自社及びグループ会社等を活用しながら各種機能を拡充することにより量販店対応が行われていた。

　B社グループには、あくまでA社グループと比較するならばという条件付きではあるが、本社の意思決定のもとで統一的に事業展開を図っていくという傾向がみられ、また、将来的な事業統合計画もあって、グループとしての将来構想がA社グループとの関係も含めながら検討されている[14]。これらのことから、長野県内の青果物流通は将来的に大きく再編されていく可能性があることを指摘しておきたい。

注
1）群馬県伊勢崎市にあるB社グループの卸売業者については、木村彰利『変容する青果物産地集荷市場』筑波書房、2015の「第4章　群馬県中・東毛地域の消費地市場等による県外搬出」で検討した消費地市場D社を参照されたい。
2）上田地域で消費される青果物の取扱額（卸売市場段階）は、2018年の全国における青果物取扱額である3兆1,258億円（『令和元年度卸売市場データ集』による）を日本の人口（1億2,644万人、2018年10月）で割るとともに、それに対して上田地域の人口（19万1,730人、表1-1参照）をかけることにより推計した。
3）B社グループ等に関する将来の方向性に係る記述については、2018年2月に実施したA社グループとB社グループの共同持株会社に対するヒアリング結果に基づいている。
4）B-4社による生産者の組織化は、地域別や品目別の組織に加えて、ファストフードやコンビニエンスストアなど実需者別でも行われている。
5）B-4社によれば、かつては北信地域や長野地域の農協で同社に果実の出荷を行うものは少なかったが、2016年に同社と取引関係のあったB農協が周辺の3農協を合併したことから、それ以降は同地域の農協からの集荷が比較的容易になっている。このため今後、長野県内の産地出荷業者からの果実集荷は縮小していく可能性があると指摘している。
6）委託買付とは出荷者が委託により卸売市場へ出荷したもののうち、市場において出荷者の希望価格以下でしか販売できなかった場合に、卸売業者が出荷者から希望価格により買い取るという取引方法である。
7）この場合のMM-3社は、本書第6章で検討する松本市場の仲卸業者MM-3社が諏訪市場の仲卸業者として設立した支社である。
8）B-3社は2008年までセリを行っていたが、当時は上場される青果物が相対取引

の残品であったことから売買参加者からの評価は低かった。しかし2013年の再開後は、売場の魅力を高めるため農協出荷品の1部を取り置いてセリにかけるように変更されており、このため調査時現在においてセリで取り引きされる青果物は農協出荷品が8割を占めるに至っている。一方、個人出荷品をセリで取り引きする場合は価格が安定せず、品質的に良いものであっても低い価格しか形成されないケースも多いことから、現在では可能な限り相対で売り切るように配慮されている。このような取り組みにより、現在では個人出荷品の9割以上は、セリ取引前に相対販売されている。

9）野菜・果実を問わず、一般的な産地集荷市場においては産地出荷業者が中心的な購入者となっているケースが多い。このことを踏まえるならば、B-4社の分荷先構成は産地集荷市場として特異性が高いものである。

10）仲卸制度のない卸売市場における卸売業者の量販店対応については、藤田武弘『地場流通と卸売市場』農林統計協会、2000、pp.85-109、及び木村彰利『大都市近郊地方卸売市場の機能変化』筑波書房、2019を参照されたい。

11）B-1社のヒアリング結果とは構成比が一致しないところがあるが、A社グループとB社グループの共同持株会社に対するヒアリングによれば、B社グループのS-1社とDS社の合計販売額はグループ全体の50％を超えるとのことであった。またB-3社によれば、B-1社のS-1社に対する分荷率は25％、B-4社については同じく28％を占めているとのことであった。

12）B-1社におけるパッキング作業は、経年的に内部から外部委託へとシフトしながら変化してきた。しかし調査時現在の計画では、パッキングの質を向上させるため2018年度中に新施設を導入することによって、市場内でB-1社自身によりパッキング作業を行うという方向で再度の内部化が計画されていた。

13）この場合の山梨市場仲卸業者は、B-5社の販売先である山梨県内の量販店における中心的な青果物調達先である。

14）B社グループにおいて将来構想の検討に積極的なのは、両グループ共同の持株会社の代表がB-1社出身であることによると思われる。

第5章

独立系卸売業者の集分荷概要と量販店対応

第1節　本章の課題

　前2章においてはそれぞれA社グループとB社グループの卸売業者における集荷及び分荷概要等について検討を行ったが、長野県内にはこれら2つのグループに属さない卸売業者も多数存在している。そして、これら卸売業者のなかには同県内の青果物流通において重要な位置付けとなっているものや、取扱規模こそ小さいものの運営形態に特徴のあるものなどが含まれており、決して等閑視すべきではない。このため本章においては、前2章と同様にこれら卸売業者の集荷及び分荷の概要について明らかにするとともに、卸売業者が量販店に直接販売する場合の量販店対応について検討する。なお、本章に係るヒアリングは2018年11月から2019年2月にかけて適宜実施した。

　本書では、本章で扱うような卸売業者を一括していう場合は「独立系卸売業者」という名称を用いるが、これは対象となる卸売業者がA-1社とB-1社のどちらとも資本関係がないか、資本関係があったとしても独立した企業として独自に集分荷等の営業活動を行っているため、いずれのグループにも属していないとみなせることに基づいている。なお、調査時現在において長野県内には本書の分析対象となった14社以外に、独立系に分類される4社の青果物卸売業者が存在している。しかし、後者の取扱規模は決して大きくはなく、長野県庁に資料が残る最終年となる2008年実績でみても、本研究で調査対象としなかった4社の県内卸売業者の青果物取扱額は合計16億8,700円[1]でしかない。ちなみに、これは同年の県内市場における青果物取扱額の1.73%

を占めるに過ぎない金額である。

　なお、前2章においては各グループの集荷と分荷についてそれぞれ1節を充てて検討してきたが、本章で扱う卸売業者はいずれも独立性が高いことから、記述にあたっては第3節の各項をそれぞれ1社の卸売業者に充当することにより、各社の集分荷実態を確認していきたい。ただし卸売業者による量販店対応については、卸売業者が果たす各種機能を並列的に確認するため、前2章と同じく第4節でまとめて記述することにしたい。

第2節　独立系卸売業者の概要と取扱額の推移

（1）独立系卸売業者の概要と取扱額の推移

　本書の検討対象となった独立系卸売業者の概要は**表5-1**のとおりであり、その所在地については**図5-1**を参照されたい。なお、同図中にC社は記されていないが、その理由は独立系の他3社が長野県南部に所在するのに対し、同社は県の最北端に位置する北信地域に設置されていることによる。このためC社の所在地については、前掲の**図3-1**により確認されたい。各社の概要を確認するなら概略は以下のとおりである。

　C社は北信地域のなかでも新潟県との県境に近い飯山市にあり、青果物だけでなく水産物や加工食品も扱う卸売業者である。C社の2017年における年間取扱額77億3,700万円のうち青果物は45億2,200万円であり、なかでも菌茸類だけで18億円を占めているように同社の品目構成上の特徴となっている。なお、青果物以外の取扱品目も水産物の10億500万円や加工食品等の22億1,100万円というように決して少ない金額ではないことから、C社は青果物卸売業者であるとともに水産物及び加工食品卸売業者としての性格を併せ持っている。

　C社の沿革についてみるならば、同社は大正年間に設立されたごぼうの産地集荷市場を起源としている。C社のその後については詳らかではないが、1986年にA-1社の飯山支社と合併したことでA社グループとなり、社名にも

表5-1　独立系卸売業者の概要（2017・2018年）

単位：百万円、%

	所在地	取扱額		現在までの経緯	備　考
		金額	構成比		
C社	飯山市	合計 7,737	100	・大正年間にゴボウの産地集荷市場として設立	・A-1社と資本関係あり
		野菜 3,316	43		・菌茸類の取扱額は18億円（23%）
		果実 1,206	16	・1986年：A-1社の飯山支社と合併、A社と資本関係	・その他は加工食品等
		水産 1,005	13		
		その他 2,211	29	・2008年：現社名に変更	
D社	伊那市	合計 430	100	・1935年頃：伊那市街地内に青果市場が設置	・市が整備した流通団地内にあり
		野菜 301	70		
		果実 129	30	・1994年：伊那市内の3社の合併により現在地で設立	
E社	駒ヶ根市	合計 65	100	・1960年代以前に産地集荷市場として設立	・公設公営市場
		野菜 45	70		
		果実 19	30	・1973年：現在地に移転	
F社	飯田市	合計 4,009	100	・1970年以前に飯田市内の青果問屋として設立	・公設市場の卸売業者
		野菜 2,408	60		・場内仲卸業者はMM-3社の飯田支社
		果実他 1,601	40	・1970年：現在地に移転 ・1998年：他卸売業者を吸収合併	

資料：各社資料及びヒアリング（2018・2019年）による。
注：1）C社・E社・F社は2017年、D社は2018年の実績である。
　　2）野菜と果実の取扱額及び構成比は概数である。

図5-1　独立系卸売業者の所在地

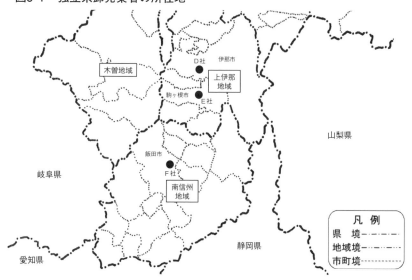

同グループ共通の呼称が使用されるようになった。しかし、2008年にはグループ名を含まない現社名に変更するとともに、経営的にも独立した体制[2]がとられている。

　D社は下伊那地域である伊那市の卸売業者であり、2018年の取扱額は4億3,000万円である。同社の起源は1935年頃に伊那の市街地内に設置された産業組合が運営する青果市場にあり、同市場は基本的に市場周辺地域への供給を担うものであったとされている。戦後、同市場は協同組合の運営に変更されながら存続してきたが、1994年には行政が整備した流通団地に移転することになり、周辺に存在していた他2市場[3]と合併のうえ現在地へと移転している。このような経緯から、D社は民設民営市場でありながらも公設市場的な性格を帯びた市場であるということができる。

　E社[4]は上伊那地区となる駒ヶ根市の市街地内にある公設市場の卸売業者であり、2017年の取扱額は6,500万円となっている。同社の運営上の特徴は、全国的にも珍しい公設公営市場である点があげられる。ここでE社の運営方法について確認するならば、同社が入る市場は公設であることから市場の敷地及び施設は市が所有・管理している。市場には4名の駒ヶ根市職員が配置されているが、そのうち正職員である場長は常駐しておらず、市場運営の中心的役割を果たすのは1人の嘱託職員[5]となっている。それ以外では同じく嘱託職員である事務員が1人、臨時職員で補助的な作業を担う1人からなっている。これら職員の給与は駒ヶ根市の一般会計から支払われる一方で、卸売業務による収益は市の雑収入として同じく一般会計に繰り入れられている[6]。なお、E社は公設市場であるため地域住民に対する青果物供給を目的として設置されたものである。

　E社の経緯を確認するならば、同社の起源は分からないものの少なくとも1960年以前から現在のJR駒ヶ根駅前に存在していた青果物の産地集荷市場[7]の系譜を引くものとされている。しかし、1971年の卸売市場法制定により地方卸売市場が制度化されたことから、駒ヶ根市もそれを機に既存市場の移転・再整備による公設地方卸売市場の設置を検討するとともに、1973年には公設

公営市場として営業が開始されている。また、経済成長にともなう上伊那地域の人口増もあって、その時点ですでに、市場の供給地域は駒ヶ根市周辺へと変化している。

　最後のF社は南信州地域の中心都市である飯田市内の公設市場（以下、飯田市場とよぶ）で営業を行う、年間取扱額40億900万円の青果物卸売業者である。なお、南信州地域は長野県の最南部に位置するため、県庁所在地である長野地域等よりも地理的に近い愛知県や岐阜県との経済的関係が緊密な地域とされている。F社の沿革についてみるならば、飯田市は近世以降の城下町であることも関係して比較的早い段階から市街地内に青果問屋が存在していただけでなく、同社についてもその系譜につながるものとされている。その後、1970年には行政が整備した現在地へ移転するとともに、卸売市場法の制定により公設地方卸売市場となっている。開場当時の飯田市場にはもう1社の青果物卸売業者が存在したが、1998年に経営不振に陥った同社をF社が吸収合併することで現在に至っている。また、飯田市場においては仲卸業者としてMM-3社（飯田支社）[8]が営業活動を行っている。F社の前身は市街地内の青果問屋であったことに加えて、飯田市場が公設市場であることを踏まえるならば、同社は飯田市街やその周辺地域に対する青果物供給を担っていたと思われる。なお、近年のF社については本書第8章でみるように県外販売が拡大しつつあることから、その性格も変容しつつある可能性が高い。

　以上が独立系卸売業者の概要であるが、各社とも他の卸売業者と協業関係がないこともあって共通性を確認できないだけでなく、設立時の状況やその後の経緯、そして現在の取扱規模などに大きな相違がみられるように、いずれも特徴的な卸売業者ということができる。

（2）独立系卸売業者の取扱額の推移

　独立系卸売業者における取扱額の推移を経年的にみたものが**表5-2**である。取扱額の動向をC社から確認すると、同社は2008年の72億6,100億円から2016年には81億2,500万円へと増加している。そして直近の2017年では幾分減少

表 5-2　独立系卸売業者の取扱額推移

単位：百万円

		2008 年	2009 年	2010 年	2011 年	2012 年	2013 年	2014 年	2015 年	2016 年	2017 年	2018 年
実数	C社	7,261	6,867	6,981	7,105	6,991	7,313	7,700	8,023	8,125	7,737	…
	D社	753	…	…	…	…	…	…	…	…	…	430
	E社	…	60	80	72	64	57	57	57	61	65	…
	F社	5,190	4,719	4,876	4,808	4,319	4,293	4,078	4,216	4,147	4,009	3,903
指数	C社	106	100	102	103	102	106	112	117	118	113	…
	D社	100	…	…	…	…	…	…	…	…	…	57
	E社	…	100	133	120	107	95	95	95	102	108	…
	F社	110	100	103	102	92	91	86	89	88	85	83

資料：C社、D社、E市、飯野市及び長野県資料よる。
注：…は詳細不明を意味する。

しながらも77億3,700万円の取扱額を維持している。同金額は青果のみでなく水産物や加工食品を含んでいることから注意が必要ではあるが、C社の取扱額は比較的堅調に推移していることは明らかであろう。D社に関しては資料の制約から連続的な動きを把握できないが、2008年に7億5,300万円であったものが2018年には4億3,000万円にまで減少していることを踏まえるならば、経年的な取扱額は減少傾向にあると考えられる。E社は2009年の6,000万円から翌2010年には8,000万円へと増加しながらも、その後は5,000万円台から6,000万円台で推移し、2017年では5,600万円となっている。F社については明らかな減少傾向にあり、2008年に51億9,000万円であったものが2018年には39億300万円となっているように、この間に13億円近い減少がみられる。

　このような取扱額の動向を2009年を基準とする指数で確認した場合、2017年のC社は113となり、E社についても零細市場ながら108にまで上昇する一方で、2018年のF社は83へと数値を落としている。D社の2009年における取扱額は不明であるが、前年の2008年を基準にみた場合、2018年には57となっていることから取扱額の減少幅は最も大きい。

　以上、本節では長野県内の独立系卸売業者における取扱額の動向を確認したが、比較的堅調なC社が存在する一方で、それ以外の3社については経年的に経営状況が厳しさを増しつつあるといえよう。近年はC社やF社が所在

する上伊那地域や南信州地域においても一般小売店の減少に加えて、県内他地域等から量販店が進出しており、なおかつこれら量販店は地元市場を利用しない傾向にあることが、卸売業者の取扱額減少の背景に存在していると考えられる。

第3節　独立系卸売業者の集分荷概要

（1）C社の集分荷概要

　本節では独立系卸売業者4社の集分荷概要について、事例ごとに確認していきたい。最初にC社からみると以下のとおりとなる。C社の集荷先構成は**表5-3**で示すように個人・出荷組合・生産法人が66％を占めているが、これらについては菌茸類の生産者[9]が多くなっている。個人出荷者等として出荷実態のある生産者は800名程度であるが、その所在地は長野県内や新潟県でも妙高市や津南町など比較的長野県に近い場所となっている。生産法人は

表5-3　独立系卸売業者C社の集分荷概要（2017年）

単位：%

			構成比	備　　考
集荷	出荷者構成	農協	13	
		個人・出荷組合・生産法人	66	・出荷者数は登録1,000人、実態あり800人 ・出荷者は飯山市・千曲市・飯綱町、新潟県等に所在
		産地出荷業者	16	
		他市場	5	・他市場はA-1社及びB-2社 ・転送品は量販店向けの一般的な青果物が対象
		合　　計	100	
	委託集荷率		70〜80	
	長野県産率		90	
分荷	セリ取引率		10	
	分荷先構成	量販店	10	・関東・九州・四国・県内（BS社）等の量販店5社
		産地出荷業者	10	・県内の30社
		他市場卸売業者	40	・関東・関西・中部・九州の卸売業者20〜30社
		他市場仲卸業者	40	・関東・関西・中部・九州の仲卸業者20〜30社
		合　　計	100	
	県内分荷率		10	

資料：ヒアリング（2018年）による。
注：1）C社の取扱品目のうち青果物のみを対象としている。
　　2）構成比及び出荷者数は概数である。

基本的に菌茸類の生産を行っているが、これらの生産規模は総じて小さく[10]、個人とあまり変わらないものが多い。次いで多いのは産地出荷業者の16％であり、これらは長野県外の割合が高い傾向にあるが、13％を占める農協についてはいずれも県内である。他市場からの転送は距離的に近い長野市場のA-1社とB-2社から買い付けているが、この場合は県外農協の出荷品を中心に、量販店が求める多品目にわたる一般的な青果物が対象である。

C社の集荷における委託集荷率は季節により変動しているだけでなく、経年的には低下傾向にあるが、調査時現在でも70〜80％は委託により集荷されている。集荷方法と出荷者との関係では、個人・出荷組合・生産法人については原則的に委託となっている。また、C社取扱品に占める県外産品の割合は10％であるが、これらは主に長野県外の産地出荷業者から集荷されたものである。

次にC社の分荷について確認するが、調査時現在において、同社の取扱品は90％が長野県外へと搬出されている。C社もかつては地域の一般小売店や量販店に販売していたが、これら店舗が廃業したことに加えて同社周辺に店舗を持つチェーンスーパーは長野市場等で青果物を調達していることから、同社の県内分荷率[11]は経年的に低下している。卸売業者による県外販売は本書第8章で検討することから、C社の販売先業態と構成比のみを確認するならば、長野県外の市場卸売業者と仲卸業者がいずれも40％、それ以外では県外量販店と産地出荷業者がそれぞれ10％という構成である。市場における取引方法は相対取引が90％であるのに対してセリは10％となっており、後者の対象品目は個人から集荷された一般野菜とりんごが中心である。C社のセリは午前と午後の1日2回行われているが、このうち午前は野菜等を中心としており、午後に関しては果実が対象品目となっている。果実の取り引きを午後に行う理由としては、同品目は主に長野市場と共通の産地出荷業者が購入していることから、早朝に取り引きを行う長野市場と取引時間の重複を避けることにより2市場での調達を可能とするため、C社は午後1時30分にセリを開始している。

　以上がC社の集分荷であるが、同社では市場所在地周辺の個人出荷者等から集荷した青果物を、他市場の卸売業者や仲卸業者を経由させることで長野県外への搬出が行われているように、その性格は産地集荷市場的なものとなっている。

（2）D社の集分荷概要

　D社の集分荷について**表5-4**に基づき確認するならば以下のとおりである。集荷面では40％を占める他市場からの転送以外に個人が27％、生産法人が13％、農協と産地出荷業者がそれぞれ10％という構成である。このうち、個人については伊那市内を中心とする200人から集荷されており、常時出荷者

表5-4　独立系卸売業者D社の集分荷概要（2017年）

単位：％

			構成比	備　　考
集荷	出荷者構成	農協	10	・農協はI農協とJ農協の割合が高い
		個人	27	・個人出荷者数は登録800人、実態あり200人、常時50人 ・野菜は主に伊那市内に所在、果実は松川町以南が多い
		生産法人	13	・生産法人は菌茸類を生産する3法人
		産地出荷業者	10	・産地出荷業者は愛知県、高知県、茨城県、愛媛県等
		他市場	40	・転送元はA-2社を中心にB-5社・F社等 ・転送集荷品の1/4は県産品
		合　　計	100	
	委託集荷率		55	
	長野県産率		60	
分荷	セリ取引率		20	
	分荷先構成	一般小売店・納品業者	20	・20～30店舗
		量販店	50	・S-3社（12店舗）、DS社（3店舗）及び4社（6店舗）に販売
		給食業者	15	・伊那市内の学校及び老人ホームに食材を納品する1社
		惣菜加工業者	5	・伊那市内に所在する1社
		他市場	10	・愛知県・東京都・埼玉県の卸売業者3社 ・夏場の長野県産野菜や菌茸類、りんご等が対象
		合　　計	100	
	県内分荷率		90	

資料：ヒアリング（2018年）による。
注：構成比及び出荷者数は概数である。

では50人となっている。生産法人は菌茸類を生産する長野県内の３法人である。農協は県内でも上伊那地域と南信州地域の農協が対象であり、なかでも同じ伊那市内に本所があるＩ農協の割合が高い。産地出荷業者は長野県外の業者であり、その対象品目は愛知県産の葉物野菜や高知県産のしょうが、茨城県産の多品目野菜、愛媛県産の柑橘類等である。そして、Ｄ社の集荷方法のうち最大の割合を占める他市場からの転送については、松本市場のA-2社を中心に諏訪市場のB-5社や飯田市場のF社等から集荷されている。

　D社の集荷品のうち県外産品となるものは、産地出荷業者出荷品のほぼ全量と転送品の３/４が該当しており、全体では40％に及んでいる。また、買付により集荷されるものについても主に転送品と産地出荷業者からの集荷品となることから、全体では45％を占めている。

　続いてD社の分荷について確認したい。同社は全体の20％をセリ取引により販売しているが、その対象品目は地場産の個人出荷野菜である。次に販売先の構成をみるならば、全体の50％を６社の県内量販店に販売しており、なかでもS-3社とDS社の割合が高くなっている。なお、DS社の店舗は長野県内に広く展開されているが、D社が供給するのは上伊那地域の店舗に限定されている。一般小売店・納品業者には全体の20％を販売しているが、これらは伊那市を中心とする上伊那地域の20～30店舗である。同社は集荷に関して転送に大きく依存しているが、その一方で長野県外への転送も行っており、具体的には愛知県・東京都・埼玉県の卸売業者に対してきゅうり等の果菜類やブナシメジ、りんご等が搬出されている。D社が転送が行う背景には、首都圏等における夏期の長野県産野菜に対する需要の存在が指摘されている。上記以外の分荷先としては、給食業者の15％や惣菜加工業者の５％などがある。

　このようにD社は、上伊那地域の消費需要に対して青果物を供給する比較的規模の小さな消費地市場であり、集荷に関しても転送に大きく依存しているが、その一方で長野県産青果物の県外搬出が行われるなど、同県における青果物流通には多様性が存在している。

（3）E社の集分荷概要

前節で述べたようにE社の取扱規模は非常に零細であり、このため**表5-5**で示すように、集荷についても個人出荷が全体の80％を占めている。これら出荷者は、市場のある駒ヶ根市に加えて隣接の飯島町や中川村等に所在する170～180人の生産者である。次に構成比が高いのは他市場の10％となっているが、その対象品目は学校給食用の食材となる青果物が該当している。具体例としては、静岡県の三ヶ日市場から調達するみかんなどがあげられるが、この場合、学校給食では必要な品目について数量を揃えた状態で確実に納入することが求められるため、産地近くの市場から直接的な集荷が行われていることによる。9％を占める生産法人については地元の4法人から地場産野菜を集荷しており、このうち1法人の生産規模は比較的大きいが、残りの3法人はE社の平均的な個人出荷者と変わらない規模である。農協は1％に過ぎないが、これについてはE社と同じ上伊那地域内のI農協から、農協管内の生産法人が生産した菌茸類を集荷している。

表5-5　独立系卸売業者E社の集分荷概要（2017年）

単位：％

			構成比	備　　　　　考
集荷	出荷者構成	農協	1	・農協はI農協から菌茸類を集荷
		個人	80	・個人出荷者数は登録350人、実態あり170～180人 ・個人出荷者は駒ヶ根市・飯島町・中川村に所在
		生産法人	9	・4法人から地場産野菜を集荷
		他市場	10	・学校給食用に静岡県内の市場からミカン等を集荷
		合　　計	100	
	委託集荷率		100	
	長野県産率		90	
分荷	セリ取引率		50	
	分荷先構成	一般小売店・納品業者	87	・15店舗（売参人登録では45人） ・最終的に全体の27％を学校給食に供給
		産地出荷業者等	10	・上伊那地域・東京都・愛知県の各1社
		宿泊業者	3	・宿泊業者は駒ヶ根市内2社
		合　　計	100	
	県内分荷率		90	

資料：ヒアリング（2018年）による。
注：構成比及び出荷者数は概数である。

E社の出荷者は個人出荷者の構成比が高いことに加えて、原価が存在する転送品についても商流上委託として処理していることから、全量が委託集荷として扱われている。また県外産品は転送品に限定されるため、取扱品の90％が長野県で生産された青果物によって占められている。なお同社の集荷に関する特徴として、地場産野菜の取り扱いは夏期に限定されることもあって、取扱品目や集荷量に関する季節的な変動が大きい点があげられる。

　次にE社の分荷について確認したい。E社が販売する際の取引方法はセリと相対とが相半ばしている。このうちセリで取り引きされるものは基本的に相対取引の残品が中心となっているが、地場産野菜など出荷者ごとに評価が異なるものについてはセリにかけられるケースが多い。また相対取引の際には、E社と距離的に近いことに加えて相対的な取扱規模が大きいF社の価格が参考にされている。

　E社の販売先構成は、駒ヶ根市を中心とする15店の一般小売店・納品業者だけで全体の87％を占めている。そして、これら小売店には駒ヶ根市内の小中学校に給食用の食材を納入するものが含まれていることから、最終的に同社販売量の27％は給食に供用[12]されている。なお、学校給食に係る取り引きの流れについて概観するならば、E社が給食の食材納入について市から受注したうえで、その内容、具体的には納入日・数量・価格等を同社の販売先である一般小売店等に開示し、その条件による納品を希望した業者を通じて納品が行われている。このため実際に対応できるのは、E社の販売先のなかでも比較的規模が大きな5～6店舗に限定されている。一般小売店以外では、産地出荷業者等[13]と旅館がある。このうち10％を占める産地出荷業者等の所在地は上伊那地域と愛知県、東京都であり、これら業者に販売された青果物は最終的に長野県外の小売業者等に供給されている。3％を占める旅館については駒ヶ根市内の2件が対象である。なお、調査時現在では取引開始から1年未満であるだけでなく、仮に1年以上継続したとしてもE社販売額の2％未満に過ぎないと見込まれるため表記していないが、同社は2017年11月から都内量販店に青果物を販売している。ただし、これについては内容的に

特殊性が高いことから本書第8章で検討したい。最後にE社の県内分荷率について確認するならば、長野県外の産地出荷業者等への販売以外はほぼ全てが県内供給となるため、全体の97％が県内で消費されている。

　以上、E社の集分荷について確認してきたが、同社は非常に零細な市場ということもあって地域の個人出荷者等からの出荷品を同じく地域内の一般小売店等に販売しているように、その性格は地域密着型の消費地市場といえよう。なお、E社は消費地市場であるにも関わらず集荷量や品目の季節変動が大きいが、小売業者は年間を通して品揃えが求められていることを踏まえるならば、同社で青果物を調達する一般小売店の多くは複数の仕入先を使い分けている可能性が高い。

（4）F社の集分荷概要

　F社は長野県の最南部にあり、同県北部よりも岐阜県や愛知県との経済的関係が強いことはすでに述べたが、このことは同社の集分荷、なかでも分荷に関して如実に現れている。

　最初にF社の集荷先構成を**表5-6**により確認するならば、最も構成比の高いのは50％を占める個人である。同社の個人出荷者は登録だけでも500～600人に及んでいるが、このうち比較的集荷量の多い夏期の果菜類だけでも150～200人が存在している。果実についてもりんごやもも、さらには加工品である市田柿[14]などでは多くの生産者が出荷者として登録されている。次いで多いのは20％を占める他市場からの転送であるが、これについては地場産品の入荷が少ない時期に、A社及びB社グループや名古屋北部市場等から買い付けられている[15]。また、出荷組合と生産法人はそれぞれ10％を占めるが、このうち野菜の出荷組合はF社が組織した長野県内の5～6組合であり、果実は静岡県内の1組合となっている。F社の集荷先のうち農協は7～8％に過ぎないが、その多くが県外農協となっている。産地出荷業者は果実を扱う長野県内の業者が主であるが、割合的には2～3％に過ぎない。このようにF社の出荷者は個人が多いものの、多様な業態を組み合わせた集荷が行われ

表 5-6　独立系卸売業者 F 社の集分荷概要（2017 年）

単位：%

			構成比	備　　考
集荷	出荷者構成	農協	7～8	・農協は県外が中心的
		出荷組合	10	・出荷組合は県内の 5～6 組合と静岡県の 1 組合（ミカンを集荷）
		個人	50	・登録 500～600 人 ・北は中川村・飯島町、南は県境までに所在 ・野菜の果菜類や果実（もも・りんご・なし・市田柿）に比較的多い
		生産法人	10	
		産地出荷業者	2～3	・基本的に県内の産地出荷業者
		他市場	20	・地場産がない時期にA社・B社グループ、名古屋北部市場等から転送
		合　　計	100	
	委託集荷率		50	
	長野県産率		60	
分荷	セリ取引率		30	
	分荷先構成	市場仲卸業者	…	・市場仲卸業者はMM-3 社 ・MM-3 社への販売は県内量販店に含まれている ・最終的に県内の農協系量販店（20～25 店舗）に再販売
		一般小売店・納品業者	7	・12～13 店舗 ・売参人登録では 291 人
		量販店	45	・県内はS-3 社・KR社・AC社等 10 社（9%） ・上記のうちAC社の商流はMM-3 社を経由 ・県外は愛知県、岐阜県等の食品スーパー20 社（36%）
		転送業者	3	
		他市場	45	・愛知県、岐阜県等の市場仲卸業者（15～16 社）
		合　　計	100	
	県内分荷率		19	

資料：ヒアリング（2018 年）による。
注：1 ）構成比及び出荷者数は概数である。
　　2 ）…は詳細不明を意味する。

ている。

　F社の集荷品に占める長野県産の割合は時期により大きく異なっているが、平均すると60％程度であるとしており、出荷者との関係でみるならば個人や出荷組合では県産率が高い傾向にある。集荷方法についても時期や品目により大きく異なっているが、年平均では50％程度が委託になるとしている。

　続いてF社の分荷先構成を確認するならば量販店と他市場に大別されており、その構成比はいずれも45％となっている。長野県内の量販店にはS-3社

とKR社を含む10社に対して９％を販売しているが、このなかには場内仲卸業者であるMM-3社を通じてAC社等の農協系スーパーに供給されるものが含まれている[16]。一方、県外量販店に関しては愛知及び岐阜県内の20社に対して36％を販売している。他市場については近県市場の仲卸業者15～16社が対象である。なお、F社による長野県外の量販店と他市場への販売の詳細は本書第８章で検討したい。上記以外では、地域の一般小売店・納品業者が７％、転送業者[17]が３％という構成である。

　F社が販売する際の取引方法はセリ取引が30％であるのに対し、相対は70％を占めている。この場合、出荷者や品目を問わず量販店等に対する事前販売の残品がセリで取り引きされる傾向にある。また、F社は前述の沿革にあるように元来は消費地市場であったが、現在では取り扱った青果物の81％が長野県外へと搬出されていることからうかがえるように、産地集荷市場的な性格が強まりつつある。

　以上、長野県内の独立系卸売業者の集分荷等について確認を行ったが、各社の取扱品目や規模等の違いが大きいだけでなく、多様な性格の市場が存在していることが明らかとなった。

第４節　独立系卸売業者の量販店対応

　本節では独立系の卸売業者が直接的に量販店に販売する際の対応実態について検討する。前節でみたように４社の卸売業者はいずれも量販店に販売しているが、このうちE社については本章第８章で検討するため、C社とD社及びF社について確認するならば概略は以下のとおりとなる。

　C社が直接的に販売する量販店は、**表5-7**で示すように長野県内にあるBS社の３店舗と関東・四国・九州の４社となっており、同社販売額に占める割合では10％である。主な対象品目は菌茸類であり、この場合、年間契約により恒常的かつ安定的に販売が行われている。菌茸類に関しては産地の出荷段階で必ずパッキングが求められることから、C社は菌茸類をコンテナに詰め

表5-7 独立系卸売業者の県内量販店への対応（2017・2018年）

	分荷率 （県内）	量販店名	量販店対応の内容	備考
C社	10 （…）	ＢＳ社（3店舗） 県外4社	・菌茸類はC社がパッキング	・量販店への販売は県外が中心 ・県外は関東・四国・九州
D社	50 （50）	S-3社（12店舗） ＤＳ社（3店舗） 他県内4社（6店舗）	・1996年時点からD社がパッキング・仕分・配送を担当 ・配送はすべて個店配送	
E社	… （－）	都内1社（1店舗）	・高速バスを用いて青果物を輸送	・取引開始から1年未満
F社	45 （9）	S-3社（12店舗） ＫＲ社（10店舗） 農協系2社（20～25店舗） 他県内7社 県外20社	・ＫＲ社への販売は1975年に開始 ・ピッキングと個店配送は1975年の販売開始時から対応 ・パッキングは取引開始の数年後から対応 ・県内量販店はすべてF社による個店配送	・農協系はMM-3社経由

資料：ヒアリング（2017・2018年）による。
注：1）C社・E社・F社は2017年、D社は2018年の実績である。
　　2）構成比は概数である。
　　3）…は詳細不明を意味する。

られた状態で集荷するとともに、市場に隣接した加工施設でのパッキングを行ったうえで市場外へと搬出している。納品方法はBS社の場合のみ個店配送となるが、県外量販店については全て集配センターに納品している。

　D社は取扱規模の比較的小さな消費地市場であるが、全体の50％を6社の量販店に販売している。これら6社を具体的にみるならば、D社と同じ伊那市内に本社を置き上伊那地域に店舗を展開するS-3社の12店舗、松本市に本社があり長野県全域に店舗展開する地域スーパー DS社のうち伊那市・辰野町・駒ヶ根市の3店舗、それ以外に地元の小規模スーパー4社の計6店舗である。このように、同社が販売する量販店は地元のスーパーか、県内他地域に本社がある場合は市場近くの店舗に限定されている。このため、これら量販店の多くは野菜をはじめとする鮮度の高い地場産青果物の確保を目的として、D社から調達していると考えられる[18]。

　量販店販売時の対応については、D社は1994年の設立時の段階から量販店

に販売しているだけでなく、その時点ですでにパッキング・仕分・配送等の作業を担っていた。そしてこのような対応は、D社の前身となった会社が量販店との取り引きを開始した当初から行われていた可能性が高いとしている。現在においては、パッキング作業は市場内でパートが担っており、仕分についても同じく市場内で、同社の営業担当者が作業を分担しながら行っている。納品はいずれも個店に対して配送しているが、この場合もすべてD社の職員が自社トラックにより行っている。

　次に、F社の量販店対応についてみると以下のとおりである。同社は全体の９％を長野県内の量販店10社に販売しており、このうち農協系量販店については仲卸業者であるMM-3社飯田支社を経由しているが、ここで併せて検討したい。F社の販売先となる県内量販店のうち農協系量販店は２社あり、そのうち１社は店舗数が10店舗、もう１社は10〜15店舗である。また、それ以外の主要量販店と店舗数はS-3社が12〜13店舗、飯田市に本社があるKR社が10店舗となっている。なお、県内量販店への販売率である９％に占める各社の内訳は、店舗数にほぼ比例している。

　F社が長野県内の量販店に販売する際の流れを時系列で確認するならば以下のとおりとなる。レギュラー品については、毎日午後14時から15時30分にかけてファックスまたはメールで受注し、それを踏まえてF社社員が確保した荷を市場外へと搬出している。搬出時間は第１便が５時であり、この場合は出荷ケース単位の納品となるが、２便以降については同社により店舗単位の仕分がなされている。納品方法は、県内スーパーに関しては個店納品が中心的である。

　一方、F社による県外量販店への直接販売については、愛知県の豊田市や瀬戸市等に店舗を所有する小規模なローカルスーパー20社が対象となっている。これら量販店がF社で調達を行う理由は、農協の出荷先集約化により従来からの調達先市場では確保できなくなった長野県産品を求めてのことである。F社が県外量販店に販売する際の荷渡しは、先方から引き取りに来る場合とF社が個店配送を行うケースとが併用されている。

F社による量販店への販売は、1975年に取り引きを開始したKR社[19]が嚆矢であった。そしてその段階においてすでに、F社により店舗単位での仕分が行われていた。また、KR社に対するパッキングは若干時期が遅れるが、量販店側の要求を受けて1970年代後半には対応するようになったとしている。この場合、当初はパートを雇用していたが、人材確保に課題があったことに加えて市場外に専門業者が現れたのを契機として、2008年に外部委託へと変更されている。KR社への納品は1975年の取引開始当初から個店配送であり、一貫してF社の自社トラックにより行われてきたという経緯がある。そして現在においては、全ての県内量販店に対してパッキング・仕分・配送等が行われている。なお、これらの作業にともなって発生する経費は販売金額に上乗せすることで、最終的に量販店側が負担している。

　本節ではC社とD社及びF社における量販店対応について確認してきたが、仲卸業者が存在しないD社のみならず仲卸制度のあるF社においても、量販店との取り引きが開始された段階もしくはそれから間もなく各種の対応が行われ、市場機能の向上がもたらされていた。

第5節　小括

　本章においては、長野県内にある青果物卸売業者のなかでもA社及びB社グループに属さない独立系卸売業者を対象として、その集荷と分荷の概要について確認するとともに、県内外の量販店に直接販売する際の対応について検討を行った。これら4社はいずれも取扱規模や性格等が異なっているため一括りに評価することは難しいが、その概要は以下のとおりであった。

　独立系卸売業者の市場としての性格については、果実と菌茸類の生産が盛んな北信地域に立地するC社のみが産地集荷市場であり、D社・E社・F社については基本的に消費地市場であった。しかし、F社については経年的に長野県外への販売が拡大しつつあることから、現在では産地集荷市場的な性格を併せ持っていた。そして、消費地市場の3社についてはその規模に大きな

差があり、最小のE社のように公設公営という運営形態でなければ営業の継続すら難しいものが存在していた。また、経年的な動向についても比較的堅調なC社以外は取扱額が減少するなど課題が存在していた。

　卸売業者の集荷面をみるならば、C社とE社は個人を中心とする集荷が行われていた。一方、D社とF社は多様な出荷者を組み合わせた集荷が行われているが、D社については転送に依存する傾向にあることも確認された。しかし、長野県産品の構成比でみるならば4社とも過半が県産品によって占められているように、いずれも県内を主要な集荷基盤とするものであった。

　分荷に関しても卸売業者ごとの差異が大きく、なかでも産地集荷市場であるC社は取扱品の9割が長野県外に搬出されるなど特徴的な分荷が行われていた。このうち消費地市場のD社とF社に関しては、量販店や地域の一般小売店等を組み合わせた多様な業態に対する分荷が行われていた。なかでもF社については岐阜県や愛知県に近いという立地環境もあって、8割以上が長野県外への搬出となるなど特徴的な分荷となっていた。一方、零細なE社は9割近くを市場周辺の一般小売店に販売しているように、地域密着型の分荷が行われていた。

　最後に、独立系卸売業者における長野県内の量販店に対する対応についても検討を行ったが、このうちD社とF社においては量販店への販売開始を契機にパッキング・仕分・配送等の諸対応が開始されていた。このことから、独立系の卸売業者においても取引先業態の拡大によって、市場機能を高度化しながら事業を展開してきたことが確認された。

注
1）『卸売市場要覧（平成20年度分）』長野県農政部、2011による。
2）C社は調査時現在でもA-1社との資本関係は継続されているが、営業活動は独自に行っているだけでなく、決算に関しても別途行われている。
3）D社と合併した青果物市場には伊那市による公設公営市場が含まれている。
4）E社は市営であることから、表記方法に正確性を求めるならば「E市」とすべきであるが、本研究における位置付けは卸売業者であることに加えて、他の卸売業者と表記方法を統一する方が望ましいとの判断により「E社」としてい

る。

5) 市場運営の中心となる１名の嘱託職員は、かつては全国規模量販店の職員として30年間にわたり青果物の調達を担当していただけでなく、高校卒業後の一時期はＩ農協の前身となった農協の職員でもあった。このような経歴の所有者であるため、定年退職後に市から請われてE社の運営に関わるようになっている。

6) E社の手数料率は野菜・果物ともに９％であることから、同社における2017年度の手数料収入は600万円弱でしかなく、その収益から嘱託職員とはいえ３名の職員を雇用するのは難しいと考えられる。E社においては、職員の給与と市場の収益とは駒ヶ根市の会計上分けて処理されているが、このことが同社の営業継続が可能となる理由と考えられる。

7) 1960年当時に存在していた産地集荷市場は、現在の駒ヶ根市周辺で生産された青果物を集荷し、取り引き終了後は産地出荷業者により鉄道を用いて地域外へと搬出されていた。また、当時の市場は専業の卸売業者が存在せず、産地出荷業者が市場の運営まで担っていたとされている。

8) この場合のMM-3社は、本書第６章で検討する松本市場の仲卸業者MM-3社が飯田市場の仲卸業者として設立した支社である。

9) 農協は菌茸類の生産者に対してC社に出荷しないよう指導しているが、生産者は相場の動向をみながら複数の出荷先を使い分ける傾向があるとのことである。

10) 菌茸類の生産法人を初めとする大規模生産者はいずれも独自の販売ルートを確保していることから、C社や農協の出荷者は個人や出荷組合に加えて、生産法人でも比較的小規模なものとなっている。

11) C社における長野県内への供給は、食品スーパー BS社（３店舗）への販売と産地出荷業者が県内他市場へ転送するものに限定されている。

12) 駒ヶ根市の学校給食で使用される青果物の80％はE社を経由していることから、同社は行政から給食用食材の調達先として重要視されている可能性が高い。それに加えて政策課題としての地産地消や食育の重要性が、財政上赤字であっても駒ヶ根市がE社を維持・存続させる背景にあると考えられる。

13) E社が産地出荷業者としている販売先のうち、東京都内に所在するものについては転送業者である可能性が高いことから、ここでは「産地出荷業者等」と表記している。

14) 市田柿はいわゆる干し柿の１種であることから加工食品となるが、農家の段階で加工されたうえで市場や農協に委託出荷されることから、F社だけでなくＪ農協においても果実のなかに含めて扱われている。

15) F社の他市場からの転送には、同社が出荷者に要請をかけて直接的に集荷し、物流上も産地から同社に直送されたものであったとしても、出荷者と市場と

の間にある商慣行により、転送元となる市場の卸売業者に商流を経由させるケースが含まれている。

16）MM-3社の飯田支店は飯田市場の仲卸業者としての性格に加えて、同社の南信州地域営業所としての性格を併せ持っている。同支社の取扱額は約10億円であり、主として南信州地域の農協系量販店に食料品を納入している。

17）転送業者とは、市場外の青果物流通業者のうち卸売市場等から調達した青果物を他の卸売市場や実需者等に対して再販売するものをいう。

18）量販店がD社から調達する理由については、本書第7章におけるS-3社の分析からも裏付けられる。

19）KR社は南信州地域に設立された最初の食品スーパーである。

第6章

長野県内市場の仲卸業者による販売対応

第1節　本章の課題

　青果物流通の小売段階においては経年的に食品スーパーや総合スーパーに代表される量販店の占める割合が高まっており、このため中央卸売市場では量販店への分荷率が拡大してきただけでなく、量販店の要望に応えるため仲卸業者がパッキング・仕分・配送・保管等の業務を担うことによって市場機能の向上がもたらされてきた。そして、このような量販店対応の重要性は仲卸制度のない中小規模の地方卸売市場においても同様であることから、これら市場では量販店への販売力を確保するため、卸売業者が仲卸的な業務を担うことで市場機能の強化が図られてきたという経緯がある。一方、比較的規模の大きな地方卸売市場においては仲卸制度が存在し、中央卸売市場と同じく主として仲卸業者により量販店対応が行われている。しかし、地方卸売市場に限らず仲卸業者は卸売業者と比較して相対的に小規模であることから、多店舗を展開する量販店に販売していくうえで交渉力や提案力等の面において多くの課題が存在していると考えられる。そしてこのような卸売市場の課題を克服し、量販店対応力を強化していく方策の1つとして、卸売業者と仲卸業者との提携が考えられるところである。しかし、市場機能のさらなる高度化を期待するのであれば、卸売業者と仲卸業者が単なる取引相手としてではなく、卸売業者による仲卸業者への資本参加等の方法を通じてより強固な関係を構築するとともに、相互に役割分担をしながら行う統一的な量販店対応の展開も想定されよう。

ここで卸売市場の機能強化に関する先行研究についてみると、中央卸売市場の仲卸業者における機能変化を分析した木村[1]や地方卸売市場の卸売業者を対象とする同じく木村[2]等が存在している。このうち前者は大都市の拠点市場を事例としており、後者は大都市近郊の地方卸売市場が検討対象となっている。このため、本研究においては園芸生産地域を後背地に持つ地方卸売市場を事例とした分析を行うことによって、仲卸業者の量販店対応に伴う機能強化が市場の規模や立地環境、性格等が異なるなかでどのように展開されているかについて検証したい。また、後者では卸売市場の量販店対応のみに留まらず、市場施設の更新に伴う機能強化やブランド化の推進による量販店への提案力強化についての検討も行われている。しかし、これまでの研究では卸売業者と仲卸業者との提携を通じた量販店対応については分析が行われておらず、残された課題となっていた。一方で、内藤や藤田が指摘するように地域流通を担う市場の重要性が増しつつある[3]ことを踏まえるならば、卸売市場における量販店対応力の向上に直結する機能強化について検討することは重要性が高いといえよう。

　このため本章においては、長野県内に設置された卸売市場の仲卸業者を対象として、2017年1月から2018年10月にかけて実施したヒアリングの結果に基づいて、以下について明らかにすることを課題としたい。第1に調査対象となった仲卸業者の特徴を把握するため、これら業者の仕入及び販売の概要について検証する。第2に地方卸売市場の仲卸業者が行う一般的な量販店対応の内容について検討する。第3に卸売業者が仲卸業者に資本参加することでより緊密な関係を構築するだけでなく、相互の役割分担による機能補完を通じて市場機能を強化し、量販店に対する対応力の向上を実現した事例について分析するとともに、その青果物流通上の意義について検討を行いたい。

第2節　長野県内市場の仲卸制度

　調査対象となった仲卸業者の概要をみるまえに、長野県内の卸売市場にお

表6-1　長野県内卸売市場の青果物仲卸業者

市 場 名	卸売業者	仲卸業者数	備　　考
長野市場	A-1社、B-2社	10社	・仲卸業者2社は市場場外に事務所 ・仲卸業者4社はA-1社と資本関係あり
松本市場	A-2社、B-3社	8社	・仲卸業者1社は2014年に市場外へ移転
上田市場	B-1社	1社	・仲卸業者は場内テナント的な位置付け
佐久市場	A-5社、B-4社	6社	・卸売業者2社は隣接するため同一市場とみなす ・仲卸業者は市場隣接地で営業 ・仲卸業者は納品業者的な性格
諏訪市場	B-5社	2社	・仲卸業者1社はB-1社の完全子会社
飯田市場	F社	1社	・仲卸業者はMM-3社の営業所的な性格

資料：長野県資料及びヒアリング（2016・2017年）により作成。
注：仲卸業者は実質的に仲卸業者として機能するものを含む。

ける仲卸制度について確認すると**表6-1**のとおりである。同表で示すとおり仲卸業者が存在する市場は合計6市場であるが、このうち上田市場の仲卸業者については非常に零細であり、場内にテナントとして入る食品問屋的なものであることから、同市場に実質的な仲卸業者は存在していない。飯田市場の仲卸業者は松本市場に本社を置く仲卸業者MM-3社の飯田支社という位置付けではあるが、実際には仲卸業者というよりも本社の営業所的な性格が強いとされている。また、佐久市場の仲卸業者は一部を量販店等に販売しているものの、その規模の零細性を踏まえるならば納品業者的な性格の業者である。以上から、量販店対応等を担う実質的な仲卸業者が存在するのは、長野市場と松本市場及び諏訪市場の3市場ということができる。

　これら市場のなかで、長野市場では2017年現在において10社の青果物仲卸業者が営業活動を行っているが、このうち2社は市場外に事務所があることから厳密には場外流通業者に該当するものである。そして長野市場の仲卸業者の特徴として、同一市場の卸売業者が資本参加した業者[4]が含まれている点があげられる。具体的には、10社の仲卸業者のうち4社までがA-1社と資本関係を有している。また、松本市場には8社の青果物仲卸業者が存在している。ただし、このうち1社は2014年に事務所を市場外に移しているため厳密にいうならば場外流通業者となるが、調査時現在において実質的に市場

の仲卸業者として機能している。そして、諏訪市場には２社の仲卸業者が存在しているが、このうち１社はB-1社の完全子会社である。

　以上、県内市場の仲卸制度について確認を行ったが、次節以降においては仲卸制度が存在する３市場で営業活動を行う仲卸業者について、市場ごとにその経営実態を検討したい。

第３節　長野市場仲卸業者による仕入・販売対応

（１）長野市場仲卸業者の概要

　本節で検討を行う長野市場の仲卸業者について、**表6-2**によりその概要を確認するならば以下のとおりとなる。MN-1社は４社のうち最大規模の業者であり、卸売業者との資本関係のない独立した業者となっている。同社は1983年に中野市内の菌茸類を扱う産地出荷業者から分離独立し、移転前の長野市場で仲卸業者として設立されている。そして、MN-1社の母体となった産地出荷業者が現在でも中野市内で営業していることも関係して、40億円の

表6-2　長野市場の調査対象仲卸業者の概要（2016・2017年）

単位：百万円、％

		取扱額		現在までの経緯	備考
		金額	構成比		
MN-1社	合計	4,000	100	・1983年：中野市内の産地出荷業者から独立	・菌茸類が全体の10％を占める
	野菜	2,800	70		
	果実	1,200	30		
MN-2社	合計	3,399	100	・1956年：長野市内で青果物小売業者として設立	
	野菜	2,379	70	・1965年以降：仲卸業者と食品スーパーを兼業	
	果実	1,020	30	・1981年：スーパー部門を廃止	
MN-3社	合計	1,400	100	・1963年：A-1社がバナナ加工業者として設立	・A-1社の関連会社
	野菜	840	60		
	果実	560	40		
MN-4社	合計	1,200	100	・2013年に既存仲卸業者をA-1社が買収し設立	・A-1社の関連会社（資本比率80％）
	野菜	840	70		
	果実	360	30		

資料：各社資料及びヒアリング（2017年・2018年）による。
　注：１）MN-1・MN-3・MN-4は2016年、MN-2は2017年の実績である。
　　　２）取扱額及び構成比は概数である。

同社取扱額のうち菌茸類だけで10％を占めている。同社の調査時における従業員数は正社員10名、パート9名である。

　MN-2社の取扱額は33億9,900万円というように調査事例中では第2位の規模であり、従業員数は正社員15名、パート6名となっている。同社は1956年に創業し、1962年には法人化しているが、その当時は長野市内にある青果物の一般小売店であった。その後、1965年に旧長野市場の仲卸業者になるとともに、食品スーパーの兼業経営へと業態が変化している。しかし、1970年代の長野市内ではチェーン量販店の拡大により単独の食品スーパーでは競争に勝つことができず、このため1981年に食品スーパー部門を廃業し、専業の仲卸業者となって現在に至っている。

　MN-3社はA-1社の出資により、1963年にバナナの追熟を行う加工業者として設立されたが、その後、バナナ加工部門を外部化するとともに仲卸業者へと業態を転換している。そして、現在においてもA-1社の出身者がMN-1社の代表をしているようにA-1社との関係は継続しているが、後述するように経営内容に関しては独立性の高い業者である。同社の取扱額は14億円、従業員数は正社員15名、パート6名という構成である。

　最後のMN-4社もA-1社の関連会社であり、資本比率ではA-1社が80％を占めている。MN-4社は遅くとも1980年には設立されており、その後、2013年までの間は独立した仲卸業者であったが経営破綻したことからA-1社に救済を仰ぎ、2013年に他のA-1社系の仲卸業者と統合することで新たにMN-4社として設立されたものである。そして、現在のMN-4社はA-1社と連結決算が行われていることから明らかなように、いわば同一経営体的な関係となっている。このような経緯もあってMN-3社による量販店対応は、後述するようにA-1社と提携しながら一体的に行われるという特徴がある。同社の年間取扱額は12億円であり、従業員数は正社員が8名、パートが2名である。

（2）長野市場仲卸業者の仕入概要

　長野市場の仲卸業者の仕入概要については**表6-3**のとおりである。MN-1

社の仕入については、取扱規模が大きく品揃えが良いことを理由として全体の64％がA-1社から調達されている。それ以外は、同市場のもう1社の卸売業者であるB-2社が16％、その他が20％という構成である。このうち、その他については市場外にある10社の仕入先から、菌茸類を中心とする青果物全般が調達されている。

　MN-2社の仕入先はB-2社が47％を占めており、一方のA-1社は38％である。卸売業者以外は15％となっているが、そのうち8％については販売先の量販店が長野県内の農協から直接的に調達したものであり、商流のみが同社を経由している。また、残りの7％はMN-2社が生産者等から購入した菌茸類となっている。

　MN-3社の仕入については全体の70％がA-1社からであり、B社の25％やその他の5％と比較して高い構成比を占めている。MN-3社は基本的にグループ本社であるA-1社からの仕入を優先しているが、同社だけでは揃わない荷についてはB-2社から購入せざるを得ないことが、2社の卸売業者を併用する理由となっている。また、その他の5％については場外流通業者から

表6-3　長野市場仲卸業者の仕入概要（2016・2017年）

単位：％

	仕入先		セリ取引率	県産品率	備　　考
		構成比			
MN-1社	A-1社	64	1	30〜40	
	B-2社	16			
	その他	20			・仕入先は10件程度 ・菌茸類を中心に青果物全般が対象
MN-2社	A-1社	38	8	15〜18	・A-1社の一部は量販店による農協からの直接調達品
	B-2社	47			
	その他	15			・8％は量販店が農協から直接調達する青果物、7％は菌茸類
MN-3社	A-1社	70	0	60	
	B-2社	25			
	その他	5			・その他は場外流通業者
MN-4社	A-1社	90	…	33	
	B-2社	9			・B-2社からはA-1社で揃わなかった荷を調達
	その他	1			・その他は場外流通業者

資料：各社資料及びヒアリング（2017年・2018年）による。
　注：1）MN-1・MN-3・MN-4社は2016年、MN-2社は2017年の実績である。
　　　2）構成比は概数である。
　　　3）…は詳細不明を意味する。

の購入である。

　MN–4社の仕入先はグループ本社であるA–1社の割合が90％と高く、それ以外はB社が9％、場外流通業者が1％となっている。MN–4社の仕入においてA–1社が中心となる理由は、後述のように特定の量販店に販売する場合、A–1社が商品の調達まで担当している点があげられる。また、1％を占める場外流通業者は他市場からの転送品が多い。

　仕入の最後として、卸売業者との取引方法と長野県産品の構成比を確認したい。長野市場におけるセリの参加者は一般小売店が中心であり、選別の良い荷を大ロットで求める傾向が強い仲卸業者は一般的ではない。このため4社のセリ取引率はほぼ皆無というものから多くても8％に過ぎない水準である。このうちMN–2社の割合が比較的高くなる理由は、同社の販売先である量販店SY社が地場産果実の調達を望んでいることによる。またMN–1社からは、りんご、ぶどう、ももなど一部の果実についてはセリによらなければ調達できない点が理由として指摘されている。長野県産品の構成比は33％から60％と業者ごとに差が生じているが、これについても販売先となる量販店の意向が理由として大きい。なお、MN–3社については取扱品目に占める果実割合の高さが県産品率に影響している可能性が高い。

（3）長野市場仲卸業者の販売概要

　仕入に続いて、**表6-4**により長野市場の仲卸業者における販売先構成と量販店対応を確認したい。MN–1社の販売先については県内量販店が84％、他市場が10％、外食業者が5％等となっている。MN–1が販売する長野県内の量販店は3社であるが、そのうちのDS社の32店舗だけで80％を占めており、他2社は不定期な取り引きであることから合わせても4％に過ぎない。このように、MN–1社には特定の量販店に特化した販売が行われるという特徴がある。ちなみに、DS社は本書第7章で検討するS–1社と同じく長野県を代表する地域スーパーであり、2016年度の店舗数は60店、食品販売額は647億円[5]となっている。MN–1社が量販店に販売する場合は卸売業者が関与すること

表 6-4　長野市場仲卸業者の販売対応（2016・2017 年）

単位：％

販　売　先		構成比	備　　考
MN-1 社	量販店	84	・量販店はＤＳ社（80％、32 店舗）、2 社（4％、2 店舗）
	一般小売店・納品業者	1	
	外食業者	5	・外食業者は 4〜5 件
	他市場	10	・松本市場・都内市場（5 市場）等の仲卸業者
	合　　計	100	－
MN-2 社	量販店	84	・ＷＨ社（40％、13 店舗）、ＳＹ社（38％、23 店舗）、ＤＳ社（6％、20 店舗）
	一般小売店・納品業者	5	・一般小売店・納品業者の件数は 10 件
	外食・給食業者	7	・外食・給食業者は 50 件（個人事業者が多い）
	場外流通業者	4	・場外流通業者は 20 件（大手加工食品卸売業者を含む）
	合　　計	100	
MN-3 社	量販店	33	・県内は 1 社（3％）、県外 8 社（30％） ・県外量販店は関東や関西以西に所在
	一般小売店・納品業者	50	・一般小売店・納品業者は 50 件 ・小売店等は長野市・中野市・須坂市・千曲市等に所在
	他市場	17	・他市場はＡ社グループの支社や佐久市場等の仲卸業者
	合　　計	100	
MN-4 社	量販店	90	・量販店はＷＴ社（50％、12 店舗）、ＢＳ社（30％）、その他（10％、3 社）
	一般小売店・納品業者	1	
	その他	9	・その他は県内の主として水産物を扱う市場卸売業者（2 社）
	合　　計	100	

資料：各社資料及びヒアリング（2017 年・2018 年）による。
　注：1）MN-1・MN-3・MN-4 社は 2016 年、MN-2 社は 2017 年の実績である。
　　　2）構成比は概数である。

はなく、同社職員のみが量販店のバイヤーと商談を行っているように自律的な取り引きが行われている。MN-1社が調達した青果物は、市場内の作業スペースで納品前日の23時頃から量販店の店舗を単位とする仕分が行われ、翌午前４時30分頃、運送業者により量販店の集配センターに向けて搬出が行われている。MN-1社が雇用する９名のパートは主として仕分作業に従事しており、パッキング等の作業については市場内で営業を行う加工業者への委託が多い。

　MN-2社の販売先も量販店が多く全体の84％を占めているが、さらに詳しくみるならばWH社が40％、SY社が38％、DS社が６％となっている。同社の量販店以外の販売先については、外食・給食業者が７％、一般小売店・納品業者が５％、場外流通業者が４％である。MN-2社は販売先の量販店のうち構成比の高いWH社とSY社には専属の担当職員を配置している。このうちWHを例に量販店との商談について確認するならば、MN-2社はWH社と

の商談を週1回のペースで行っており、その際にWH社の担当者はMN-2社の納入価格だけでなく、卸売業者であるA-1社とB-2社からWH社に提示された単価についても確認・対照しながら発注を行っている。MN-2社は、WH社とSY社の2社ともにパッキングやラベリング、仕分、配送のいずれにも対応しているが、このうちラベリングを開始したのは比較的早く2012年からである。MN-2社が量販店に販売する際の作業の流れを時系列でみるならば、同社は卸売業者から引き渡された荷を午前2時から量販店の店舗単位に仕分けるとともに、それと平行してパッキングとラベリングを午前4時・8時・9時の3回に分割して実施している。なお、このように分割して作業を行う理由は場所と人員の問題にあり、いずれも充分に確保できていないことが分けて行わざるを得ない要因である。その後、トラックに積載して量販店のセンターまで配送を行うが、この場合も午前5時・6時・10時の3便に分けたうえで市場から搬出されている。

　MN-3社の販売先についてみると、同社の特徴として販売先となる一般小売店・納品業者の数が50店と多い[6]ことに加えて、その構成比も50％を占めている点があげられる。それ以外の販売先は県外量販店が33％、長野県内のA社グループ[7]を含む他市場が17％、県内量販店の3％という構成である。このうち、県外量販店については長野県内の青果物需要が飽和状態になりつつあるとの判断から、2009年以降にA-1社と協力しながら意図的に拡大してきたものであり、調査時現在では首都圏や関西以西の8社が対象となっている。なお、これら量販店への納品は運送業者に委託することで行われている。長野県内の量販店1社に関しては、スポット的な取り引きである。ここでMN-3社による量販店への販売について言及するならば、販売先である長野県外の量販店8社はA-1社と協力しながら開拓したという経緯があるものの、通常の商談等はA-1社を交えずMN-3社が直接的に行っていることから明らかなように、同社による自律的な取り引きにより行われている。

　MN-4社の販売先構成は2社の県内量販店で80％を占めており、このうち50％がWH社となっている。なお、WH社は長野県内に本部があり、2016年

の食品販売額が263億円[8]の地域スーパーである。それ以外の量販店は県外に本社のあるBS社が30％、その他に長野県内の１社と富山県及び群馬県内の計２社があるが、これら３社は合わせても10％でしかないようにいずれもスポット的な取り引きとなっている。また、他市場に９％、一般小売店等にも１％を販売しているが、これらも補完的な販売先である。前述の３社と比較してMN–4社に特徴的なのは、本章第６節で検討するように同社がWH社と取り引きするにあたってはA–1社と提携し、相互補完的に役割を分担しながら一体的な量販店対応が行われている点にある。

第４節　松本市場の仲卸業者による仕入・販売対応

（１）松本市場仲卸業者の概要

　本節においては松本市場で仲卸業務を行う３社を事例として、その仕入及び販売実態と量販店対応について検討を行うことにしたい。調査対象となった仲卸業者の概要については**表6-5**のとおりである。

　MM–1社から確認すると同社の取扱額は30億円であるが、このうち３億円については長野市場の営業所[9]の扱いとなっていることから、松本市場の

表6-5　松本市場の調査対象仲卸業者の概要（2017年）

		取　扱　額		現　在　ま　で　の　経　緯
		金額	構成比	
MM-1社	合計	2,700	100	・1989年以前に設立
	野菜	1,890	70	・1989年に他１社の仲卸業者と合併
	果実	810	30	
MM-3社	合計	2,300		
	野菜	1,771	77	・1980年以前から外食の納品業者として存在
	果実	299	13	・1989年：仲卸業者となる
	加工	230	10	
MM-3社	合計	1,300	100	
	野菜	910	70	・1977年：農協系スーパーの仕入会社を設立
	果実	390	30	・2001年：仕入会社２社を合併しMM-3社を設立

資料：各社資料及びヒアリング（2018年）による。
注：１）取扱額及び構成比は概数である。
　　２）MM-2社の取扱額は松本支社と特販部の合計値である。

仲卸業者としては27億円である。同社の従業員数はトラックの運転手やパートまで含めるならば30人である。MM-1社の設立時期は明らかではないが、1989年に松本市場が現在地へ移転した時点ではすでに旧市場で営業を行っていた。しかし、移転に際して開設者が新市場への入場要件として設定した取扱額に達していなかったため、他1社の仲卸業者と合併することで収容が認められ、現在に至っている。

　MM-2社は後述するように主として外食業者に食材を納品する仲卸業者であるが、このような経営形態は少なくとも1980年以前から継続されている。しかし、当時は卸売市場外の流通業者であったものが、1989年の市場移転を契機として新市場の仲卸業者となっている。MM-2社の取扱額は23億円であるが、同社は外食業者に納品するという性格から青果物以外に加工食品や日配品も扱っており、全体の1割はそれらによって占められている。また、青果物に関しても野菜が77%を占めているように、他の仲卸業者と比較して幾分高い傾向にある。同社の従業員数は正社員10人、パート10人である。

　MM-3社は全農長野県本部が農協系スーパーに対する食材供給を目的に設立した仕入会社である。このため、本社と松本支社及び特販部がある松本市場の外に、長野市場、飯田市場、諏訪市場にそれぞれ仲卸業者として支社が

単位：百万円、％

備　　考
・長野市場に営業所（3億円）あり
・加工食品は日配品を含む
・全農長野県本部の子会社 ・会社全体の取扱額は47億4,000万円 ・松本市場に本社・松本支社（7億円）・特販部（6億円）を設置 ・支社等は長野（16億円）・飯田（10億円）・諏訪（8億円）・伊那（1億円）

あり、同じく伊那市内にも事務所が設置されている。MM-3社全体の取扱額は47億4,000万円であるが、このうち松本支社の取扱額は7億円、同じく特販部は6億円である。同社の起源となる会社は1977年に設立されているが、2001年には同じく農協系の仕入会社と合併して現在に至っている。MM-3社の役職員数は全体で役員3人、正社員22人、長野県本部からの出向者3人、パート25名となっているが、松本市場関係だけでみると支社に正社員3人とパート16人、特販部に正社員3人が配置されている。

　以上が松本市場でヒアリングを行った仲卸業者の概要であるが、このうちMM-2社とMM-3社については同市場の仲卸業者のなかでも販売先に関する特異性の高い業者ということができる。

（2）松本市場仲卸業者の仕入概要

　松本市場仲卸業者の仕入概要について、**表6-6**により確認すると以下のとおりとなる。MM-1社は卸売業者以外からも相当量を調達しているとしているが、その割合は非公開である。このため卸売業者からの仕入に限定するならば、A-2社とB-3社の比率は6対4とのことであった。MM-1社は、はくさいやキャベツなどの一般野菜についてはどこで生産されていても品質的に大きな差はないと考えているため、長野県産に対する優先度は決して高くはない。それに加えて、長野県内ではMM-1社の取扱量が多いいちごやみかんが生産されていないこともあって、取扱額に占める県産品の割合も低いとしている。一方、卸売業者以外の仕入先は長野県外を含む生産法人や農協などとなっており、件数では30件程度である。これらから調達する青果物はいわゆるMM-1社のオリジナル商品[10]となっているが、このような商品に力を入れる理由としては、同社の販売先であるIO社は調達先の評価を如何に商品を安価に納品できるかで行っているため、一般的な青果物だけでは価格のみで評価されてしまうので交渉を行う際に不利となる点があげられている。

　次に、MM-2社の青果物に関する仕入先構成を確認すると、同社は全体の55％をB-3社から購入しており、次いでA-2社の35％、その他の10％となっ

表6-6　松本市場仲卸業者の仕入概要（2017年）

単位：％

仕入先			セリ取引率	県産品率	備　考
MM-1社		A-2社	(60)	0	…	・生産法人や農協など30件以上から直接仕入
		B-3社	(40)			
		その他	×			
		合　計	100			-
MM-2社		A-2社	35	1	10	・大田市場・築地市場の仲卸業者
		B-3社	55			・松本市場にない促成野菜等が対象
		その他	10			
		合　計	100			-
MM-3社	松本全体	A-2社	50	0	38	
		B-3社	30			
		長野県本部	20			
		合　計	100			-
	松本支社	A-2社	63	1	71	
		B-3社	38			
		長野県本部	0			
		合　計	100			-
	特販部	A-2社	35	0	100	
		B-3社	21			
		長野県本部	43			
		合　計	100			-

資料：各社資料及びヒアリング（2018年）による。
注：1）構成比は概数である。
　　2）×は非公開を意味する。
　　3）…は詳細不明を意味する。
　　4）MM-1社の（　）内の数字は卸売業者からの仕入に関する構成比である。
　　5）MM-2社の仕入先は青果物のみを対象としている。
　　6）MM-3社の全体は松本支社と特販部の合計値である。

ている。MM-2社の仕入先は経年的にB-3社が増加する傾向にあるが、その理由としてB-3社の品揃えの良さや安心感、販売担当者のサービスの良さ、卸売場から店舗までの距離の近さなどが指摘されている。その他については、東京都内の大田市場や築地市場から松本市場では調達できない促成野菜等を買い付けている。MM-2社も長野県産に対する優先度は決して高くはなく、このため同県産の割合は10％程度ではないかとしている。

　MM-3社は松本市場に支社と特販部があることは既に述べたが、支社と特販部とでは大きく仕入先の構成が異なっている。具体的には、松本支社はA-2社が63％、B-3社が38％であるのに対し、特販部ではA-2社の35％と

B-3社の21％以外に全農長野県本部から43％を購入している。また、長野県産の構成比も松本支社が71％であるのに対し、特販部ではほぼ全量を占めている。このように特販部において長野県本部からの調達率や県産率が高くなる理由は、同部が長野県外の農協系量販店に対する県産青果物の販売を目的として設置されたことによる。このため、品目的にも菌茸類やレタスなど同県の特産品が主要取扱品目となっている。

　以上、松本市場の仲卸業者3社の仕入構成を確認したが、最後にセリ取引率についてみておきたい。これら3社のセリ取引率は低く、いずれも皆無ではないものの0％に近い構成比となっている。このように低率となる一因は、これら3社は販売先業態が異なるもののいずれも比較的大きなロットでの納品が求められるにも関わらず、取引単位が小さいセリでは望む商品を必要とする数量で調達できない点が指摘されている。またMM-2社が指摘するように、社内にセリに参加する人的資源がないという理由も存在している。その一方で、まつたけなど相対では決して取り引きされない品目が存在しているだけでなく、果実についてもセリによらなければ調達できない品目があるため、将来的に市場でセリが行われなくなることはないとの意見であった。

（3）松本市場仲卸業者の販売概要

　本項では松本市場仲卸業者の販売先について**表6-7**により確認したい。MM-1社からみるならば、同社の販売先は大手量販店であるIO社系の占める割合が高く、具体的にはIO社の子会社であるS-2社の14店舗に68％、同じくIO社直轄の8店舗に17％を販売している。さらにIO社系を含む長野県外の量販店へは11％、納品業者と外食業者がそれぞれ2％となっている[11]。

　MM-1とIO社との取引関係は古く、現在の同社代表が就任した2001年当時においてすでに、ほぼ全量がIO社への販売となっていた。その後は新規販売先の開拓もあって一時期は60％程度にまで低下していたが、食品スーパーであったS-2社が2010年にディスカウントストアへと業態変更して以降は販売額も増大し、現在に至っている。なお、S-2社とIO社については販

表6-7　松本市場仲卸業者の販売対応（2017年）

単位：%

	販　売　先	構成比	備　　考
MM-1社	県内量販店	85	・S-2社（68％、14店舗）、IO社（17％、8店舗）
	県外量販店	11	・県外量販店には中京・九州等のIO社グループを含む
	納品業者	2	・納品業者は1件
	外食業者	2	・外食業者は地元チェーン店2社
	合　　計	100	－
MM-2社	外食業者	45	・飲食店400〜500店に納品 ・飲食店は全県にあるが、40％は中信地域、最遠は甲府市
	宿泊業者	27	・宿泊業者は100件 ・宿泊業者は松本・諏訪・上高地など観光地が中心
	コンビニベンダー	18	・コンビニベンダーは3社（それぞれ大手CVSに納品）
	病院・学校給食	10	・給食業者は20〜30社
	合　　計	100	－
MM-3社	松本支社	量販店	26	・量販店はAC社（28店舗）
		食品小売店等	47	・比較的大きな農協系小売店は20件 ・小売店以外に納品業者や加工業者を含む ・店舗は中信を中心に北は大町市、南は塩尻市にかけて所在
		その他	27	・その他は量販店と同一の農協系量販店による宅配事業
		合　　計	100	－
	特販部	県外量販店	100	・九州・関西・関東の農協系量販店等に納品

資料：各社資料及びヒアリング（2018年）による。
　注：構成比は概数である。

売品の利益率が低いことに加えて、両社が値上げに否定的なことから市場の相場変動に起因するリスクが大きく、このため価格高騰時には2,000〜3,000万円/月程度の損失が発生することもあるとしている。

　IO社は野菜と果実にそれぞれ1名の仕入担当者を配置しているが、これらとの商談は毎週金または土曜日に行っている。その際には翌々週の火曜日からさらにその翌週月曜日までの品目・産地・規格・価格・計画数量等を取り決めているが、正確な納入数量は納品前日まで確定しないためMM-1社のリスク要因となっている。

　物流に関しては、卸売業者から引き渡された青果物は22時から翌午前2時までの間に市場内にあるMM-1社の施設へと移され、そこで仕分が行われた

後、4時30分から6時にかけて市場から順次搬出されている。市場からIO社系の22店舗へは4台のトラックにより個店配送されているが、この場合、輸送は運送業者に委託している。また、一部については長野市内のIO社集配センターに納めているが、この場合は輸送費をMM-1社が負担するという条件のもとでIO社がトラックを差し向けている。調査時現在、パッキングについては市場内の専門業者に委託することで対応しているが、2001年当時はMM-1社が関連会社として設立したパック業者が行っていた。同関連会社は500～1,000万円/月程度の取扱額であったが、パッキング業務は稼働率が高くないと採算が合わず、このため専門業者に委託した方が合理的であるとの判断から同社を解散し、現在の方法へと変更している。

　MM-2社の販売先は飲食店が中心となっているが、このような業態の販売先数は400～500店であり、その構成比は同社販売額の45％を占めている。これら飲食店は長野県全域に及んでいるが、なかでも中信地域だけで40％を占めている。また、上高地を含む松本市内や諏訪市内の旅館も多く、これらについては100件に対して27％を販売している。MM-2社が販売するコンビニベンダーは3社で計18％となっているが、これらはいずれも大手コンビニ3社に弁当や惣菜等を納める業者である。また、全体の10％は病院及び学校給食となっており、件数的には20～30件である。このように、同社には仲卸業者となる以前から存在する納品業者としての性格を、現在に至るまで継続してきたという特徴がある。MM-2社が納品するにあたっては、午前4時までに市場の卸売場から店舗へと商品を移動し、そこで仕分と荷造りを行ったうえで7時から8時30分にかけて市場から搬出し、その全量を20台以上の自社トラックを用いて配送している。

　MM-3社は農協系量販店の仕入会社として設立された経緯から、同社の松本支社においては農協系のAC社[12]に全体の26％が販売されている。そして、販売の47％を占める食品小売店等についても広義の農協系が含まれており、これらは農協系量販店の店舗ブランドの使用が認められなかった小規模業者[13]である。また、その他に含まれる農協系の宅配事業も27％を占めている。

MM-3社はこれら販売先のうち、AC社に対しては同社がパッキングと仕分を行った後、農協系の運送業者により市場から搬出されている。MM-3社の松本支社が配達する店舗は、同社の各支社等が県内各地に存在することもあって中信地域が中心である。また、宅配事業についてはMM-3社が仕分と包装を行った後、全農長野県本部の集配センターに納品されている。

　一方、MM-3社の特販部については、基本的に長野県外の農協系量販店に対する販売を行っている。同社に特販部が設置されたのは2014年であるが、その背景には今後、長野県内で農協系量販店の店舗数が大きく増加する可能性は低く、同社の販売額も拡大が見込めないという状況の存在があり、このため県外への販路拡大[14]を目的として設置したものである。

　ここまで松本市場の仲卸業者における仕入及び販売の概要と量販店対応等について確認してきたが、同市場は中信地域の中核的な市場であるため一般的な量販店対応が行われていることに加えて、飲食店等業務関係への納入や属性に特異性のある小売業者などを対象に、その業態特性を踏まえた対応がとられていた。

第5節　諏訪市場の仲卸業者による仕入・販売対応

（1）MS-1社の概要と仕入先構成

　諏訪市場には仲卸業者が2社存在しているが、そのうちの1社は前節で検討したMM-3社の諏訪支社であり、もう1社は本節で扱うMS-1社である。MS-1社は表6-8にあるように取扱額13億円の仲卸業者であるが、その特徴は同社がB-1社の完全子会社となっていることにある。なお、表記していないがMS-1社の従業員は役員1人、正社員13人、パートについては8人が確保されている。

　MS-1社の沿革をみるならば、同社は1983年に諏訪市場の仲卸業者として設立されているが、2016年当時の経営者に後継者がいなかったことからB-1社の側から申し出た買収をMS-1社が承諾したことにより、同年2月にB社

表6-8　諏訪市場の調査対象仲卸業者ＭＳ-１社の概要（2017年）

単位：百万円、%

取　扱　額		現 在 ま で の 経 緯	備　　　考
	金額	構成比		
合計	1,300	100	・1983年：仲卸業者として設立	・Ｂ-１社の完全子会社
野菜	845	65	・2016年：Ｂ-１社が買収	
果実	455	35		

資料：ＭＳ-１社資料及びヒアリング（2018年）による。
注：取扱額及び構成比は概数である。

グループの一員となっている。また、買収に際しては職員も継続雇用されている。この場合、Ｂ-１社の買収目的は本書第４章でも触れたように、卸売業者と仲卸業者を一体的に運用することを通じて卸売業者に仲卸機能に取り込み、量販店等の販売先に対する利便性向上につなげることにある。

　次に、**表6-9**によりMS-1社の仕入概要のうち仕入先構成から確認する。同社仕入先のうち諏訪市場の卸売業者であるB-5社が全体の42%を占めているが、これには商流上はB-5社となっていても実際には松本市場のB-3社からの転送となる20%に加えて、同じく上田市場のB-1社の２%が含まれている。このため、実質的なB-5社からの仕入は20%に過ぎない。B社グループ以外では、長野市場のA-1社から25%を転送集荷しており、松本市場のA-2社からも５%を集荷しているが、A-2社については転送ではなくセリを通じた購入[15]である。このようにMS-1社は、諏訪市場以外に３市場４社の卸売業者から青果物を集荷している。MN-1社が多数の卸売業者から調達する理由として、B-1社とB-3社については両社の担当者との人間関係が良好であるため購入しやすい点があげられており、A-1社については主として農協出荷品の調達先として、またA-2社の場合は品質の良い地場産品が集荷されている点があげられている。MS-1社の仕入先が多岐にわたるということは、同社の調達能力が高いという評価もあり得るが、その一方でB-5社の品揃えが決して充分でない可能性も否定できないであろう。卸売市場以外では、MS-1社は県内の小規模な出荷団体や個人から28%を購入している。

　MS-1社の仕入方法をみるならば相対が95%であるのに対し、セリは５%

表6-9　諏訪市場仲卸業者ＭＳ-1社の仕入概要要（2017年）

単位：％

仕　入　先		セリ取引率	県産品率	備　　考
	構成比			
B-1社	（2）			・ＭＳ-1社がB-1社に発注、商流はB-5社を経由
B-3社	（20）			・ＭＳ-1社がB-3社に発注、商流はB-5社を経由
B-5社	42 （20）	5	20～30	・実質的なB-5社からの仕入は20％ ・22％は商流のみ経由
A-1社	25			・A-1社からは主として県外農協の出荷品を調達
A-2社	5			・ＭＳ-1社がA-2社の売参人としてセリで購入
その他	28			・県内出荷団体や個人出荷者から直接調達
合　計	100			－

資料：ＭＳ社資料及びヒアリング（2018年）による。
注：1）構成比は概数である。
　　2）（　）内の数字はB-5社からの仕入における実質的な割合である。

となっているが、後者については基本的にA-2社からの仕入で行われている。長野県産品の構成比は時期により大きく異なるが、平均するならば20～30％である。

（2）MS-1社の販売先構成と量販店対応

　本項ではMS-1社の販売先構成と量販店対応について検討したい。**表6-10**で示すようにMS-1社は85％を量販店に販売しているが、このうち愛知県に本部があるUN社の構成比が最も高く27％を占めている。ちなみに同社が納品するUN社の店舗は4店舗であり、その所在地は上伊那及び南信州地域である。また、MS-1社の販売先にはS-3社も含まれており、同社の長野県内4店舗と県外の2店舗に供給している。そして、これら2社を含めてMS-1社が販売する量販店の総計は4社22店舗となっている。一方、一般小売店・納品業者については5％でしかなく、その他の10％と合わせても15％に過ぎない。

　MS-1社の仕入及び販売の実態を踏まえて、同社による量販店対応について検討したい。同社の販売割合が高いUN社を例にあげると以下のとおりである。レギュラー品に関するならば、UN社との商談は電話またはファックスよるが、具体的にはMS-1社がファックスで提示した価格に基づいて、UN社が発注を掛けることで行われている。UN社からの発注は毎日13時以降

表 6-10　諏訪市場仲卸業者ＭＳ-１社の販売対応（2017 年）

単位：%

販　売　先		備　　考
	構成比	
量販店	85	・ＵＮ社（県内４店舗）は 27% ・Ｓ-３社（県内６店舗）＋他２社（県外含む 12 店舗）は 58% ・最遠の店舗は山梨県の富士吉田市
一般小売店 ・納品業者	5	・諏訪市周辺の納入業者等（20 件）
その他	10	・県外問屋（名古屋等）、学校・会社給食、スーパーのインショップ等
合　　計	100	－

資料：ＭＳ-１社資料及びヒアリング（2018 年）による。
注：構成比は概数である。

に行われるが、MS-1社はこれを踏まえて同日の16時までに、長野市場や松本市場の卸売業者に対し転送を依頼している。そして、深夜にB-5社から荷渡しが行われるとともに、翌日の午前３～４時にかけて諏訪市場に着荷した転送品とともにパッキングや仕分を行い、６時30分頃から市場外へと搬出されている。なお、パッキングは１人の職員と５人のパートが担当し、仕分については３名のパートを含む配送担当者が行っている。また、配送は基本的に個店が対象である。同じくUS社を例に量販店のイベント対応についてみるならば、同社の大がかりなイベントは年に２回程度開催されるが、この場合、納品の４週間前から価格を中心とする交渉が順次行われることになる。

　以上がMS-1社の量販店対応であるが、先回りで結論を述べるならば、B-1社がMS-1社買収時に企図した卸売業者と仲卸業者との一体的な対応の実現は、調査時現在では未だ途半ばというのが実状であろう。例えば、B-1社としては市場間で転送を行うにしてもA社グループではなくB社グループ間で行いたいという意向が存在しているが、MS-1社は買収前から雇用していた職員を引き継いだこともあって、担当者レベルで長年にわたって構築されてきた人間関係を優先した仕入が継続されているのが実態である。将来的に、B-5社を含むB社グループとMS-1社とが一体的な量販店対応を展開していくためには、職員の意識改革も含めて多くの課題が残されているといえよう。

第6節　仲卸業者と卸売業者との提携による量販店対応

　本章では、これまで仲卸業者の仕入及び販売の概要と仲卸業者による量販店対応の実態をみてきた。本節においてはそれを踏まえて、長野市場の仲卸業者のうちA社グループに属するMN–4社を事例として、同社と卸売業者のA–1社とが相互に連携しながら一体的に行われる量販店対応について検討したい。同取引の概要を**表6-11**を基に確認すると以下のとおりである。

　同取引の対象となる量販店は長野県内に本部のある食品スーパー WH社であり、同社との定例的な商談は毎週火曜日に、MN社だけでなくA–1社の担当者も交えて行われている。しかし、WH社との具体的な交渉は主にA–1社が担当しており、MN–4社は確認の意味で交渉の場に立ち会うという位置付けのものである。このような商談時の立ち位置に加えて、商品である青果物の調達がA–1社の責任のもとで行われていることを踏まえるならば、同取り引きは実質的にA–1社によるWH社への直接販売というべきものである。なお、火曜日の商談時には翌週の火曜日から翌々週の月曜日までの間に販売される青果物について、その品目・規格・産地・価格等が取り決められ、実際の取引数量については納品前日の14時の段階で確定されている。販売価格の設定は基本的に長野市場における需給実勢を踏まえて行われるが、それに加えて首都圏の拠点市場や県内他市場の相場も参考にされている。価格交渉についてもMN–4社ではなく、相対的な取扱規模が大きく交渉力が強いA–1社主導のもとで行われるが、このような対応をとる理由にはWH社による過度

表 6-11　ＭＮ-4社とＡ-１社の提携によるＷＨ社対応（2016 年）

商　談	・A-１社が WH 社と実施（MN-4 社も同席）
価格交渉	・A-１社と WH 社が商談時に決定
集　荷	・A-１社が実施
一時保管	・MN-4 社が市場内の空きスペースで実施
仕　分	・MN-4 社が市場内の作業施設で実施
配　送	・MN-4 社が WH 社のセンターまで配送
パッキング	・MN-4 社が実施、またはMN-4 社が場内業者に委託

資料：ヒアリング(2017 年)による。

な低価格要求に対する牽制策としての意味合いも含まれている。

　実際の取り引きにあたっては、産地からの集荷や不足時の数量確保に至るまでA-1社が担っている。集荷品の市場搬入は納品前日の深夜に行われているが、その後、A-1社からMN-4社へと荷が引き渡され、一部はMN-4社によりストックとして保管されるが、その多くは翌午前2時頃から市場内の作業施設において、MN-4社職員によりWH社の店舗を単位として仕分けられている。なお、この場合の作業施設はA-1社がMN-4社に貸与したものである。また、パッキングが施される商品についてはMN-4社が作業を行うか、同社を通じて市場内の加工業者に作業委託されている。市場からの搬出はMN-4社によって段階的に行われており、具体的には1便が午前3時、2便が同4時、さらに3便が同7時に市場を出発し、WH社の集配センターまで輸送されることになる。そして、この場合の輸送はMN-4社が自社トラックにより行っている。

　以上、MN-4社とA-1社との提携による量販店対応についてみてきたが、同取引はA-1社の主導のもとで行われ、MN-4社は現場における作業実務を担うという内容の取り引きということができる。このような取り引きが行われるようになった直接的な理由としては、MN-4社がA-1社の関連会社となった2013年にWH社はA-1社との直接取引を希望したが、卸売業者であるA-1社にはWH社から要求されるパッキングや仕分、配送等を担う機能がなかったことから、実際に商品を扱う際の実務については仲卸業者であるMN-4社が分担するという対応がとられた点があげられる。また、他の系列仲卸業者ではなくMN-4社を起用した理由は、経営破綻した過去のある同社に対しグループ会社として支援を行うという理由も存在している。

　A-1社が社内に量販店対応ための組織を作らなかった理由としては、長野市場には多数の仲卸業者が存在することから卸売業者自身が各種機能を持つのではなく、市場内の仲卸業者を実質的に内部化することで他の仲卸業者との軋轢を回避するという点が指摘されている。具体的には、同市場で仲卸制度が発足した1970年代から仕分等の作業が伴う量販店への販売は仲卸業者が

担うという商慣行が成立しており、現在においても同慣行は継承されている。このためA-1社は、既存仲卸業者への資本参加による系列化を行うことで、商慣行を損なうことなく自社外部に量販店への対応組織を設けることが可能となっている。

　一方、MN-4社の視点でみるならば、強い集荷力が求められる産地からの集荷に関しては自身で行うよりも相対的規模が大きく高い集荷機能を持つA-1社に依存した方が望ましく、同時に、量販店と商談を行うにあたっても産地と直接的なつながりがあることから情報量が豊富であり、かつ交渉力や提案力もあるA-1社に依存する方がより有利な交渉が実現されるという理由も、このような役割分担が行われた一因といえよう。さらには、産地及び量販店との価格交渉をA-1社が行うことでMN-4社の仕入・販売価格は比較的安定的に維持されるため、同社は市場の相場変動に起因する経営上のリスクから解放される点も利点として指摘されている。そして、このことはMN-4社の利益率が一定に維持されるということを意味している。仲卸業者にとって利益率を如何に設定するかは経営の存続に関わる重要な問題といえるが、MN-4社はそれをA-1社に委ねていることから推測されるように、両社の間には大きな信頼関係が存在していることは明らかであろう。そして、A-1社によるこれほどまでの管理が可能となった背景には、MN-4社はA-1社と連結決算が行われるほど緊密な関係であり、A-1社からみればMN-4社は別法人であっても実質的に自社の内部組織に近い位置付けである点が指摘できよう。

　以上から、MN-4社は自社完結的に量販店対応を行う他の仲卸業者と異なって、一部の機能をA-1社に依存することで比較的有利かつ安定的な取り引きが実現できたことに加えて、卸売業者と仲卸業者が一体的な対応を取ることで不足する機能を相互に補完し合うことが可能となり、量販店から市場に要求される諸機能の向上が実現されている点が提携の効果として指摘できる。

　そして、このような卸売業者と仲卸業者との提携による量販店対応は、程

度の差こそあれ資本関係がない業者間においても行われている。例えば、MN-2社はMN-4社と同じくWH社に販売しているが、この場合の仕入先はB-2社に限定されている。何故なら、B-2社にはWH社に対して直接的に販売したいという意向があり、そして実際にも行っているが、仕分等の作業が必要となる場合はMN-2社に商流を通したうえで諸作業を担わせることにより、WH社の要求に応えているためである。また本書第8章でも検討するように、A-1社が県外量販店に販売する際にも長野市場の仲卸業者機能が利用されている。

　以上、本項では卸売業者と仲卸業者の提携を通じた量販店対応について検討してきたが、両者が相互の機能を活用し、補完し合うことでそれぞれにメリットが生じる量販店対応が実現されていた。

第7節　小括

　本章においては長野県内の地方卸売市場を事例として、仲卸業者の仕入及び販売の概要と量販店対応について確認した後に、販売先の量販店から求められる諸機能を充実させるため卸売業者が系列化した仲卸業者と提携し、相互に役割を分担しながら一体的に行う量販店対応の実態とそれによってもたらされた機能強化について検討を行った。その結果を小括すると以下のとおりとなる。

　仲卸業者は基本的に自身が所属する市場の卸売業者を優先して青果物を仕入れているが、市場内に卸売業者が複数存在する場合はいずれかの卸売業者を優先する傾向にあり、もう1社の卸売業者や市場外からの仕入については、必要な品目・数量を確保できない場合等に行われる傾向があった。

　仲卸業者の販売に関しては、長野県内でも比較的規模が大きな長野市場と松本市場には多数の仲卸業者が存在しているが、本書第3章及び第4章の検討で明らかになった傾向と同様に、仲卸業者が存在する市場においては作業負担の大きい量販店対応は主として仲卸業者により行われていた。また、本

章で検討した仲卸業者は量販店からの要求に対して細やかに応えていくことで仲卸機能を向上させるとともに、量販店との継続的な取引関係が実現されていた。

　長野市場の仲卸業者には自律性が高く独自に量販店と取り引きを行うものが存在する一方で、卸売業者と資本関係のある業者については卸売業者と役割分担をしながら、一体的な量販店対応を展開するものが存在していた。本章第6節でこのような事例の検討を行ったが、その結果、ある程度の取扱規模が求められる産地からの集荷や交渉力が必要となる量販店等との商談、さらには仕入・販売価格の管理等は主として卸売業者が担う一方で、仲卸業者は場内での仕分・パッキング・一時保管・配送等に係る諸機能を担うことによって、卸売業者と仲卸業者が相互に機能を補完しながら量販店から望まれる諸機能の向上が実現されていた。そしてこのような関係が構築された背景には、卸売業者と仲卸業者との間に存在するいわば同一経営体的な関係の存在があげられ、このような関係は卸売業者が仲卸業者を系列化することによって実現が可能になったといえよう。

　以上が本章の要約であるが、全国の地方都市に大規模量販店が進出し、地域における量販店間の競争が激化しつつある現況下においては、地方卸売市場も量販店の要求に応えていくことがより重要となることは明らかである。このため、今後は市場の量販店対応力の向上に向けた方向性の一つとして、本章で検討したような卸売業者と仲卸業者の関係強化を通じた一体的な量販店対応の充実も検討に値するといえよう。

注
1）木村彰利「青果物仲卸業者の階層構造と機能変化―大阪市中央卸売市場本場を事例として―」『農業市場研究』6（1）、1997、pp.33-42。
2）木村彰利「A Study on Strengthening of Market Functions of Local Distribution Markets in Eastern Shizuoka」『フードシステム研究』23（3）、2016、pp.265-270及び木村彰利「大都市近郊の地域流通市場における市場機能強化に関する研究―神奈川県湘南地域等を事例として―」『農業市場研究』26（2）、2017、pp.33-39。

3）内藤重之「フードビジネスにおける地域流通の実態と課題」『農業市場研究』16（2）、2007、pp.26-33及び藤田武弘「地域農業の維持・存続と卸売市場に求められる役割」『農業市場研究』14（2）、2005、pp.26-33。

4）東京都へのヒアリング（2018年）によれば、都内中央卸売市場においても卸売業者が仲卸業者を関連会社化することは制度上可能とのことであった。しかし、卸売業者が他市場の仲卸業者を買収した事例はあるものの、同一市場の仲卸業者を系列化した事例はないとしている。

5）『日本スーパー名鑑'20本部編』より推計。

6）MN-3社の一般小売店等への販売割合が高くなったのは、同社の経営方針によるところが大きい。その理由としては、量販店と比較して専門小売店は高い利益率が維持される点があげられている。

7）A社グループはグループ会社間で青果物の相互融通を行っているため、MN-3社が他市場のA社グループに転送する荷はB-2社から調達したものが対象となっている。

8）『日本スーパー名鑑'20本部編』より推計。

9）MM-1社の長野営業所は仲卸業者ではなく、長野市場にある量販店事務所内において、主として長野地域にある販売先との連絡調整等を担当している。

10）MM-3社のオリジナル商品の一例として、茨城県内の農協に依頼して調製してもらった250g/パックのいちご（通常は300g/パック）や鹿児島県内の生産法人からコンテナ詰めの状態で調達しただいこんを同社で選別・パッキングしたものなどがあげられている。

11）MM-1社は一般小売店に販売していないが、その理由として一般小売店は経費がかかるため収益性が低い点をあげている。このため2001年に同社の側から一般小売店への販売を中止している。

12）農協系量販店であるAC社への販売はいわば「仲間内」での取り引きとなるので、価格交渉において過剰な低価格要求が行われることはなく、価格の安さよりも安定した品質と価格が望まれているとのことである。

13）農協系の小売業者のうち比較的規模の大きなものについては農協系量販店の店舗ブランドを用いるとともに、全国規模で組織された共同仕入機構を通じた青果物調達が行われている。

14）長野県外の農協系量販店への販売は、全農長野県本部も直販部署を設けて行っていることからMM-3社と競合することになる。このため、同社は県本部と販売先が重複しないよう棲み分けを行いながら事業を展開している。

15）A-2社には個人出荷により品質が良く高鮮度の地場産野菜が豊富に入荷していることから、MS-1社はセリを通じてこれら野菜を購入している。

第7章

長野県内量販店の調達行動と卸売市場

第1節　本章の課題

　本書においては、これまで主として長野県内の卸売市場における集分荷について分析するとともに、卸売業者や仲卸業者が量販店対応を深化させていくなかで実現された機能強化の実態について検討を行ってきた。そしてこのような卸売業者等の対応が持つ意義をより明確化するためには、卸売市場で青果物の調達を行う量販店の側からの検証が必要になることは明らかであろう。このため本章は長野県における青果物流通を川下側の視点から把握することを目的に、同県内に本部がある量販店3社を対象として2018年10月に実施したヒアリング[1] の結果に基づいて、以下について検討することを課題としている。

　第1に、調査対象となった量販店における青果物調達について、卸売市場との位置関係や店舗展開地域等との関連性を踏まえながら明らかにする。第2に、量販店による卸売市場からの青果物調達に係わる卸売業者や仲卸業者との関係について、特にこれら業者が担う諸機能の活用実態を踏まえながら分析を行う。第3に、青果物を調達する側からみた長野県内市場の評価や課題について明らかにする。最後に第4として、県内市場の利用者であるだけでなく消費者と日常的かつ直接的に接する小売業者としての立場から、長野県産青果物に対する評価についても明らかにしたい。

第2節　長野県における青果物小売市場の動向

　長野県内に展開される量販店の店舗数[2] について取りまとめたものが**表7-1**である。同表によれば、2019年の段階で長野県内に341の店舗が存在しているが、これには青果物を取り扱うドラッグストアが少なくとも41店舗含まれていることから、食品スーパーや総合スーパー等に限定するならば最大でも300店舗となる。

　これら341店舗の所在地を地域別に確認するならば、県庁所在地であるとともに人口が集積している長野地域の構成比が最も高く、全体の27.3％を占めている。次いで、松本地域の17.6％、上伊那地域の11.4％、上田地域の9.7％と続いており、最も少ないのは木曽地域の1.2％となっているように、ほぼ人口に比例して量販店の店舗が配置されている。

　量販店の店舗配置状況を本部の所在地別にみるならば、長野県内に本部のある量販店の店舗は245店舗であり、全体の71.8％を占めている。一方、県外に本部のあるチェーンは96店舗の28.2％である。また、本部所在地と県内10地域への店舗展開状況を比較しても、これらの間には顕著な傾向の相違は確認できず、概ね人口に比例して店舗が設置されている。しかし、諏訪地域では県内本部の店舗が54.8％であるのに対して県外本部は45.2％と他地域と比較して高くなっており[3]、上伊那地域では逆に県内本部の82.1％が県外本部の17.1％を大きく上回っている[4]。

　次に、長野県内にある341店舗のうち店舗数の多いチェーンについて確認すると以下のとおりとなる。長野県内に本部のあるチェーンで最も店舗数が多いのは61店舗のDS社があげられ、同社は松本市内に本社がある電鉄会社の関連会社として発展してきたという経緯もあって、その店舗展開地域も松本地域が全体の36.1％を占めている。その一方で、DS社は長野や北信、佐久、上田など、木曽と南信州を除いた県内全域に店舗網を展開している。次いで店舗数が多いのはS-1社の34店舗となっているが、同社については次節以降

で詳細に検討するためここでは省略したい。同様に、S-2社とS-3社についても次節以降で検討するため、ここでの確認は省略したい。農協系量販店であるAC社も27店舗と店舗数が多く、これらの店舗は長野地域が多くなっているが、上伊那、南信州、諏訪等の地域も相当割合を占めているだけでなく、佐久地域を除く全県に店舗が展開されている[5]。

　次に、長野県外に本部のある量販店について確認するならば以下のとおりとなる。県外量販店のうち最も店舗数が多いチェーンとしてはSY社があげられ、同社の43店舗は県内にある全店舗数の12.6％を占めるものである。SY社は全国的に食品スーパー等を展開する大手量販店であるが、同社ブランドによる長野県への進出は1971年と比較的早い段階から行われている[6]。SY社の店舗は長野地域が34.9％と高い構成比となっているが、その一方で木曽地域を除く県内全域に店舗が展開されている。

　全国最大級の大規模量販店であるＩＯ社は12店舗と数的には少ないが、同社が出店するに際しては新たに設置したショッピングモールの併設店という形態をとるケースが多いことから、同社の新規出店は長野県内の食品以外も含めた小売構造に大きな影響を与えるものといえよう。ＩＯ社の出店地域は松本地域の割合が比較的高いが、北アルプス地域を除く全県に対してバランス良く展開される傾向がみられる。ＩＯ社と併称されることが多い大規模量販店であるYK社について確認するならば、長野県内の同社店舗は３店舗でしかなく、具体的には長野市、松本市、上田市にそれぞれ１店舗が設置されるに留まっている[7]。上記以外で比較的店舗数の多い県外量販店は、群馬県に本部を持つBS社と岐阜県に拠点があるBR社の各９店舗があげられる。このうち前者は長野地域と北信地域、後者については上伊那地域と南信州地域のウェイトが高くなっているように、県内でも比較的本部所在地に近い地域に店舗が展開されている。

　ここで、近年における長野県内に対する県外量販店の進出状況について確認しておきたい。ＩＯ社は2019年現在で県内に12の店舗を展開していることはすでにみたが、このうち４店舗は2000年以降に設置[8]されている。また、

表7-1　長野県における量販店等の店舗数（2019年）

	合計	長野県内に本部					
		小計	S-1社	S-2社	S-3社	DS社	AC社
合　計	341 100.0	245 100.0	34 100.0	15 100.0	12 100.0	61 100.0	27 100.0
北　信	17 5.0	12 4.9	2 5.9	0 0.0	0 0.0	7 11.5	1 3.7
長　野	93 27.3	66 26.9	8 23.5	2 13.3	0 0.0	13 21.3	7 25.9
北アルプス	11 3.2	8 3.3	1 2.9	3 20.0	0 0.0	2 3.3	1 3.7
松　本	60 17.6	45 18.4	5 14.7	5 33.3	0 0.0	22 36.1	1 3.7
木　曽	4 1.2	3 1.2	0 0.0	0 0.0	0 0.0	0 0.0	1 3.7
上　田	33 9.7	25 10.2	6 17.6	2 13.3	0 0.0	5 8.2	2 7.4
佐　久	28 8.2	20 8.2	9 26.5	2 13.3	0 0.0	6 9.8	0 0.0
諏　訪	31 9.1	17 6.9	1 2.9	1 6.7	0 0.0	3 4.9	4 14.8
上伊那	39 11.4	32 13.1	2 5.9	0 0.0	12 100.0	3 4.9	5 18.5
南信州	25 7.3	17 6.9	0 0.0	0 0.0	0 0.0	0 0.0	5 18.5
合　計	341 100.0	245 71.8	34 10.0	15 4.4	12 3.5	61 17.9	27 7.9
北　信	17 100.0	12 70.6	2 11.8	0 0.0	0 0.0	7 41.2	1 5.9
長　野	93 100.0	66 71.0	8 8.6	2 2.2	0 0.0	13 14.0	7 7.5
北アルプス	11 100.0	8 72.7	1 9.1	3 27.3	0 0.0	2 18.2	1 9.1
松　本	60 100.0	45 75.0	5 8.3	5 8.3	0 0.0	22 36.7	1 1.7
木　曽	4 100.0	3 75.0	0 0.0	0 0.0	0 0.0	0 0.0	1 25.0
上　田	33 100.0	25 75.8	6 18.2	2 6.1	0 0.0	5 15.2	2 6.1
佐　久	28 100.0	20 71.4	9 32.1	2 7.1	0 0.0	6 21.4	0 0.0
諏　訪	31 100.0	17 54.8	1 3.2	1 3.2	0 0.0	3 9.7	4 12.9
上伊那	39 100.0	32 82.1	2 5.1	0 0.0	12 30.8	3 7.7	5 12.8
南信州	25 100.0	17 68.0	0 0.0	0 0.0	0 0.0	0 0.0	5 20.0

資料：『日本スーパー名鑑 '20店舗編（3巻）中部』により作成。
注：量販店には青果物を扱うドラッグストアを含む。

単位：実数、%

その他	小計	SY社	IO社	YK社	BS社	BR社	その他
	長　野　県　外　に　本　部						
96	96	43	12	3	9	9	20
100.0	100.0	100.0	100.0	100.0	100.0	100.0	100.0
2	5	1	1	0	2	0	1
2.1	5.2	2.3	8.3	0.0	22.2	0.0	5.0
36	27	15	1	3	3	1	6
37.5	28.1	34.9	8.3	33.3	33.3	11.1	30.0
1	3	2	0	0	1	0	0
1.0	3.1	4.7	0.0	0.0	11.1	0.0	0.0
12	15	6	3	1	1	3	1
12.5	15.6	14.0	25.0	33.3	11.1	33.3	5.0
2	1	0	1	0	0	0	0
2.1	1.0	0.0	8.3	0.0	0.0	0.0	0.0
10	8	2	1	1	1	1	2
10.4	8.3	4.7	8.3	33.3	11.1	11.1	10.0
3	8	5	1	0	1	0	1
3.1	8.3	11.6	8.3	0.0	11.1	0.0	5.0
8	14	7	1	0	0	0	6
8.3	14.6	16.3	8.3	0.0	0.0	0.0	30.0
10	7	3	1	0	0	2	1
10.4	7.3	7.0	8.3	0.0	0.0	22.2	5.0
12	8	2	2	0	0	2	2
12.5	8.3	4.7	16.7	0.0	0.0	22.2	10.0
96	96	43	12	3	9	9	20
28.2	28.2	12.6	3.5	0.9	2.6	2.6	5.9
2	5	1	1	0	2	0	1
11.8	29.4	5.9	5.9	0.0	11.8	0.0	5.9
36	27	15	1	1	3	1	6
38.7	29.0	16.1	1.1	1.1	3.2	1.1	6.5
1	3	2	0	0	1	0	0
9.1	27.3	18.2	0.0	0.0	9.1	0.0	0.0
12	15	6	3	1	1	3	1
20.0	25.0	10.0	5.0	1.7	1.7	5.0	1.7
2	1	0	1	0	0	0	0
50.0	25.0	0.0	25.0	0.0	0.0	0.0	0.0
10	8	2	1	1	1	1	2
30.3	24.2	6.1	3.0	3.0	3.0	3.0	6.1
3	8	5	1	0	1	0	1
10.7	28.6	17.9	3.6	0.0	3.6	0.0	3.6
8	14	7	1	0	0	0	6
25.8	45.2	22.6	3.2	0.0	0.0	0.0	19.4
10	7	3	1	0	0	2	1
25.6	17.9	7.7	2.6	0.0	0.0	5.1	2.6
12	8	2	2	0	0	2	2
48.0	32.0	8.0	8.0	0.0	0.0	8.0	8.0

県内企業ではあるがＩＯ社の関連会社となるS-2社は、県内15店舗のうち13店舗までが2010年以降の設置となっている。BS社は長野県内に８店舗を展開しているが、このうち６店舗は2000年以降に設けられたものである。このような県外量販店の動向から、長野県では県外に拠点をもつ量販店の進出が盛んであり、同県における青果物流通上の環境変化として指摘することができよう。

第３節　調査対象量販店の概要

　調査対象となった量販店は、**表7-2**で示すようにS-1社、S-2社及びS-3社の３社である。これらの概要について確認すると以下のとおりとなる。S-1社は小諸市に本部をおく地元資本の食品スーパーであり、2017年度の販売額は847億円、うち食品は824億円、青果物に関しては152億円である。ちなみに、同社は長野県内に本部のある量販店のなかで最大規模の業者である[9]。調査時現在でS-1社の店舗数は33店舗となっているが、同社は佐久地域の小諸市を起源とするだけでなく現在でも同市に本部を設置している関係もあって、

表 7-2　調査対象量販店の概要（2018 年）

	本社所在地	年間販売額（構成比）	食品	青果	店舗総数		店舗所在地	店舗形態
S-1 社	小諸市	84,700 (100)	82,400 (97)	15,200 (18)	33 店		松本地域域等	食品スーパー：33 店
S-2 社	松本市	31,130 (100)	28,000 (90)	3,400 (11)	15 店		長野県全域	食品スーパー：15 店
S-3 社	伊那市	17,137 (100)	10,300 (60)	1,200 (7)	12 店		上伊那地域	総合スーパー：4 店 食品スーパー：8 店

資料：『全国スーパー名鑑 '20 本部編』及びヒアリング（2018 年）により作成。
　注：1）食品と青果の金額及び構成比は概数である。
　　　2）店舗数は食品を扱う店舗のみを対象としている。
　　　3）従業員数は概数である。

佐久地域内に全店舗の 3 割近くが集中している。それ以外では、長野地域や上田地域の構成比が高くなっているように、旧JR信越本線にあたるしなの鉄道線[10]に沿って店舗網が展開される傾向にある。それと同時に、人口の多い松本地域の構成比も高くなっている。S-1社の沿革については、同社は1892年に当時の小諸町内において海産肥料商として創業しており、1950年には法人化され、その後、1960年に業態を食品スーパーへと転換することで現在に至っている。

　S-2社は松本市に本部をおく食品スーパーであるが、実際には低価格を訴求するディスカウントスーパーという性格の量販店である。同社の2017年度の販売額は311億3,000万円であり、うち食品は280億円、青果物に限るならば34億円となっている。S-2社の沿革については、同社は2009年に全国規模の大手量販店であるIO社から分社化することにより設立され、その時点でIO社から10店舗を継承している。S-2社の店舗は分社化当初、IO社系食品スーパーのブランド名を用いていたが、2010年から2014年にかけて順次、現在の店舗ブランドへと変更するとともに、業態も現在のディスカウントスーパーへと転換しながら現在に至っている。また、店舗数も分社後に新規

単位：百万円、％

従業員数	現在までの経緯	備　　考
正社員： 712 人 パート：1,151 人	1892 年：小諸町で海産肥料商として創業 1950 年：株式会社化 1960 年：スーパーマーケットに業態転換	
正社員： 170 人 パート：1,490 人	2009 年：量販店IO社から分社 2010 年：IO社の食品スーパー10 店を継承 2010〜2014 年：順次、現ブランドに転換	・IO社の完全子会社
正社員： 100 人 パート： 900 人	1924 年：伊那市通り町に書店として設立 1949 年：火災を機に百貨店に業態転換 1961 年：法人化し、食品スーパーに参入 1994 年：業務を多角化	

出店を行ってきたことから、調査時現在では15店舗にまで拡大している。S-2社の店舗は本部のある松本地域が５店舗と多く、次いで北アルプス地域の３店舗となっているが、北信と上伊那、南信州の各地域を除けば広く長野県内に店舗網が形成されている。

　最後のS-3社は上伊那地域の伊那市に本部をおく、年間販売額171億3,700万円の量販店である。同社の店舗は４店舗の総合スーパーと８店舗の食品スーパーからなっており、このため年間販売額に占める食品の構成比は60％、青果物[11]では７％というように、他２社と比較して非食品の割合が高い傾向にある。S-3社の店舗は上伊那地域内に集中的に展開されるという特徴があり、12店舗すべてが同地域内にある。S-3社の現在に至る経緯をみるならば、同社は1924年に伊那市内の商店街において書店として創業している。1949年には火災による店舗焼失により百貨店へと業態を変更しているが、1961年には法人化するとともに食品スーパー事業に参入している。調査時現在、S-3社の事業は多角化しており、食品小売業や百貨店だけでなくチェーンの古書店やレンタルDVD店などを、長野県内に留まらず関東や中京地方にまで広範囲に展開している。

　以上、調査対象となった３社は食料品を扱う量販店という点では共通しているが、その規模や店舗形態及び店舗展開地域が大きく異なっていることから、長野県内における青果物流通を検討していくための事例として適性が高いといえよう。

第４節　量販店の青果物調達行動

（１）S-1社の青果物調達

　本節では、長野県内の量販店における青果物調達について検討したい。S-1社の青果物調達の概要については**表7-3**のとおりである。S-1社はA社とB社の両グループを調達先として併用しており、例えばB-1社はS-1社が1960年にスーパー化した時点から中心的な仕入先であっただけでなく、現在

表7-3　量販店S-1社の青果物調達の概要（2017年）

単位：％

調達先		構成比	備考
市場名等	会社名等		
長野市場	A-1社	20	・仲卸業者を経由
	B-2社	3	・夏場の一時期のみ
松本市場	A-2社	10	・仲卸業者を経由
上田市場	B-1社	30	
佐久市場	A-5社	1	
	B-4社	7	・夏場の一時期のみ ・キャベツ・レタス等を調達
ＺＳ社		20	・農協系の場外流通業者
S-1社センター		8	・S-1社のＰＢ商品等を調達
その他		1	・京都南部市場から京野菜等を調達

資料：ヒアリング（2018年）による。
注：構成比は概数である。

においても30％を同社から調達している。その一方で、全県的に店舗展開を行うなかで長野市場を初めとする店舗に近い県内市場を併用するようになっており、調査時現在では長野市場のA-1社から20％、同じくB-2社からは3％、松本市場のA-2社は10％、さらに佐久市場のB-4社から7％、同じくA-5社から1％を調達している。なお、上記のうちA-1社とA-2社については仲卸業者を経由させている。

　S-1社がこれら市場や卸売業者を使い分ける背景には、同社が食品小売業として成長していくなかで、かつてのメイン市場であったB-1社だけでは必要な品目を必要とする数量で確保できなくなったという経緯が存在しており、それを補完するため長野市場等での調達を拡大させながら現在に至っている。そしてS-1社によれば、同じB社グループとなるB-1社とB-2社とでは県外農協などの出荷者に共通性が高いことから、例えばB-1社からの調達を長野市場で補完する場合はB-2社ではなく、出荷者が異なるA-1社の割合が高くなるとのことである。このような理由により、B-2社からの調達は夏期の一時期に限定されている。季節と調達先との関係ではB-4社においてより顕著であり、夏期に限定するならばS-1社が扱うキャベツやレタス等の葉菜類のうち70％以上はB-4社から調達されている。

卸売市場以外では、全農系の場外流通業者であるZS社から20％程度を購入している。また、S-1社は自社の集配センターからも８％程度を調達しているが、これについては場外流通業者からの仕入品や直接的な取引関係のある生産者の出荷品が該当しており、このうち後者については同社のPB商品という位置付けのものである。このようにS-1社は創業時からの仕入先を中心としながらも、地域や品目によって複数の調達先が使い分けられている。

　S-1社はかつての中心的な調達先であった上田市場に仲卸業者が存在していなかったという経緯もあって、仲卸制度のある市場であっても卸売業者とは直接的に交渉を行っている。B-1社から調達する際に必要となるパッキングや仕分・配送等の業務については、A社グループ及びB社グループの共同持株会社の関連業者である運送業者[12]が担当していることから、同運送業者は実質的に仲卸業者としても機能している。

　S-1社における青果物の担当者は４人であり、このうち調達の担当者は２人となっている。これら担当者は主要な調達先市場を毎日訪問しているだけでなく、補完的市場についても月に１回程度は巡回し、商談を行っている。卸売業者への発注は基本的に商談時において週単位で行われており、その際には品目・荷姿・産地・価格・数量等の基本的項目が取り決められている。これら取決項目のうち、数量以外は商談後に変更されることはないが、長期間にわたって取引関係が継続してきたB-1社に限っては、相互の信頼関係もあって変更されるケースがあるとのことである。また、納入数量に関してはB-1社に限らず商談後であっても調整が行われている。

（2）S-2社の青果物調達

　次にS-2社の青果物調達について**表7-4**により確認すると以下のとおりとなる。S-2社は青果物の72％を松本市場の仲卸業者であるMM-1社から購入しており、それ以外は長野市場の仲卸業者から18％、名古屋市内のIO社集配センターが10％という構成である。なお、S-2社の調達先のうちMM-1社と長野市場仲卸業者は、長野県内に存在するIO社[13]の直営店舗における

表7-4 量販店S-2社の青果物調達の概要（2017年）

単位：％

調　達　先		構成比	備　　　考
市場名等	会社名等		
松本市場	MM-1社	72	
長野市場	仲卸業者	18	
ＩＯ社集配センター等		10	・名古屋市内に所在

資料：ヒアリング（2018年）による。
注：構成比は概数である。

調達先と共通しており、そこからうかがえるようにS-2社の調達先は分社化以前からの取引関係が現在に至るまで継承されている。S-2社における青果物の調達担当者は1名に過ぎないが、このような仲卸業者との長年にわたる取引関係の継続によりMM-1社の担当者はS-2社の要望を充分に把握しているため、少人数であっても問題なく調達が行われている。

　なお、分社化以前においてはＩＯ社集配センターからの調達割合が高く、その関係もあって品揃えも長野県民の青果物に対する要求に対して充分に応えられるものではなく、S-2社は地元量販店と競争していくうえで不利な状況におかれていた。このため、S-2社がＩＯ社から分社した背景には本当の意味で地元企業になるとともに、県内市場からの調達割合を高めることで県民の志向を踏まえた品揃えを実現し、競争力を高めていくという目的が存在していた。ちなみに、現在のＩＯ社集配センターからの調達については、ＩＯ社グループのPB商品や北海道産のじゃがいも・たまねぎなど、ＩＯ社の企画力や交渉力、集荷力等を活用することが望ましい商品が対象となっている。

　S-2社の現在の調達先はMM-1社が中心となっていることはすでにみたが、それに加えて長野市場の仲卸業者を併用する理由としては、同市場とS-2社の店舗所在地との関係が大きい。具体的には、前述のようにS-2社の店舗配置は松本地域のウェイトが高いので松本市場での調達が中心となるが、一方で北信地域や長野地域に配送するにはこれら地域に近い長野市場を起点とする方が望ましいことがその理由である。それと同時に、S-2社は果実に関するならば後背地に果実産地を擁する長野市場からの調達へと軸足を移しつつあることも、同市場の仲卸業者から調達が行われる一因となっている。この

ようにS-2社は店舗展開地域が比較的限定されていることもあって、その調達先は最寄市場の仲卸業者を中心としながらも、店舗の所在地や商品特性等によってはそれ以外の市場や長野県外からも調達が行われている。

　ここでS-2社における個店への配送方法について確認すると、同社は集配センターを経由させた配送と仲卸業者による個店配送とを併用している。このうち、市場の仲卸業者から調達した青果物に限定するならばセンター経由が20％であるのに対し、個店配送は80％を占めているように、店舗への配送は基本的に仲卸業者が担っている。

　S-2社は調達先との商談を週2回のペースで行っており、仲卸業者に関しては松本市場内のMM-1社店舗において、長野市場仲卸業者の担当者も交えて実施している。そして、S-2社が仲卸業者から調達する理由は前述のような配送の関係に加えて、仲卸業者と一度取り決めた取引条件はその後に市場相場が大きく変動したとしても変更されないことから、同業者から調達することにより相場変動にともなうリスクを回避するという理由が大きい。

（3）S-3社の青果物調達

　量販店の青果物調達に関する最後の例として、**表7-5**によりS-3社について検討するならば以下のとおりである。S-3社は上伊那地域に本部及び店舗がある関係から、比較的距離が近い諏訪市場と松本市場が中心的な調達先となっている。このうち諏訪市場については仲卸業者であるMS-1社から購入しており、その割合はS-3社が扱う青果物の32％を占めている。S-3社は距離が近いという理由から2市場のうち諏訪市場を優先しているが、実際には同市場のみでは必要な品目や数量が揃わないことが松本市場を併用する理由である。S-3社は松本市場についても仲卸業者から購入しており、MS-1社と同じく32％を占めている。松本市場の調達は構成比こそ高いものの補完的な位置付けであることから、品目等に関わらず諏訪市場で調達できないものが購入されている。それ以外の調達先ではS-3社と同じ伊那市内にあるD社と飯田市のF社も併用されている。このうちD社からは地元生産者が出荷し

表7-5　量販店S-3社の青果物調達の概要（2017年）

単位：%

調　　達　　先		構成比	備　　　考
市場名等	会社名等		
諏訪市場	ＭＳ-1社	32	
松本市場	仲卸業者	32	・ＭＳ-1社では調達できないものを調達
D社		8	・上伊那産の個人出荷品を調達
F社		8	・下伊那産のきゅうりやさといもなどを調達
その他（市場外）		20	・地元（トマト等）や和歌山（柑橘類）の生産者 ・生産者との契約栽培（3%）を含む

資料：ヒアリング（2018年）による。
注：構成比は概数である。

た個人出荷品の地場野菜を購入しており、F社についてもきゅうりやさといもなど南信州地域で生産された地場野菜が対象となっている。なお、S-3社が卸売市場から調達した青果物は基本的に仲卸業者や卸売業者によりパッキングや仕分が行われ、同じく仲卸業者等によりS-3社の各店舗まで配送されている。ただし、一部品目のパッキングに関してはS-3社店舗のバックヤードでも行われている。

　このように卸売市場から調達が行われる一方で、S-3社は全体の20％程度を市場外から購入している。具体的には、地元生産者によるトマト等の果菜類や長野県外で生産された果実などが直接調達の対象となっている。このうち契約栽培は青果全体の3％を占めており、具体的な品目としては長野県産のりんごや果菜類、和歌山県産のみかん等である。このような市場外からの調達品の物流は、産地からS-3社の集配センター[14]へと納品された後、同社の自社配送により各店舗まで輸送されている。S-3社が市場外から調達する理由は流通経費を削減することに加えて鮮度を追求する点にあり、このため今後は地元の野菜生産者との直接取引を拡大させたいとの意向が存在している。それと同時に、地場産の葉物野菜についても契約栽培を行いたいという意向があるものの、契約の場合は固定価格であることに加えて相当量の取引数量が求められることから、たとえば納品時の市場相場が低迷しているようなケースでは契約品の販売が難しくなるなど課題が多く、実施は難しい点が指摘されている。以上みてきたように、S-3社は本部近くの2市場を中心

とする４市場からの購入に加えて、品目によっては生産者からの直接集荷を組み合わせた調達が行われている。

S-3社の仕入担当者は３名であり、毎週火曜日に新聞広告の印刷を業者に発注する関係から、仲卸業者等との商談は金曜日から翌週火曜日の間に、担当者が市場まで赴くことにより行われている。商談にあたっては、翌週の木曜日から翌々週の水曜日までの間の商品ラインナップと価格を取り決めているが、数量の最終確定は納品前日となっている。商談から納品までには比較的長期間のタイムラグが存在していることから、その間に相場が変動することで納品価格と市場価格が乖離してしまうことも多いが、このような場合でも価格の調整が行われることは基本的にないとしている。その理由としては、市場相場の変動にともなうリスクは販売する側だけでなく購入する側にも等分に存在しているため、調整を行わなくても相互に不公平がない点が指摘されている。

以上、本節では長野県内の３社の量販店を事例として、青果物調達の概要について検討を行った。その結果、これら量販店においては特定の市場や業態からの調達に特化するのではなく、複数の仕入先をその得失に応じて使い分けながら、より望ましい調達を実現していくための努力が払われていた。これら量販店は長野県内の卸売市場を中心的な調達先としているが、県外大手量販店の関連会社であるS-2社では青果物の１割が長野県外にある集配センターから調達されていた。量販店の青果物調達に関するこのような傾向を踏まえるならば、長野県における県外からの量販店進出は、県内市場の卸売業者にとって販路の縮小をもたらすもの[15]ということができる。

第５節　量販店における県産青果物及び県内市場の評価

（１）量販店における県産青果物の評価

本章の最後として、調査対象となった量販店における長野県産青果物と県内市場の評価について確認したい。最初に長野県産青果物等の評価について

表 7-6　量販店における長野県産青果物等の評価

S-1 社	・県産品は青果物全体の 20% である（夏期のレタスやセロリは 7 割以上が県産品） ・県産品については「信州産」と表示をすることで顧客にアピールしている ・顧客に県産品に対するロイヤリティがあるかどうかは疑問である ・県内農協は県内市場に 2 級品を出荷しており，品質面で課題がある ・県内生産者や農協はプロダクトアウトからマーケットインに発想を転換すべきである
S-2 社	・県産品がある時期には県外産より優先して調達している ・一般的な野菜に関しては顧客のロイヤリティは高くない ・季節性のある野菜に関しては顧客の県産品に対するこだわりが強い
S-3 社	・長野県民は県産品志向が強く，県産品は売りやすい傾向にある ・消費者は安価＋顔が見えることを求めており，地場の契約野菜が増えている ・県内産地は出荷期間が短く，作期の延長が必要である

資料：ヒアリング（2018 年）により作成。

表7-6により確認するならば、概略は以下のとおりとなる。長野県内の量販店及び同量販店の顧客における県産青果物の評価としては、ヒアリング対象が3社と少なかったこともあって意見が分かれる結果となった。肯定的な意見としては、S-3社から長野県民の県産品志向の強さが指摘されており、同じくS-2社においても他県産と品質的に変わらない一般的な野菜については顧客のこだわりが少ない一方で、季節性などに特徴のある品目に関しては顧客の側に強いこだわりがある点が指摘されている。このような品目には長野県内の地域特産品が該当しており、具体例としてながいもをあげるならば、同品目に関しては県内の山形村で生産されたものでないと顧客に受け入れてもらえず、品質的に遜色のない青森産や北海道産を店頭に並べたとしても販売は好調ではないとのことであった。

　その一方で否定的な意見についてみるならば、S-1社とS-2社によれば顧客の長野県産品に対するロイヤリティは必ずしも高くはなく、品質的にみても一般野菜に関しては他県産と異ならないと評価している。またS-1社の担当者からも、品質的に問題がないのであれば産地は問わないとのコメントが聞かれている。しかし、その一方でS-1社は店頭で長野県産を強調するため他県産と異なる表示方法を用いており、S-2社においても長野県産品は県外産品に対して優先的に取り扱われている。以上から、量販店は長野県産品を必ずしも高く評価しないとしながらも、県産品に対する一定のプライオリティが存在している。

また、量販店からみた長野県内の農協に関する意見としては、県内農協は関東等の拠点市場には高品質品を優先出荷するのに対し、県内市場には品質的に劣る2級品を出荷していると理解しており、県内農協出荷品は品質面に課題があるとの指摘があった。同時に、長野県内の農協は既存品目や品種を継続的に生産・出荷し続ける傾向が強く、出荷先から求められるものを開発していくというマーケットイン的な発想に欠けるという意見も聞かれた。

　以上、調査対象量販店における長野県産品や県内農協に対する評価についてみたが、顧客の志向もあって県産品を評価し、優先的な取り扱いが行われる一方で、県産品には課題も存在していることがうかがえた。

（2）量販店における県内市場の評価

　次に、量販店からみた長野県内市場の評価については**表7-7**のとおりである。これら量販店が県内の複数市場から調達していることは前節で確認したが、このような調達行動を選択せざるを得ない一因として、1つの市場のみでは品揃えや数量に課題がある点が指摘されている。それ以外では県外品の鮮度の低さを指摘する意見や、季節による入荷量の増減など、量販店が安定的な調達を行ううえでの支障となる課題が指摘されている。ただし、今回ヒアリングを行った3社はいずれも県内最大の取扱規模を持つ長野市場とは異なる地域に本部を設置しており、このため最寄市場は相対的に小規模な市場とならざるを得ないことから、これら量販店の県内市場に対する評価は実際より低く現れている可能性も否定できないところである。

表7-7　量販店における長野県内市場の評価

S-1社	・1市場だけでは必要な商品を調達できず、複数市場を利用せざるを得ない ・B-1社の品揃えが十分ではなく、経年的にA社グループからの調達が増えている ・県内卸売業者の「あるものを売る」という姿勢では量販店は必要な商品を調達できない
S-2社	・県内2市場から調達しているが、その使い分けは店舗の所在地による ・タマネギやじゃがいも等は物流の関係から長野市場の割合が高い ・県外品については鮮度の悪いものがあり、課題である
S-3社	・市場からの調達は手数料に加えてタイムロスが大きい ・県内市場は冬場に集荷量が少なくなるのが問題である

資料：ヒアリング（2018年）により作成。

　また、前項では長野県内の農協におけるマーケットイン的な発想の欠如が指摘されていたが、県内市場に対してもS-1社の意見に代表されるように同様の評価がなされている。卸売市場の取引原則に則して考えるならば、卸売市場は出荷者から委託出荷されたものを集荷し、それを評価したうえで販売することが本来的な機能であることに変わりはない。しかし、実際には中間流通業者である卸売業者に対しても、青果物の集分荷に留まらず商品の開発段階にまで踏み込んだ手腕の発揮が問われている。このため、今後は卸売業者や仲卸業者においても、従来からのプロダクトアウト的な発想から脱却・転換していくことが求められているといえよう。

第6節　小括

　本章においては、長野県内における小売市場の動向について確認した後に、県内市場から青果物を調達するとともに、消費者に対して日常的かつ直接的に販売を行う3社の量販店に対するヒアリング結果に基づいて、青果物調達の概要や県内市場の利用状況、及びその評価等について検討を行った。その結果について小括すると以下のとおりとなる。

　長野県内には量販店本部等により、青果物を扱うドラッグストアまで含めるならば300店以上の店舗が設置されており、これら店舗は長野地域や松本地域など相対的に高い人口集積がみられる地域のみならず、人口の少ない木曽地域や北アルプス地域も含めて全県的に店舗網が形成されていた。また、店舗の3割近くは長野県外に本部をおく量販店であり、経年的にこれら県外量販店の店舗数が拡大するなど県外からの進出が顕著であった。

　調査対象となった量販店は、その規模や本部所在地、店舗展開地域、店舗形態などに違いがあるものの、いずれも複数の県内市場等を組み合わせた青果物調達を行っており、市場の所在地や規模、取扱品目等を踏まえた独自の調達行動が展開されていた。その一方で、1市場だけでは必要とする品目や数量を揃えることができないことが、量販店が複数市場から調達を行わざる

を得ない一因となっていた。

　量販店は卸売市場において青果物を調達するだけでなく、パッキングや仕分、配送等といった、卸売業者や仲卸業者の機能強化により獲得された各種機能を活用した調達が行われていた。そしてこのような卸売業者等の機能強化は、量販店にとって市場の利便性向上に帰結していることは間違いのないところであろう。一方、量販店からみた県内市場の評価は必ずしも高いものではなく、たとえば品目や数量といった品揃えに関する課題に加えて、マーケットイン的な発想・姿勢の欠如等が指摘されているように、今後、解決していくべき課題も残されていた。

　その一方で、長野県内の消費者には同県の特産品等に対するロイヤリティの高さが指摘されていることから、量販店もそれを踏まえた青果物調達を実現していくことが求められている。そして、その実現には長野県内の卸売市場に県産品が豊富に集荷されるだけでなく、これら市場が集分荷に係る各種機能の強化・向上等を通じて、県内の青果物流通における基幹的な流通機構としての重要性をさらに高めていくことが必要になると考えられる。

注
1）長野県内には県外量販店が進出しつつあることを踏まえて、本研究においても2020年の調査計画のなかで長野県内に店舗を展開する県外量販店に対するヒアリングを予定していた。しかし、同年初頭から始まった新型コロナウイルス感染症の拡大によりその実施が困難になっただけでなく、同感染症の収束を待って調査を行ったのでは時間が経過することに加えてその間に生じた流通環境の変化によって、感染拡大前に行ったヒアリングに基づく他章の検討結果との整合性に疑問が生じる可能性が想定されるところである。このため本書においては、当初計画していた長野県外の量販店調査等を省略した形で取りまとめを行っている。
2）表7-1で示した量販店チェーンの店舗数は、本部が同じならば店舗ブランドや店舗形態が異なっていても同一のチェーンとして扱っているため、一つのチェーンに複数の店舗ブランドが含まれているものが存在している。
3）長野県内でも諏訪地域は山梨県と隣接しているだけでなく、その県境付近は経済圏としての一体性が存在している。このような立地環境により山梨県内のローカルスーパーが諏訪地域にも進出していることが、同地域において県

外量販店の店舗数が多くなる理由である。

4）上伊那地域にはS-3社が12店舗と集中的に店舗展開していることから、長野県外の中小チェーンにとって出店しにくい環境にあることが、このような傾向となった一因と考えられる。

5）農協系量販店は全農長野県本部の関連業者であることから、その顧客についても基本的に県内農協の組合員とその家族を前提としている。このため、AC社には他の量販店と比較して人口集中が少ない農村部に出店する傾向が存在している。

6）1971年にSY社ブランドの店舗が長野県内に設置されるに際しては、地元小売業者の抵抗を回避するため同県内の食品スーパーと共同で運営会社を設立するという方法が採られている。なお、同運営会社は2008年にSY社本部に吸収されたことから、現在、長野県内にあるSY社ブランドの店舗は全て県外にある本部の直営店である。

7）YK社の店舗は関東地方を中心に設置されているが、同社が店舗を設置するに際しては、集配センターを中心としてその周辺地域に対し集中的な店舗展開を行うというドミナント方式を採用するケースが多い。しかし、長野県内のYK社店舗はその数が少ないだけでなく、分散配置されているため同方式は採られていない。

8）量販店の店舗数及びその変化は『日本スーパー名鑑'20店舗編（3巻）中部』による。

9）長野県内の量販店で最も店舗数が多いDS社における2017年度の販売額は715億8,000万円であり、県外量販店で店舗数が最多のSY社については県内店舗の販売額が公開されていない。

10）しなの鉄道株式会社は1997年の長野新幹線開業時にJR東日本から経営を分離し、第3セクター方式により設立された鉄道会社である。また、現在の同社路線はかつてのJR信越本線を継承したものである。

11）S-3社が取り扱う青果物には、本書で検討したもの以外に各店舗におけるインショップ販売がある。S-3社のインショップ担当者は今回のヒアリング対応者と社内における所属が異なるため、インショップに関する販売額等の詳細は不明である。なお、S-3社のインショップでは同社の基幹店となる総合スーパー等において、延べ800人の生産者から直接的に店舗へ持ち込まれた青果物が顧客に販売されている。

12）同運送会社は、A社グループ及びB社グループによる共同持株会社の設立に合わせて、それ以前から両グループがそれぞれ関連会社として所有していた2社の運送業者の合併により設立されている。そして、S-1社は運送業者の合併が行われる前の段階から、B社グループの運送会社に配送等の業務を委託していた。

13) ＩＯ社の青果物仕入の担当者は1名であり、長野市内に常駐している。
14) S–3社の集配センターは、D社と同じ伊那市内の流通団地内に設置されている。
15) 本書第3章で検討したA–1社からも、長野県外に本社を持つ大手量販店は県内市場から青果物を調達する一方で本社仕入による県外からの調達率が高いことから、このような量販店の進出は県内市場の販路縮小につながる点が指摘されている。

第8章

卸売業者による長野県外への販売

第1節　本章の課題

　わが国の青果物流通においては、産地段階の集出荷の担い手として農協系統組織が重要な役割を果たしてきたが、実際の流通現場においてはそれ以外にも多様な主体を通じて集出荷が行われている。そして、このような環境のもとで生産者等は、自身の経営内容や生産品目等を踏まえながら望ましいと思われる方法を選択することにより出荷が行われている[1]。また、後述の坂爪や木村の研究等にもあるように、地方都市等の卸売市場のなかでも後背地に園芸生産地域が存在するものについては、市場周辺における人口減や高齢化による消費需要の減少、さらには県外量販店の進出等に伴う市場の販路縮小を背景として、卸売業者等によって県外需要に向けた販売が行われるという傾向が存在している。そしてこのような展開は、従来からの集出荷方法との対抗・補完関係のもとで行われてきた可能性が高い[2]ことから、その拡大の一因には他の集出荷方法にはない合理性の存在が想定される。このため、卸売業者による県外販売の実態を把握するとともに、このような取り組みが持つ青果物流通上の意義を明らかにすることは、農協をはじめとする集出荷主体が今後の出荷戦略等を検討していくうえにおいて、重要な知見となることが予想される。

　ここで、卸売業者による青果物の県外販売に関する主要な先行研究について確認すると以下のとおりとなる。1990年代においては旭川市場を事例とする坂爪の研究[3]があり、同研究では卸売業者等が機能変化を行いながら、

旭川青果連との対抗・補完関係の下で道外への出荷が展開されている点を明らかにしている。また、同じく坂爪による宮崎市中央卸売市場について分析した研究[4]においては、卸売業者と仲卸業者が集荷・分荷を分業することによる県外移出の合理性が指摘されている。しかし、2000年代以降は卸売業者による県外販売に関する研究蓄積は少なく、前橋市場の卸売業者が全農群馬県本部と連携しながら行う事例について検討した徳田[5]や伊勢崎市場の卸売業者による県外搬出について検討した木村[6]などが存在するに過ぎない。しかし、小野が市場流通の課題として他市場との連携強化を指摘[7]していることを踏まえるならば、市場間連携の一つのあり方として、同研究を継続していくことの必要性は高いと考えられる。以上の理由から、本章においては園芸産地に立地する卸売市場が今後、販路を拡大するとともにその活力を維持する方策を検討するうえでの知見とするため、農協の広域合併の影響がより顕在化した現段階における卸売業者の県外販売の実態、及びこのような取り組みが持つ青果物流通上の意義を明確化することを目的とする。

　本章にかかる分析は、長野県内の市場卸売業者を対象に2017年5月から2018年にかけて実施したヒアリング[8]に基づいており、その課題は以下の諸点を明らかにすることにある。第1に、卸売業者が行う長野県外への販売実態について、その要因や目的だけでなく歴史的な経緯も含めて明らかにする。ただし、卸売業者による県外搬出のなかでも長野県外の量販店に対して直接的に販売するケースについては、本書第3章から第5章においてすでに検討していることから本章では扱わないことにしたい。第2に、このような取り組みによってもたらされた効果について検証する。そして第3として、卸売業者によるこのような取り組みが持つ青果物流通上の意義について整理したい。

　なお、本章の事例地となった長野県は、第1章でみたように野菜・果実ともに多品目にわたる生産が行われる園芸生産県であると同時に、首都圏や中京・関西等の大消費地に近いことも関係して、青果物の県外販売を積極的に展開する卸売市場が比較的多く存在している。このため、そこから得られた

知見は比較的大消費地に近く、なおかつ園芸産地を後背地に持つ卸売市場に
共通する傾向として一般化できる可能性が高いと考えられることから、同県
は本研究の分析対象として適性が高いといえよう。

第 2 節　卸売業者と県外販売の概要

（1）調査対象卸売業者の概要

　調査対象となった卸売業者の概要はすでに本書第 3 章から第 5 章において
確認しているが、本章の分析と関係深い事柄について再確認するならば、**表
8-1** のとおりである。長野県内の卸売業者はA社グループとB社グループ、
及びそれ以外の独立系に大別され、A社グループは 5 社、B社グループも 5 社、
そして独立系については 4 社が調査対象となっている。また、市場ごとに整
理するならば、県内最大の市場である長野市場の卸売業者はA–1社とB–2社、
それに次ぐ規模となる松本市場はA–2社とB–3社である。また、上田市場の

表 8-1　卸売業者の概要と県外分荷率

単位：百万円、%

	所在地	年間取扱額	長野県産率	県外分荷率	備　考
A-1 社	長野市	25,537	30〜40	40	・産地集荷市場的な性格あり
A-2 社	松本市	12,464	60	…	・県外分荷は一部に留まる
A-3 社	須坂市	4,215	95	77	・産地集荷市場的な性格
A-4 社	中野市	2,709	80	86	・産地集荷市場的な性格
A-5 社	佐久市	2,045	50	50	・産地集荷市場的な性格
B-1 社	上田市	20,294	×	47	
B-2 社	長野市	14,324	×	48	
B-3 社	松本市	8,345	×	46	
B-4 社	佐久市	4,723	×	50	・産地集荷市場的な性格
B-5 社	諏訪市	4,517	×	29	
C 社	飯山市	7,737	90	90	・一部に県内分荷を含む ・産地集荷市場的な性格
D 社	伊那市	430	60	10	
E 社	駒ヶ根市	64	90	10	
F 社	飯田市	4,009	60	84	・県外分荷は隣接県のみ

資料：ヒアリング（2017・2018・2019 年）による。
注：1）年間取扱額はA社グループ 2016 年、B社グループ・独立系（D社除く）2017
　　　年、D社 2018 年の実績である。
　　2）B社グループの県産品率は非公開であるため、×と表記した。
　　3）…は詳細不明を意味する。

取扱規模は第3位であるが、同市場の卸売業者であるB-1社は1社当たりの取扱規模でみるならば調査対象のなかで第2位に位置付けられるものである。また、上記以外でも諏訪市場のB-5社や飯田市場のF社もそれぞれ諏訪地域と南信州地域の中核的な青果物供給拠点とされている。

　これら卸売業者が属する市場の性格を再確認するならば、これらの多くは市場所在地周辺の消費需要に対して青果物を供給する消費地市場として発足しているが、一方で歴史的な経緯もあって産地出荷業者等の分荷機能により遠隔地への供給を主としてきた産地集荷市場も含まれている。具体的にはA社グループのA-3社、A-4社及びA-5社、B社グループについてはB-4社、そして独立系ではC社が産地集荷市場に該当している。なお、A-1社についても果実に限れば産地集荷市場的な性格が強い。

　卸売業者が取り扱う青果物に占める長野県産の構成比をみるならば、公表が認められたなかでも3割代から9割を超えるものなど業者ごとに大きな差が生じている。ただし、産地集荷市場については非公開のB-5社を除けば総じて高い割合となっており、D社やE社のような取扱規模の小さな市場はその直接的な集荷圏が市場周辺の比較的狭い範囲に限定されることから高い県産品率となっている。なお、中核的な市場の卸売業者であるB-2社やB-3社の県産品率は非公開であるが、実際のところ他社と比較して決して高くはない水準である。このような傾向となる理由は、これら卸売業者は後述するように長野県外から特徴のある商品を集荷し、これに長野県産品を組み合わせて販売するという中継市場的な機能を強化していることによる。このため、表面上の県産率の低さのみを捉えてこれら業者の集荷力が劣るとみなすことは即断であろう。

　卸売業者が取り扱った青果物のうち最終的に長野県外へと分荷される割合については、C社の90％からD社及びE社の10％というように卸売業者毎の差異が大きい。しかし、元来は消費地市場であるF社においては隣接県ではあるものの84％が長野県外へと搬出されており、同じく消費地市場であるA-1社やB-1社、B-2社、B-3社についても40％から48％と相当割合が県外

搬出されている。

（2）卸売業者の分荷概要

　卸売業者が販売した青果物が長野県外に分荷される場合、実際には多様なルートを経て搬出されている。その経路を基に類型的にまとめたものが**表8-2**である。ただし、実際の流通は複数の経路を併用しながら行われているため、一律に特定の類型にあてはめるのは難しいという側面も存在している。しかし、たとえ搬出形態が錯綜していても類型的に把握した方がわかりやすいと考えられるため、あえて最も構成比の高い販売方法により分類するならば以下のとおりとなる。

①県内市場経由型

　この類型は当該卸売業者が自身の属する市場の仲卸業者を経由させたうえで、長野県外の量販店等に販売する方法である。調査事例のなかで同類型に該当するのはA-1社のみである。

②県外市場経由型

　同類型は県内市場の卸売業者が長野県外の市場卸売業者または仲卸業者に販売するパターンであり、外見上はいわゆる市場間転送に該当するものである。具体的には、A-4社・B-1社・B-2社・B-3社・C社・D社及びF社の7社が該当している。また、割合的には少ないがB-4社においても一部で行われている。

③県外業者直販型

　この類型は卸売業者が長野県外の量販店や実需者に対して直接的に販売するものである。同類型にはB-4社が該当するが、県外市場経由型に分類されるF社についても比較的高い構成比となっている。同じく他類型に分類されるA-1社・A-4社・B-1社・B-2社・C社及びF社でも行われているように、

表 8-2　卸売業者の県外分荷概要

類型	卸売業者	県内分荷	長野県外への分荷方法						
			県内業者経由			県外業者経由			
			市場仲卸業者	産地出荷業者	小計	卸売市場		産地出荷業者等	小計
						卸売業者	仲卸業者		
県内市場経由型	A-1社	60	15	15	30	…	0	0	…
県外市場経由型	A-4社	14	0	20	20	0	52	0	52
	B-1社	53	0	2	2	10	24	0	34
	B-2社	52	0	10	10	16	19	0	35
	B-3社	54	0	0	0	13	33	0	46
	C社	10	0	5	5	40	40	0	80
	D社	90	0	0	0	10	0	0	10
	F社	16	0	0	0	0	45	3	48
県外業者直販型	B-4社	50	6	0	6	0	15	0	15
産地出荷業者経由型	A-3社	23	0	77	77	0	0	0	0
	A-5社	50	0	50	50	0	0	0	0
その他	E社	90	0	3	3	0	0	7	7

資料：ヒアリング（2017・2018 年）による。
注：1）構成比はA社グループ 2016 年、B社グループ・独立系（D社除く）2017 年、D社 2018 年の概数である。
　　2）…は事実不詳を意味する。
　　3）E社の県外業者直販は開始から 1 年未満なので構成比を示していない。

県外業者への直接販売は比較的広範に行われる方法ということができる。

　④産地出荷業者経由型

　同類型は産地集荷市場において典型的にみられる形態であり、市場の売買参加者である産地出荷業者がセリ等を通じて青果物を購入し、自身の分荷機能により長野県外の市場や量販店へと販売することで県外搬出が行われるものである。同類型にはA-3社とA-5社が該当するが、それ以外にも割合は低いがA-1社・A-4社・B-1社・B-2社・C社においても行われている。

　以上が県外搬出の類型であるが、調査事例には上記以外にもA-2社とE社が存在している。しかし、A-2社は直接的な県外搬出を行わず、販売先の仲卸業者を通じて間接的に長野県外へと供給されているが、それも比較的限定的であるため類型区分の対象とはしていない。また、E社は長野県外の産地出荷業者や転送業者への販売を通じて10％程度を長野県外に搬出しているが、同社は小規模市場であるため類型区分から割愛している。しかし、E社は高速バスを活用して東京都内の量販店に販売するという特異な取り組みを試行

単位：％

| 県外業者直販 | | | | | |
量販店	外食業者等	小計	計	合計	備　　考
10	0	10	40	100	・1部を県外A社グループに転送
14	0	14	86	100	・TM社との提携取り引きを含む
11	0	11	47	100	・県外卸売業者はB社グループ
3	0	3	48	100	
0	0	0	46	100	
5	0	5	90	100	
0	0	0	10	100	
36	0	36	84	100	・県外業者直販型を兼ねる
0	29	29	50	100	
0	0	0	77	100	・15％はMR社・ND社との提携取引
0	0	0	50	100	
…	0	0	10	100	

しているため、本章の補論として最後に確認したい。なお、上記類型のうち④産地出荷業者経由型は卸売業者主導ではなく基本的に産地出荷業者の責任により県外搬出が行われるが、調査事例中に卸売業者が産地出荷業者と提携しながら実施するという興味深い事例が含まれていることから、別に第9章を充てて検討することにしたい。このため本章の次節以降においては、産地出荷業者経由型を除いた①県内市場経由型、②県外市場経由型、③県外業者直販型について、その県外販売の実態を明らかにする。

第3節　県内市場経由型による県外販売

　本節では卸売業者の主導による長野県外への販売のなかから、県内市場の仲卸業者を経由させることで行われる県内市場経由型のケースとしてA−1社を事例に検討する。最初にA−1社の県外搬出に係るこれまでの経緯を振り返るならば、同社は戦前段階から行ってきた長野市を中心とする供給に加えて、1960年代後半からは本州の中央部に位置するという立地特性を活かすことによって、西日本で生産された柑橘類を集荷するとともにそれを東日本各地へ転送するという中継市場的な役割を担っていた。しかし、1990年代以降はそのような機能が弱体化[9]するとともに、1990年代後半になると販売額を維持・

表8-3　A-1社による県外販売（2016年）

単位：%

経由業者	直接販売先		最終分荷業態（（　）内は地域）	備　　考
	業　態	構成比		
県内	長野市場仲卸業者	15	量販店（北陸、関西、関東、中京等）	・県内仲卸業者（9社）はA-1社の関連業者を含む ・県外量販店への販売は実質的にA社の直接販売 ・県外量販店への販売は90年代後半から拡大 ・県外量販店（数10社）との商談は主にA社が担当 ・県内仲卸業者はパッキングと発送を担当
	産地出荷業者	15	…	・産地出荷業者は10社 ・品目的にはりんごやながいもが対象 ・果実に限れば産地出荷業者は30〜40% ・産地出荷業者の所在地は北信及び県外
県外	量販店	10	（関東）	・県外量販店は2社
合　　計		40	-	－

資料：ヒアリング（2017年）による。
注：1）構成比・業者数は概数である。
　　2）…は事実不詳を意味する。

拡大するため、当時、小売市場におけるシェアが拡大しつつあった県内外の量販店に対する販売が強化されるようになった。このような経緯により、同社は経年的に産地集荷市場的な性格が強まりつつあり、現在では取扱額の4割が長野県外へと仕向けられるまでに拡大している。

　A-1社の県外販売については**表8-3**のとおりであり、調査時現在、全体の15％を長野市場内の仲卸業者9社を通じて長野県外等の量販店に販売している。この場合、総計数10社に及ぶ量販店との商談は交渉力や提案力が強いA-1社が主として担うが、パッキングや配送等の実務については仲卸業者の機能を活用する必要があるため、商流も含めて長野市場の仲卸業者を経由させている。このような取引内容であることから、A-1社による仲卸業者を通じた県外量販店への対応は実質的に同社による量販店への直接販売というべき内容のものである。販売先となる量販店の所在地は、北陸や関西、関東、中京等と広範囲に及んでいる。一方、仲卸業者はパッキングや量販店の集配センターまでの輸送といった卸売業者では対応できない分荷に係る実務を担うことによって、卸売業者との役割分担がなされている。なお、このような仲卸業者の機能を利用した量販店対応に関しても、1990年代後半から拡大してきた点が指摘されている。

　A–1社が長野県外の量販店に販売する場合、取り扱われる県産青果物は個人や出荷組合の出荷品が多く、A–1社は量販店に対してこれらの長野県産品と併せて県外産品を提案することによって、会社全体としての販路確保・拡大を図っている。そしてA–1社によれば、今後進展する長野県の人口減少や加速化する県外量販店の県内進出を踏まえるならば、県内における同社の販路が縮小していくことは必至であり、このため将来的に取扱額を維持していくには県外販売に力を入れざるを得ないとしている。

　ちなみに、A–1社は仲卸業者を通じた長野県外への搬出以外に、県外量販店への直接販売や産地出荷業者への分荷も行っているが、このうち10％を占める県外量販店への販売については関東のチェーンスーパー2社が対象である。また、15％を占める産地出荷業者への分荷[10]については、主としてりんごを中心とする果実が対象品目となっている。

　以上がA–1社による長野市場の仲卸業者を介在させた県外販売であるが、この場合、県外量販店に販売するにあたってはA–1社が主導するとともに、仲卸業者が分荷実務に係る機能を分担することで一体的な対応がとられるという特徴が存在していた。

第4節　県外市場経由型による県外販売

（1）A-4社による県外販売

　本節においては、長野県外の卸売業者や仲卸業者を経由させた県外販売である県外市場経由型について検討する。県外市場経由型のうちA社グループの事例から検討していくならば、A–4社が同類型に該当している。A–4社は果実生産が盛んな中野市に立地する関係もあって産地集荷市場的な性格が強く、このためかつては産地出荷業者への販売が中心であった。そして**表8-4**で示すように、現在でも全体の20％は産地出荷業者への販売であり、このうち5％はTM社となっている。なお、TM社を通じた県外販売については本書第9章で検討したい。

表8-4　A-4社による県外販売（2016年）

単位：%

経由業者	直接販売先		最終分荷業態等（　）内は地域	備考
	業態	構成比		
県内	ＴＭ社	5	全国の消費者	・第9章で検討
	産地出荷業者	15	…	・産地出荷業者は5社
県外	仲卸業者	52	量販店（北陸、中京、関東、東北等）	・県外仲卸業者は30社・15％はA-4社がパッキング
	量販店	14	（石川県、新潟県）	・量販店は2社
合計		86	-	‒

資料：ヒアリング（2017年）による。
注：1）構成比・業者数は概数である。
　　2）…は事実不詳を意味する。

　A-4社の販売先のうち長野県外の仲卸業者は52％を占めており、総数では30社となっているが、このうち主要なものに限定するならば北陸や中京、関東の7社である。なかでも、A-4社から比較的近い富山市場と新潟市場の仲卸業者への販売量が多いが、最遠では青森県や九州にまで分荷されている。このような県外仲卸業者への販売は1980年代後半から行われており、その開始にあたっては冬場に果実の入荷量が少ない北陸等の市場から、同社にオーダーがかけられたことが契機となっている。そして、かつての主要販売先であった産地出荷業者の販売力が経年的に弱体化[11]していることに加えて、県内農協の出荷先集約化等により長野県産の果実を直接的に集荷できなくなった地方市場が増加したことが一因となって、これら市場の仲卸業者からのA-4社に対する転送要請は増大する結果となり、現在のように5割以上が県外市場の仲卸業者に販売されるに至っている。

　A-4社から県外仲卸業者に分荷された青果物は、最終的に仲卸業者から市場所在地域周辺の量販店等へと再分荷されている。そして、これら量販店のなかにはA-4社の側から取り引き開始を働きかけるとともに、実際の納品にあたっては、その機能を活用するため量販店から距離的に近い仲卸業者を経由させることになったケースが含まれている。このようなケースの場合、A-4社がシーズン前にあたる2月頃に量販店と商談を行うことによって、品目・規格・価格・納品時期等が取り決められている。前述のようにA-4社は52％を長野県外の仲卸業者に販売しているが、そのうち28％についてはパッ

キングがなされて[12] おり、さらにそのうちの15％は同社の責任によりパックが行われたもの[13] となっている。一方、残りの13％については出荷者の段階ですでにパッキングされている。A–4社がパッキングまで担う理由としては、同社販売先の仲卸業者が量販店に再販売する場合、仕入段階でパックされた商品を扱う方が自社内における作業を省力化できるため好まれる点があげられている。また、A–4社としてもパッキングに対応することで商品に付加価値がつくことから、高額販売が可能となる点が指摘されている。A–4社が県外市場の仲卸業者に販売する際の納品は、基本的に仲卸業者の店舗で引き渡されているが、一部についてはA–4社が量販店の集配センターまで持ち込んでいる。

　以上がA–4社による県外市場仲卸業者を経由させた県外販売の内容であるが、これ以外に同社は全体の14％を石川県と新潟県の２社の量販店に対して直接的に販売している。

（2）B-1社による県外販売

　卸売業者による県外市場を通じた県外販売の事例として、これ以降ではB社グループについて検討する。本項では同グループの最初として、グループ本社である上田市場のB–1社からみていきたい。なお第４章で述べたように、B–1社の取扱額は市場周辺人口と比較して大きいという特徴が存在するが、その理由は同社が消費人口の少ない市場周辺のみに供給するのではなく、比較的早い段階から販路拡大策として長野県外の販売先を開拓してきた点があげられる。その経緯を確認するならば以下のとおりとなる。

　B–1社は1960年代後半以降、西日本の生産地域からみかん等の果実を集荷し、それを東日本の比較的小規模な市場に転送するという中継市場的な機能を果たすことで取扱額を拡大させてきた。しかし、1980年代になると地方都市においても量販店が拡大しているが、これら量販店はB–1社の転送先である小規模市場を仕入先として利用しないこともあって、同社が販路を拡大していくうえでの課題となっていた。その一方で、B–1社は長野県内で農協の

広域合併が進む以前である1980年代前半の段階においてすでに、県外出荷のノウハウを持たない県内の小規模農協の要望を踏まえて、これら農協の出荷品を同社が取りまとめたうえで長野県外の市場等に搬出するという取り組みを展開していた。この意味において、同社は早い段階から産地集荷市場的な性格を併せ持っていたということができる。なお、このような対応が可能となった一因には、当時のB-1社の経営者や職員が上田市周辺に所在する農協の関係者等と親密な関係を構築していた点があげられる。

　そして1980年代後半以降になると、B-1社は長野県外の量販店から強く要望される農協出荷品を中心として、県外量販店に対する県産青果物の販売拡大へと取り組みの軸足を転換している。なお、このような取り組みの嚆矢となったのは、関東に拠点を持つ大規模量販店YK社[14]に対する長野県産ぶどう等のコンテナ出荷であった。その後、B-1社は販売先となる県外量販店や取扱品目を拡大しながら現在に至っているが、2017年にはB社グループの将来展望を検討するなかにおいて、同社の商社的な機能の充実を通じた県外販売の拡大が今後の事業展開の方針として取り決められている。

　B-1社の調査時現在における県外販売は表8-5のとおりである。同社の長野県外に対する直接的な販売先は、産地出荷業者の２％を除けば県外他市場の34％と県外量販店の11％に大別されるが、このうち県外他市場はさらに卸売業者の10％と仲卸業者の24％とに分けられる。後述するように、B-1社による県外仲卸業者に対する販売の多くは実質的に同社による量販店への直接販売であることから、同社は最終的に35％を県外量販店へ販売していることになる。

　B-1社が仲卸業者経由で長野県外の量販店に販売する場合、量販店との商談は取扱規模の大きさに起因する交渉力や産地等から青果物を集荷することに基づく提案力の強さもあって、同社の担当者が直接的に行っている。このためB-1社による県外量販店への販売は、仲卸業者が介在していても実質的にはB-1社による直接販売というべき内容のものである。また、仲卸業者経由で県外量販店に販売する場合は、基本的に個店配送を要求する量販店が対

表8-5　B-1社による県外販売（2017年）

単位：%

経由業者	直接販売先		最終分荷業態 （（　）内は地域）	備考
	業態	構成比		
県内	産地出荷業者	2	…	
県外	他市場	34	-	
	卸売業者	10	…	・B-1社の県外支社・関連業者
	仲卸業者	24	量販店20社（関東10社、北陸2社、中京5社、中国2社、四国1社）	・量販店への販売は実質的にB-1社の直接販売 ・県外量販店への商談は主にB-1社が担当 ・県外仲卸業者は配送や代金決済を担当
	量販店	11		・県外量販店への納品は量販店の集配センターに納品
	合計	47	-	-

資料：ヒアリング（2018年）による。
注：1）構成比・業者数は概数である。
　　2）…は事実不詳を意味する。

象となっている。このため、B-1社は納品対象となる店舗の所在地域に近い市場の仲卸業者に商流を通したうえで、同業者が個店への配送を行うことにより量販店の要求に応えることが、このような流通が行われる理由である。

B-1社は仲卸業者経由も含めて合計20社の県外量販店に販売しているが、その所在地は関東、北陸、中京、中四国と広範囲に及んでいる。そしてこれら量販店においては、B-1社から調達した長野県産青果物が店舗における差別化商品となっているケースも多い。また、B-1社が量販店に販売するにあたっては、長野県産品と併せて県外産品も提案することにより同社取扱額の拡大が図られている。

以上がB-1社による県外販売であるが、このうち転送先市場の仲卸業者を通じて量販店に販売するケースにおいては、長野市場の仲卸業者と提携していたA-1社の例と同じく卸売業者と仲卸業者とが機能を分担しながら、一体的な量販店対応が展開されるという共通点が存在している。

（3）B-2社による県外販売

B-2社の長野県外への販売については**表8-6**のとおりである。B-2社の供給圏域は1990代前半の段階までは長野県内にほぼ限定されていたが、全県的に少子高齢化が進行するなかで商圏を県内に限定していたのでは将来的に販路が縮小してしまう懸念があることから、1990代後半以降は県外市場に対す

表8-6　B-2社による県外販売（2017年）

単位：％

経由業者	直接販売先		最終分荷地域	備　　　考
	業　態	構成比		
県内	産地出荷業者	10	…	・産地出荷業者は10社 ・品目的には主として果実が対象
県外	他市場	35	北陸、中京、関東、北海道、九州、中四国等	
	卸売業者	16		・他市場卸売業者は10社
	仲卸業者	19		・他市場仲卸業者は30社
	量販店	3	関東	・県外量販店は3社 ・同販売は90年代後半に開始
合　　　計		48	-	

資料：ヒアリング（2018年）による。
注：1）構成比・業者数は概数である。
　　2）…は事実不詳を意味する。

る転送を意図的に拡大するとともに、県外量販店への販売を強化している。このような方針転換の結果、現在では同社取扱額の48％が県外仕向けとなるまでに拡大している。しかし、その一方でB社グループではB-2社が属する長野市場を県内における青果物流通の拠点として位置付けているように、同社グループは県外搬出だけでなく県内への供給も視野に入れながら方針が検討されている。

　調査時現在、B-2社による長野県外への搬出のなかで他市場への転送は35％を占めており、その対象は卸売業者が16％、仲卸業者が19％となっている。これら業者が属する市場は北陸、中京、関東、北海道、九州、中四国と広範囲に及んでいるだけでなく、そのなかには農協の出荷先集約化により長野県内の農協から直接的に集荷できなくなった市場も含まれている。ただし、B-2社が県外市場等に販売する場合は長野県産品だけでなく、同社が広く県外から集荷してきた青果物を組み合わせて提案することにより販売額を拡大してきた事実を踏まえるならば、B-2社には中継市場的な性格の存在が確認できる。

　他市場への転送以外についてもみるならば、3社の県外量販店への直接販売が3％を占めており、この場合、関東に拠点を置くチェーンスーパーが対象となっている。また、10社の産地出荷業者への販売は10％を占めているが、この場合は主として果実が対象である。

（4）B-3社による県外販売

　B-3社の長野県外への販売については**表8-7**のとおりである。松本市場の卸売業者であるB-3社は、1990年頃までは松本地域を中心とする比較的限られた地域に青果物を供給する市場であったが、地元の販路縮小に伴って長野県外への販売が志向されるようになり、1990年代後半以降は県外への販売割合を増加させながら現在に至っている。

　B-3社の県外販売は他市場への転送によって行われており、調査時現在では取扱額の46％を占めるに至っている。このような転送の拡大は、農協の広域合併にともなう出荷先市場の集約化により長野県内の農協から直接的に集荷できなくなった近県の中小規模市場が、B-3社に転送を要請してきたことが一因となっている。なお、この点についてはすでにみたA-1社・B-1社・B-2社と共通しており、いずれも長野県内の農協から直接集荷できなくなった市場やそのような市場で青果物の調達を行っていた量販店の広範な存在が、長野県内の卸売業者による県外販売の拡大を促進させている。以上から園芸生産県に立地する卸売業者による県外販売は、農協の出荷先集約化によって生じた流通の間隙を補完する機能を果たしているといえよう。

　B-3社の転送先の総数は相当な数となっているが、継続的なものは７社と比較的限定されており、具体的には岐阜県や愛知、三重県、山梨県等の卸売業者や仲卸業者である。このうち熊本県内の仲卸業者２社については恒常

表8-7　B-3社による県外販売（2017年）

単位：％

直接販売先		最終分荷地域	備　　考
業態	構成比		
県外 他市場	46	岐阜県（岐阜市・高山市）、愛知県（豊橋市）、三重県（津市）、山梨県（甲府市）、熊本県等の卸・仲卸業者等	・90年代後半から拡大 ・主要転送先は７社 ・卸売業者（２社）13％ ・仲卸業者（５社）33％

資料：ヒアリング（2018年）による。
　注：構成比は概数である。

189

的な転送を行う一方で、長野県で野菜生産が行われない冬期におけるB-3社の集荷先でもあることから、そこには相互融通的な関係が構築されている。

（5）C社による県外販売

　C社は90％を長野県外に販売しているが、このうち卸売市場については**表8-8**にあるように80％を占めており、これを業者の属性でみるならば卸売業者と仲卸業者が同程度の構成比となっている。業者数はいずれも総計で20～30社となっているが、これはスポット的な取り引きが含まれているだけでなく、年次や季節による変動も大きい。このうち卸売業者については東京都、大阪府、名古屋市、京都市、福岡市等の大都市にある拠点市場が中心であり、仲卸業者についてもその所属市場の多くが卸売業者と重複している。

　C社が転送する際の荷姿は、卸売業者に対しては出荷ケースのまま大ロットで搬出されるのに対し、仲卸業者についてはC社の段階でパッキングが行われている[15]。仲卸業者に対してこのような対応が行われる理由には、C社の主力品目である菌茸類は産地出荷の段階でパッキングされていることが不可欠であることに加えて、産地集荷市場として自社オリジナルのパッケージデザインを用いることによって、他との差別化が可能になる点があげられている。一方、一般的な青果物に関しては、C社から青果物を調達する仲卸業

表 8-8　C社による県外販売（2017 年）

単位：％

経由業者	直接販売先		構成比	最終分荷地域	備　考
	業　態				
県内	産地出荷業者		5	…	・県外出荷業者は 30 社 ・品目的には果実が中心
県外	他市場		80	東京・大阪・名古屋・京都・福岡等	・他市場卸売業者は拠点市場等の 20～30 社 ・他市場仲卸業者は拠点市場等の 20～20 社
		卸売業者	40		
		仲卸業者	40		
	量販店		5	東京・大阪・名古屋・京都・福岡等	・関東・九州・四国等の県外量販店 4 社 ・量販店はブロック規模の地域スーパー
合　計			90	-	

資料：ヒアリング（2018 年）による。
注：1）構成比・業者数は概数である。
　　2）…は事実不詳を意味する。

者は再販売先の量販店から高い品質や高度な選別・荷姿の青果物が求められていることが、同社がパッキングに対応する理由となっている。

C社における他市場以外の県外搬出についてもみるならば、4社の県外量販店への販売が5%、産地出荷業者を介した長野県外への搬出が5%となっている。このうち量販店については、東京・四国・九州等に店舗を展開するブロック規模のチェーンスーパー[16]である。また、産地出荷業者については長野県内の30社となっているが、これらの多くは長野地域に所在する主として果実を扱う業者である。

（6）D社による県外販売

D社は伊那市にある小規模な市場であるが、それでも表8-9で示すように全体の10%を長野県外の市場卸売業者に転送している。転送先市場は関東地方等に所在しており、具体的には愛知県、東京都、埼玉県の地方卸売市場が対象である。この場合の対象品目は上伊那地域の個人や農業法人から出荷された青果物となっており、季節との関係では夏期においては野菜が多く、特にきゅうり等の果菜類が中心的な品目である。また、秋期から冬期にかけてはりんごの割合が高くなっているように、時期により対象品目が大きく異なっている。一方、菌茸類については年間を通じて安定的に転送が行われる傾向にある。D社で長野県外に向けた転送が行われる理由としては、同社は小規模市場ながらも県外市場から要望される地場産青果物が豊富に入荷している点があげられる。

表8-9　D社による県外販売（2018年）

単位：%

直接販売先		最終分荷地域	備考
業態	構成比		
県外 他市場	10	愛知県・東京都・埼玉県	・販売先の業態は卸売業者 ・夏場の野菜や菌茸類、りんごが対象

資料：ヒアリング（2019年）による。
注：構成比は概数である。

（7）F社による県外販売

　最後にF社の県外販売について確認したい。**表8-10**に示すように、F社による長野県外への搬出は産地出荷業者による３％を除けば、長野県外の市場仲卸業者に対する転送と量販店への販売とに大別されている。F社によれば、かつての同社は主として飯田市を中心とする南信州地域に青果物を供給していたが、2000年代以降、長野県内の農協から集荷できなくなった県外市場の仲卸業者に加えて、このような市場の分荷圏域下にあるローカルスーパーからの直接買付が拡大することによって経年的に県外販売率が上昇し、産地集荷市場的な性格が強くなっている。それと同時に、F社周辺の一般小売店が減少していくなかにおいて、同社としても積極的に長野県外への販路開拓を手がけてきたことも拡大の一因となっている。その一方で、F社は36％を県外量販店に対して直接販売しているように、次節で検討する県外業者直販型としての特徴も併せ持っている。

　F社の販売先のうち、その中心となる県外市場への転送は45％を占めているが、その対象は長野県に隣接する愛知県や岐阜県にある比較的規模の小さな市場の仲卸業者であり、総計では15〜16社となっている。これら仲卸業者の所属市場の多くは、前述のように長野県産品の直接集荷が難しくなった市場であることから、F社による県外販売は青果物流通の間隙を補完する機能

表 8-10　F 社による県外販売（2017 年）

単位：％

経由業者	直接販売先		最終分荷地域	備　　考
	業　　態	構成比		
県内	産地出荷業者	3	…	・産地出荷業者は 10 社
県外	仲卸業者	45	愛知県（名古屋市・豊橋市・豊川市）岐阜県（多治見市・瑞浪市・中津川市・恵那市）等の仲卸業者	・2000 年代から拡大 ・県外仲卸業者は 15〜16 社
	量販店	36	愛知県（豊田市、瀬戸市等）	・県外量販店は 20 社
	合　　計	84		

資料：ヒアリング（2018 年）による。
注：１）構成比・業者数は概数である。
　　２）…は事実不詳を意味する。

を果たしているといえよう。なお、県外市場の仲卸業者に対する荷渡しは、基本的に飯田市場内で行われている。

　以上、本節では長野県内の市場卸売業者による県外市場を経由させた県外販売について検討を行った。販売方法の詳細については事例ごとに異なる点も多いが、このような流通が拡大してきた要因の一つとして、長野県産青果物に対する需要の高さがあげられている。そしてもう一つの要因には、県内農協における出荷先集約化の影響が存在していることは明白であろう。また、県外量販店に販売するに際しては、転送先市場の仲卸業者と提携するケースが含まれており、その場合は相互に役割を分担しながら行われるという特徴が存在していた。

第5節　県外業者直販型による県外販売

　本章で検討する類型の最後として、県外業者直販型のB-4社を検討したい。長野県外の流通業者に対する直接販売を搬出方法の中心としているのは同社のみであるが、すでにみたようにこのような方法は構成比こそ低いものの、他6社の卸売業者でも行われているように比較的一般的な方法である。

　B-4社は産地集荷市場としての性格が強いが、**表8-11**で示すように同様の性格を持つA-3社・A-4社・A-5社及びC社とは県外販売のあり方が大きく異なっている。具体的には、他4社は産地出荷業者や他市場等を経由させることで最終的に量販店へ供給しているのに対し、B-4社の場合はカット加工業者やコンビニベンダー等を経た後に、ファストフードを初めとする外食業者やコンビニエンスストアに供給することで県外搬出が行われている。このように、B-4社は販売面において実需者への食材供給に比較的特化[17]した業者であることから、同社が出荷する青果物の多くは契約生産により生産段階から販売先が決定されるというクローズドな生産・流通が行われている。なおB-4社が販売した青果物は、最終的に15社のファストフードやコンビニエンスストア、生協等へと供給されている。

表 8-11　B-4 社による県外販売（2017 年）

単位：%

経由業者	直接販売先		最終分荷業態（（ ）内は地域）	備　　考
	業　　態	構成比		
県内	同市場仲卸業者	6	量販店（関東等）	・同市場仲卸業者を経由した県内量販店は 6%
県外	外食業者・カット加工業者	29	ファストフード・コンビニエンスストア・生協（関東等）	・最終的な供給先は 15 社
	仲卸業者	15	…	・他市場仲卸業者は都内の大規模業者
合　　計		50	-	－

資料：ヒアリング（2018 年）による。
　注：1）構成比・業者数は概数である。
　　　2）…は事実不詳を意味する。

　以上がB-4社による長野県外の業者に対する直接販売であるが、同じく県外業者に直接販売を行うB-4社以外の6社については、前節等で確認したようにその主要販売先が量販店であり、納品方法も出荷ケースの状態で集配センター納品が中心となっているように、その取引内容は対照的である。

第6節　E社による高速バスを利用した県外販売

　E社の取扱概要と集分荷等については第5章で検討を行ったが、同社は調査事例中最小規模の卸売業者であっても販売面では**表8-12**で示すように、長野県や山梨県及び東京都内の産地出荷業者等を通じて全体の10%を長野県外へと搬出している。しかし、同社の県外搬出で特徴的な取り組みとして、現状では試行的な段階の域を出ないものの高速バスを活用した都内量販店への販売があげられる。同取り引きは調査時において開始から未だ1年に満たないためその成果を評価するのは難しいが、興味深い取り組みであることから補論的な位置付けではあるがここで併せて検討したい。

　E社によるこのような取り組みは2018年10月から行われているが、同取り引きが開始された背景には、2017年9月に実施された国土交通省による貨客混載に関する規制の一部解禁が存在している。そしてこのような規制緩和を踏まえて、量販店を傘下に持つ東京都内の電鉄会社から駒ヶ根市役所に対し

表 8-12　E 市による県外販売（2018 年）

単位：%

経由業者	業　態	構成比	備　考
県内	産地出荷業者	3	・上伊那地域 1 社
県外	産地出荷業者等	7	・山梨県 1 社、東京都 1 社
	量販店	…	・対象は世田谷区の 1 店舗 ・2018 年 6 月から都内量販店（1 店舗）に高速バスで出荷 ・2018 年度の販売額は 100 万円/年程度を見込む

資料：ヒアリング（2018 年）による。
注：…は事実不詳を意味する。

て取り引きの申し出があった[18] ことが契機になるとともに、同市観光推進課の都内住民に対して市をPRしたいという意向もあって、その翌年から開始されることになった。

　同取り引きの具体的な方法については以下のとおりである。E社の販売対象となる店舗は電鉄会社系食品スーパーの都内杉並区にある 1 店舗であり、そこに対して毎週火曜日と金曜日の 2 回、E社が出荷した長野県産青果物が店頭に並べられ、顧客へと販売されている。対象品目の候補と価格のリストは納品に先立ってE社から店舗に提示され、それに基づいて店舗からE社に対して発注が行われている。E社は受注した商品を納品日の午前中に、クーラーボックスに入れた状態で駒ヶ根市内のバスターミナルから高速バスに積載している。同クーラーボックスは店舗近くのバス停で下ろされ、その後、量販店が契約した運送業者により店舗へと搬入されている。

　同取り引きの対象品目は時期により大きく異なっており、たとえば10月ならばその時期が収穫期となるトウモロコシを中心に10品目程度が扱われ、ヒアリングを行った11月ならば収穫期に入ったりんごが中心になっている。このように同取り引きは試行的な性格のものであり、調査時現在の取扱額も10万円/月に留まっていることから、通年でも100万円/年程度に過ぎないと予想されている。E社によれば、現在の取引規模ではそれに要する労力負担を考え合わせるならば経営的にデメリットの方が大きいとしているが、市のPRや生産者のモチベーションという意味では意義があると評価している。

このように、E社による高速バスを用いた県外販売は未だ試行段階であることは否めず、その取扱額の少なさもあって決して収益性の高い販売方法とはいえないものであるが、今後、卸売業者が新たな販売方法を模索していくうえで興味深い取組事例といえよう。

第7節　小括

　本章においては、長野県内の卸売業者が展開する県産青果物の県外販売の実態について検討を行った。その結果をまとめると以下のとおりとなる。卸売業者による県外販売が行われる背景には、卸売業者の側からみれば長野県内に対する県外量販店の経年的な進出に伴う販路縮小という事実が存在している。これを長野県外の業者サイドからみるならば、農協の広域合併にともなう出荷先集約化によって長野県産青果物を調達できなくなった中小規模市場や量販店の広範な存在が、県内卸売業者による県外販売を促進する要因となっていた。そして、県内市場からの搬出方法は、従来から一般的に行われてきた県外市場に対する転送に加えて、近年は県外量販店に対する直接及び間接的な販売の拡大が確認されている。

　このうち長野県外の市場に対する転送については遠隔地の市場を対象とするものに加えて、近年は県内農協からの直接集荷が行えなくなった隣接県等に所在する中小規模市場等への転送量が拡大する傾向にあることが確認できた。一方、県外量販店への販売については本書第3章から第5章で検討した県内卸売業者による直接的な販売だけでなく、実質的に卸売業者による直接販売であっても県内市場または県外市場の仲卸業者を介在させるケースが存在しており、この場合、量販店との商談は県内市場の卸売業者が行う一方で、分荷に係る実務については仲卸業者が担うという役割分担がなされていた。また、長野県外の量販店に販売するにあたっては、県産品と併せて県外産品を販売することにより卸売業者の取扱額の確保が図られていた。

　以上が本章における検討結果の要約であるが、このような後背地に園芸産

地を擁する市場の卸売業者が展開する県外販売は、卸売業者に販路の維持・
拡大という直接的な効果をもたらすだけでなく、農協の広域合併に伴う出荷
先の集約化によって生じた流通の間隙を補完するものとして、その流通に合
理性が存在していることは明らかであろう。そしてこのような合理性の存在
が、同取り組みが持つ青果物流通上の意義として評価することができる。さ
らにいうならば、このような流通は単に間隙を埋めるという必要性だけに留
まらず、その実現の一因には卸売業者が仲卸業者と提携することで実質的に
獲得される各種機能の存在があげられる。卸売市場に限らず農協等を含めた
集出荷主体や中間流通業者が販売先や販売方法を検討していくにあたっては、
流通の合理化や効率化に加えて販売先のニーズ等に対する各種サービスの向
上が不可欠であり、このため今後は提案力や交渉力等といった販売に係る能
力の向上に加えて、流通段階における多岐にわたる付加的機能の充実・向上
が求められよう。

注
1 ）木村彰利「大都市近郊園芸生産地域の生産者における出荷対応に関する一考
　　察―千葉県東葛飾地域を事例として―」『農業市場研究』18（3）、2009、
　　pp.40-46において、千葉県東葛飾地域の野菜生産者が個人出荷、農協共販等の
　　販売方法を選択する要因についての分析が行われている。
2 ）木村彰利『変容する青果物産地集荷市場』2015、筑波書房のpp.31-70において、
　　茨城県西地域の産地集荷市場及び集出荷業者と農協とは相互に競合しながら
　　も、出荷者や販売先地域及び業態等を棲み分けるだけでなく、相互に補完し
　　合う関係にあることが指摘されている。同じく同書のpp.71-110では、深谷ね
　　ぎを扱う産地集荷市場と農協との関係についても同様の分析が行われている。
3 ）坂爪浩史「地方都市卸売市場の産地市場化―旭川市場を事例にして―」『農経
　　論叢』46、1990、pp.105-118、及び坂爪浩史「新産地市場の形成と産地対応―
　　旭川近郊移出青果物産地における産地市場構造―」『農経論叢』48、1992、
　　pp.181-197
4 ）坂爪浩史「流通再編下の産地中央卸売市場―宮崎市中央卸売市場の展開と特
　　質―」『農業経済論集』45（2）、1994、pp.16-35。
5 ）徳田徳美「農協の青果物販売事業の現代的特質と展望」『農業市場研究』24（3）、
　　2015、pp.12-22。

6）木村彰利『変容する青果物産地集荷市場』2015、筑波書房。

7）小野雅之「青果物流通システム「改革」と卸売市場の課題」『農業市場研究』26（3）、2017、pp.11-19。

8）本章に係るヒアリングは、本書第3章から第5章における分析の基礎となった調査と共通のものである。

9）A-1社の中継市場的な機能が弱体化した一因としては、旧神田市場が大田市場に移転したことが契機となって、大田市場の集散市場としての機能が強化された点が指摘されている。

10）A-1社で果実等を調達する産地出荷業者の多くは1960年代以降に売買参加者となっていることから、同社が産地集荷市場的な性格を併せ持つようになったのもその頃からと考えられる。

11）A-4社からは、産地出荷業者の経営者は高齢化しているだけでなく後継者が確保されていないケースも多いことから、経年的に減少傾向で推移している点が指摘されている。

12）県外量販店の販売品に対するパッキングは2007年頃から行われており、その理由として、当時は市場相場が低迷していたことから何らかの形で付加価値創出が求められたことによる。

13）A-4社の責任で行われるパッキングの作業実務はTM社と他1社に委託することにより行われている。A-4社の段階でパックされるものは果実が中心であり、具体的にはりんご、もも、ネクタリン、なし等が対象品目となっている。

14）当時のYK社の経営者は上田市に隣接する東御市の出身であったことから、B-1社の経営者と個人的に親しかった点も取り引き開始の一因である。

15）C社は大量のパッキング作業に対応するため、延べ40人のパートを雇用している。ちなみに、同社の正社員数は60人である。

16）C社によれば、同社が直接的に販売する量販店の規模は4社とも130〜160店舗/社とのことである。

17）実需者への販売に特化するというB-4社の性格は、本書第4章で検討した同社の集荷構造にも現れている。具体的には、ファストフード等では必要とする品目が限定されるだけでなく、求められる品質にも特徴があることから品種レベルまで指定されるケースが多く、このためB-4社は地域の産地出荷業者と提携しながら実需者ごとに生産者を組織化し、必要とされる品種・品質を備えた野菜等の生産・集荷が行われている。

18）東京都内の電鉄会社は当初、岐阜県内の農産物直売所に提携を要請したが合意が得られなかったことから、改めて公設公営市場を運営する駒ヶ根市に対して要請が行われている。

第9章

産地出荷業者による果実等の県外販売

第1節　本章の課題

　わが国の青果物流通において、産地段階の集出荷に関しては農協系統組織の果たす役割が大きいという特徴があり、果実に関してもその多くが農協等を経由している。しかし、比較的早い段階で形成された果実産地等には産地集荷市場が存在しており、同市場で果実等を調達する産地出荷業者の分荷機能もあって、これら市場は全国の消費地市場や量販店等に対する果実等の供給拠点として重要な役割を果たしている。

　ここで、近年における果実等の生産・流通を取り巻く環境についてみると、生産者の高齢化にともなう廃業や耕作放棄地の増加、長期間にわたる価格低迷など経年的に厳しさを増しているのが現状である。その一方で、青果物の小売構造においては量販店の占めるシェアが拡大していることから、厳しい環境下で生産・流通主体が有利販売を実現していくには量販店への対応力強化が求められ、そのために流通上の諸機能を如何に強化していくかが問われている。そして、このような機能は農協系統組織や消費地市場、産地集荷市場等においても等しく求められるもの[1]といえよう。ここで、産地集荷市場における卸売業者の本来的な機能について確認するならば以下のとおりである。市場において卸売業者が集荷し、セリまたは相対取引により価格形成を行いながら産地出荷業者等の売買参加者に販売されるまでは、産地集荷市場も消費地市場と基本的に共通している。しかし、産地集荷市場の卸売業者は集荷した青果物を品目・品種別に区分するものの基本的に入荷ロットのま

ま販売するケースが多いことから、入荷ロットを細分化しながら仲卸業者等に販売する消費地市場の卸売業者と比較して、機能的には限定されるという傾向がある。

　しかし、産地集荷市場のなかには厳しい状況のなかでもその活力を維持していくため活発な事業展開を行うもの[2]が存在しており、このような市場の卸売業者は従来からの本来的機能に加えて、各種の取り組みを通じた新たな機能の獲得が想定されるところである。そして、これら市場の取り組みについて検証することは、農協等系統組織を含む集出荷主体が産地段階の機能向上を検討していくうえにおいて、重要な知見となることが想定される。

　このため本章においては、2017年5月から2018年8月にかけて実施した長野県内の主として果実を取り扱う産地集荷市場の卸売業者等に対するヒアリング[3]に基づいて、以下について明らかにすることを課題としている。第1に、長野県内の卸売市場の分荷における産地出荷業者の位置付けを確認したうえで、産地集荷市場で果実等を調達する産地出荷業者が行う県外販売の概要について確認する。第2に、産地集荷市場の卸売業者と産地出荷業者との提携を通じた長野県外の量販店等に対する販売実態、及びそれによってもたらされた市場機能の強化について検討する。第3に、産地集荷市場で果実を調達する産地出荷業者の県外販売と対比するため、生産者から直接集荷を行う産地出荷業者と農協共販における集出荷実態について確認する。

　最後に、青果物の産地集荷市場に関する既存研究についてみると、その蓄積は決して充分なものとはいえない。主要な研究としては、北関東の主として野菜を扱う産地集荷市場について経済地理学的な視点も踏まえて分析した新井[4]、同じく北関東の産地集荷市場について集分荷の視点を軸に分析した木村[5]等があげられる。また、生産者から馬鈴薯を調達し、他地域への搬出を行う産地出荷業者の研究としては伊村・内藤ら[6]があげられるが、今後、同分野の研究のさらなる充実が求められるところであろう。

第2節　産地出荷業者による県外販売の概要

（1）卸売業者における産地出荷業者への分荷概要

　長野県内の卸売業者における集分荷構造はすでに本書の第3章から第5章で検討しており、さらに第8章では卸売業者による長野県外への販売について検討を行っている。しかし、長野県では卸売業者による県外販売が活発化する以前から産地出荷業者による県外搬出が行われてきただけでなく、後述のように近年は卸売業者と提携するという動きもあることから、本節では産地出荷業者による県外販売の概要について確認したい。**表9-1**は前掲の**表8-2**を部分的に修正することで、卸売業者による産地出荷業者への分荷についてまとめたものである。

　本書の調査対象となった14社の卸売業者のうち、産地出荷業者への販売を行っているのは8社となっているように過半の卸売業者が含まれている。このことから、長野県内の青果物流通において産地出荷業者が重要な役割を果たしていることが推測される。卸売業者のなかでも産地集荷市場的な性格で

表9-1　産地出荷業者を経由した卸売業者の県外分荷概要

単位：%

類　型	卸売業者	県内分荷	長野県外への分荷						合計	備　考
			県内業者経由			県外業者経由	県外業者直販	計		
			産地出荷業者	その他	小計					
県内市場経由型	A-1社	60	15	15	30	…	10	40	100	
県外市場経由型	A-4社	14	20	0	20	52	14	86	100	・TM社との提携取引を含む
	B-1社	53	2	0	2	34	11	47	100	
	B-2社	52	10	0	10	35	3	48	100	
	C社	10	5	0	5	80	5	90	100	
産地出荷業者経由型	A-3社	23	77	0	77	0	0	77	100	・MR社・ND社との提携取引を含む
	A-5社	50	50	0	50	0	0	50	100	
その他	E市	90	3	0	3	7	…	10	100	・県外業者は産地出荷業者等

資料：ヒアリング（2017・2018年）による。
　注：1）構成比はA社グループが2016年、B社グループ・独立系は2017年の概数である。
　　　2）…は事実不詳を意味する。
　　　3）E社の県外業者直販は開始から1年未満なので構成比を示していない。

あるとともに、県外販売の類型も産地出荷業者経由型に区分されるA–3社と
A–5社においては産地出荷業者の構成比が高くなっているが、このうちA–3
社では卸売業者が産地出荷業者と提携しながら長野県外への販売を行うなど
特徴的な取り組みが行われている。一方、県外市場経由型に分類されるA–4
社は長野県外の仲卸業者への販売割合が高いものの、同社は特定の産地出荷
業者と提携しながら県外量販店等が行う通信販売に対応するなど興味深い取
り組みを行っている。このため、次項ではこれら3社の集分荷について再確
認したうえで、さらに次節においてA–3社及びA–4社による産地出荷業者と
の提携取引の実態について検討したい。

（2）検討対象卸売業者と集分荷の概要

1）検討対象卸売業者の概要

　本章で検討を行う卸売業者と集分荷の概要について、ここで簡単に再確認
しておきたい。対象となる卸売業者の概要は**表9-2**のとおりである。A–3社
は長野地域に属する須坂市にあり、年間42億1,532万円の取扱額のうち果実
が6割強を占めている。なお、表出していないが果実全体に占めるりんごの
割合は48.0％、ぶどうは28.8％である。同社の取扱額を経年的にみると、
2003年の28億0,900万円から2016年には42億1,500万円というように拡大傾向

表9-2　検討対象卸売業者の概要（2016年）

	所在地	年間取扱額		備　考
A-3社	須坂市	42億1,532万円 うち、野菜 果実 その他	34.7% 63.5% 1.8%	・A-1社の子会社 ・産地出荷業者経由型 ・産地出荷業者と提携
A-4社	中野市	28億5,300万円 うち、野菜 果実	40% 60%	・A-1社の支社 ・県外市場経由型 ・産地出荷業者と提携
A-5社	佐久市	22億5,400万円 うち、野菜 果実	70% 30%	・A-1社の支社 ・産地出荷業者経由型

資料：ヒアリング（2017・2018年）による。
　注：A-4社及びA-5社の品目構成は概数である。

で推移しており、りんごの出荷者数も2004年の1,093人から2016年の2,111人へと増加している。

　A-4社は北信地域に属する中野市内の取扱額28億5,300万円の卸売業者である。同社の取扱額のうち6割は果実となっているが、その内訳はぶどうが40～50％、りんごは30～35％を占めている。A-4社の取扱額の推移をみると、2003年の32億4,600万円から2012年には19億9,700万円にまで減少しているが、その後は増加に転じ、2016年の29億円弱に至っている。

　長野県内では園芸生産が盛んに行われているが、なかでもA-3社とA-4社が立地する長野地域及び北信地域は果実生産が盛んな地域である。たとえば、2015年産でみるならば全国のりんご収穫量811,500 t [7] のうち157,200 t（19.4％）が長野県産となっており、ぶどうについても全国収穫量180,500 tのうち28,300 t（15.7％）が同県産である。そして、このうちの相当割合が県内でも長野地域と北信地域で生産されている。

　最後のA-5社は佐久地域の産地集荷市場であるが、同社については野菜が主要取扱品目であり、特に市場の周辺地域から集荷される青果物については野菜に特化するという特徴がある。同社の2016年における取扱額は22億5,400万円であるが、2004年当時は37億2,400万円となっていたように、経年的には縮小傾向で推移している

２）検討対象卸売業者の集荷概要

　本章で検討を行う卸売業者の集荷概要についてみたものが**表9-3**である。A-3社については全体の9割以上を須坂市等に所在する約4,000人の個人出荷者から集荷していることから、それ以外の出荷者はいずれも補完的な位置付けである。A-4社は約1,000人の個人出荷者からの集荷が32％を占めており、次いで県内農協の28％や産地出荷業者の20％、A-1社を主とする他市場の20％というように、集荷先の業態は分散化する傾向にある。その理由は、後述のようにA-4社は長野県外の仲卸業者に対する販売割合が高いが、これら仲卸業者は多品目にわたる長野県産青果物を求める傾向があり、このため同

表 9-3　検討対象卸売業者の集荷概要（2016 年）

単位：%

集荷地域		出荷者					県産品率	備考
		農協	個人等	産地出荷業者	他市場	合計		
A-3社	須坂市、長野市、小布施町等	5	92〜93	0	2〜3	100	95	・他市場は主にA-1社
A-4社	中野市、須坂市、山ノ内町等	28	32	20	20	100	80	・他市場は主にA-1社
A-5社	果実：：長野市内 野菜：東信〜北信	70	10	0	20	100	50	・他市場はA社グループ

資料：ヒアリング（2017・2018 年）による。
　注：出荷者の構成比は金額に基づく概数である。

社は個人以外からも広く調達する必要があることに基づくものである。A-5
社は、長野県外を含む農協からの集荷率が70％と高くなっており、それ以外
は他市場の20％と個人等の10％という構成である。

　最後にこれら3社の長野県産品率をみるならば、A-3社とA-4社はいずれ
も80％以上を占めていることから明らかなように、両社は長野県産青果物を
集荷し、県外へと搬出する産地段階の集出荷機構として機能している。一方、
A-5社については県産品率が50％と決して高くないことを踏まえるならば、
同社は長野県産品の集出荷機構であることに加えて、県外産品を集荷すると
ともに長野県外へと搬出する中継市場としての機能を併せ持っている可能性
が高い。

3）検討対象卸売業者の分荷概要

　本項では表9-4に基づいて卸売業者の産地出荷業者への分荷について検討
するが、その前にこれら市場における取引方法を確認したい。A-3社とA-4
社では個人出荷品については基本的にセリで取り引きされているが、それ以
外は主として相対となっている。しかし、セリでは形成される価格が需給実
勢に大きく影響されることから、たとえ高品質品であっても必ずしもそれに
見合う評価になるとは限らず、このため個人出荷品であっても単価の高いぶ
どうやりんご等の高品質品については相対で価格形成が行われている。なお、

表 9-4　検討対象卸売業者の産地出荷業者への分荷概要（2016 年）

単位：%

	セリ取引率	販　売　先	構成比	県外分荷率	備　　考
A-3 社	60〜70	産地出荷業者	65	77	・産地出荷業者は 40〜50 社 ・最終分荷先は長野県外の市場及び量販店
		MR 社及び ND 社	15		・MR 社・ND 社は長野市場の仲卸業者を兼ねる ・上記 2 社は A-3 社と協力しながら県外量販店に販売 ・A-3 社は MR 社に場内の選別・加工施設を貸与
		その他県内業者	20		・一般小売店等（10 件）15%、県内量販店（10 社）5%
		合　　計	100		
A-4 社	28	産地出荷業者	15	86	・産地出荷業者は 5 社
		TM 社	5		・A-4 社と提携し、大手量販店のカタログ販売に対応
		その他県内業者	14		・一般小売店・納品業者（20 件）
		その他県外業者	66		・仲卸業者（30 社）52%、量販店（2 社）14%
		合　　計	100		－
A-5 社	5	産地出荷業者	50	50	・常時販売のある産地出荷業者は 30 社 ・産地出荷業者は関東や中京等に所在 ・産地出荷業者とは契約取り引きで販売
		市場仲卸業者	30		・仲卸業者は 6 社
		その他県内業者	20		・量販店（3 社）10%、一般小売店等（15〜16 件）10%
		合　　計	100		

資料：ヒアリング（2017・2018 年）による。
注：販売先の構成比は金額に基づく概数である。

　このような高品質品は後述する A-4 社のオリジナル商品に供用されている。一方、A-5 社のセリは相対取引の残品が対象となっていることから、その取引率は 5 ％に過ぎない状況である。

　続いて卸売業者の産地出荷業者への分荷について確認すると以下のとおりとなる。A-3 社は全体の 65 ％を 40〜50 社の産地出荷業者に販売しているが、この場合、産地出荷業者は A-3 社から調達した果実類等を、最終的に長野県外の市場や量販店に向けて再分荷している。このような産地出荷業者による県外市場への転送は、長野県内の農協から直接集荷が行えない地方都市の市場が主な対象である。また、産地出荷業者による県外量販店への販売については、A-3 社の段階でパッキングが施されるケース[8]も多い。A-3 社が販売する産地出荷業者において特徴的なのは、これら業者は自社でパッキングや保管・選別・仕分を行うだけでなく、各等階級ごとにそれを必要とする販売先が確保されている点にある。具体的には、いわゆる高品質品はギフト用や百貨店、準高品質品は量販店、一般品は地方市場、規格外品は加工原料へと

供されている。そしてこのような販売対応を行うことによって、同社では地域の農協と比較して高水準の平均単価による販売が実現されている。A-3社の産地出荷業者以外の販売先としては、次節で検討するMR社及びND社が合わせて15％、それ以外では一般小売店・納品業者が15％、県内量販店が5％という構成である。

　A-4社の産地出荷業者への分荷率は15％であり、業者数では5社となっている。これらはいずれも選別機を所有していない、比較的規模の小さな業者である。そして、A-4社から果実を仕入れる産地出荷業者においても、A-3社と同じく等階級毎に販売先が使い分けられているとのことであった。また、産地出荷業者であるTM社には5％を販売しているが、同社との提携取引については次節で検討したい。

　A-5社の販売先は50％が産地出荷業者によって占められており、これらはA-5社に入荷する高原野菜を初めとする青果物を求めて同社で調達を行っている。これら産地出荷業者の所在地は長野県外の比較的広い範囲に所在しているが、中心となるのは関東地方や中京地方である。A-5社と取り引きのある産地出荷業者は、スポット的な取り引きまで含めるならばその総数は膨大なものとなるが、常時に限るならば30社である。これら業者は市場まで来ることは少なく、例年、シーズン初めとなる2月頃に来訪し、品目・規格・納品時期・価格・予定数量が取り決められていることから、契約的な取り引きということができる。以上から、A-5社は長野県産品の県外搬出を担う産地集荷市場であるとともに、前項でみた県産品率の低さを踏まえるならば中継市場的な性格を兼ねた市場である。

　以上、本節では卸売業者における集荷と産地出荷業者等への分荷について確認した。このうち、分荷に関しては卸売業者や産地出荷業者の段階においてパッキングが施され、付加価値がつけられたものが量販店へと供給されるケースが含まれていた。また、果実を扱う産地出荷業者については等階級ごとにそれに対応した販売先が確保されるなど、きめ細かな販売対応が行われるという特徴があった。

第3節　卸売業者と産地出荷業者の提携による県外販売

（1）A-3社とMR社・ND社の提携による県外量販店への販売

　これまでみてきたように、産地集荷市場においては卸売業者から青果物を購入した産地出荷業者や他市場仲卸業者によって量販店対応が行われてきたが、なかには卸売業者が特定の産地出荷業者と提携し、両者が一体的な取り組みを行うことで市場機能の高度化を実現するとともに、それを活用した量販店対応が行われるケースが存在している。その実態についてみるならば以下のとおりとなる。

　A-3社は2002年から、**表9-5**で示すように産地出荷業者であるMR社及びND社[9]と提携し、A-3社主導のもとで市場オリジナルの商品を作るとともに、大手を含む量販店に対する販売を展開している。A-3社がこのような取り引きを行う理由として、かつては産地出荷業者が消費地市場に転送するだけで販売は実現できたが、経年的に消費地市場は調達先や生産地域を選択するようになったことで産地出荷業者の販売が難しくなるなど経営環境が厳しくなった点があげられている。そして、産地出荷業者の経営悪化は同業者を主要販売先とする産地集荷市場の存続にも関わる問題であることから、その対策として卸売業者がオリジナル商品を作ることで青果物に付加価値を付け、それを産地出荷業者を通じて販売するという方法が志向されたことが、取り組み開始の契機となっている。そして、本章第1節でも述べたように産地集

表9-5　A-3社とMR社・ND社との提携取引（2016年）

	内　容	備　考
対象品目	主要果実、野菜（夏期）	
販売額	6億3,000万円	
販売先	県外量販店（23社）	主に関東以西
提案・商談	A-3社が担当	
選果・パッキング	MR社・ND社が担当	A-3の仕様による
輸送	運送業者に委託	主にセンター納品

　資料：ヒアリング（2017・2018年）による。
　注：販売額は概数である。

荷市場の卸売業者の機能は限定的であることに加えて、新たに人員を増やして社内に対応部署を作るよりも特定の産地出荷業者と提携した方が効率的な販売対応の実現が見込まれたことが、このような方法が選択された要因である。

　提携取引の具体的内容については以下のとおりである。まず、対象となる商品はA–3社に入荷する果実のなかでも高品質品となっており、これにA–3社が企画・提案したパッキングを施すことでより付加価値のついた商品が創出されている。取引過程については、量販店の担当者との商談は商品調達を担うA–3社が直接的に行うケースが中心的であり、実際の納品に際してはA–3社が提供する原体果実をMR及びND社が選別・パッキングしたうえで、運送業者を用いて長野県外にある量販店の集配センター等に向けた搬出が行われている。そしてこの場合の選別・パッキング作業は、A–3社がMR・ND社に貸与した市場内の作業施設において行われている。

　A–3社はMR・ND社を経由して合計23社の県外量販店に最終分荷しており、同割合は前述したとおり同社販売額の15％を占めている。これら量販店の所在地は京浜・関西・北陸を中心としているが、一部には九州や東北が含まれるなど広範囲にわたっている。そして、同取り引きにより販売された商品は量販店においても差別化商品として位置付けられるケースが多く、このため比較的安定的な価格で販売されることもあって、A–3社の相場安定や市場価格の下支えに帰結している。

（2）A-4社とTM社の提携による県外量販店への販売

　A-4社は**表9-6**で示すとおり産地出荷業者のTM社[10]と提携し、2007年から大手量販店２社に対するカタログ販売に対応している。この場合、対象商品は主として歳暮等を中心とするギフトアイテムとなることから、同社が取り扱う果実のなかでも最高品質のものが扱われている。

　この場合の取引過程については以下のとおりである。最初にA-4社が量販店に企画提案を行い、それに対して合意が得られた場合は量販店がそれを踏

表9-6　A-4社とTM社の提携取引（2016年）

	内　容	備　考
対象品目	主にりんご等果実	カタログギフト
販売額	1億4,000万円	
量販店数	2社	大規模量販店
提案・商談	A-4社が担当	
選果・パッキング	TM社が担当	A-4社の仕様による
輸送	運送業者に委託	TM社が発送

資料：ヒアリング（2017・2018年）による。
注：販売額は概数である。

まえたギフト商材のカタログを作成し、店頭等において顧客に提示・配布する。顧客からの注文は量販店が取りまとめ、それがA-4社へと発注されることになる。A-4社は受注した商品の収穫・発送の時期になれば、市場入荷品のなかからそれに適した高品質品を確保し、TM社へ納品する。TM社は自社倉庫に果実を保管しながら、順次、選別・パッキング・包装等を行い、その後は宅配業者を通じて全国の顧客に向けた配送が行われている。

　この場合、A-4社が自社のみで自己完結的にギフト対応を行わないのは社内にそれを担うだけの人的余裕がないことに加えて、自社で選別機を導入するよりも選別機を所有する産地出荷業者と提携した方が初期投資を抑制できる点があげられている。

　以上、本節においては卸売業者と産地出荷業者との提携による量販店対応について検討を行ったが、このような取り組みによって卸売業者は、本来的機能として所有しない選別・保管・パッキング等の諸機能が、外部業者と提携することで実質的に獲得されたことが明らかになった。

第4節　直接集荷型の産地出荷業者における果実の集出荷

（1）産地出荷業者KT社の概要

　本章においてはこれまで、産地出荷業者の青果物調達が産地集荷市場で行われることを前提として論じてきたが、実際には産地出荷業者が生産者から直接的に集荷するケースも存在している[11]。このため、本節においては産

表 9-7　産地出荷業者KT社の概要（2016年）

本社所在地	・長野市
沿　革	・1907 年以前に果実移出商として創業 ・1972 年に法人化
主要施設	・選果場（本社と同じ敷地内にあり）、営業所（大町市）、 　ＣＡ貯蔵庫（長野市）、倉庫（長野市）
取扱額	・10 億円
従業員数	・正職員：23 名、パート 17 名
品目構成	・りんご 50%、もも 30%、ぶどう 10%、その他 10%

資料：ヒアリング（2017 年）による。
注：取扱額と構成比は概数である。

地出荷業者の多様性を確認することを目的として、生産者から直接的に果実
を調達するKT社について検討したい。

　KT社の概要について取りまとめたものが**表9-7**である。同社の起源は古く、
100年以上前となる1907年の時点においてすでに産地出荷業者として営業活
動を行っていたが、当時の主要取扱品目は加工食品の干し柿であった。その
後、1972年には組織形態が個人から株式会社へと変更され、法人経営に移行
している。現在、KT社の本社及び選果場は長野市内でも善光寺にほど近い
市街地内にあり、県道255号線に隣接するアクセスの良い場所に設置されて
いる。なお、同社の施設は上記の本社兼選果場以外に、同じく長野市内でも
より果実生産地域に近い場所にCA貯蔵庫と倉庫が各１箇所設置されており、
さらに北アルプス地域の大町市にも事務所が設けられている。

　KT社の年間取扱額は年度により異なるが概ね10億円前後で推移しており、
経年的には増加傾向にあるとしている。職員数は正社員が10人であり、パー
トは17名となっているが、これらパートは主として選果場における選別及び
パッキング作業に従事している。同社の取扱品目はりんごが中心であり、金
額ベースでは全体の50％を同品目が占めている。りんご以外ではももが30％、
ぶどうが10％、プルーンなどその他果実が10％という構成である。品目構成
の経年的な動きとしては、りんごについては横這いで推移しているが、もも
は構成比が低下しつつあり、それに変わってぶどう等の品目が拡大している。

（2）産地出荷業者KT社の果実仕入

　続いてKT社の果実仕入について**表9-8**により確認したい。同社は全体の97〜98％までを果実生産者から直接的に調達している。これら生産者はいわゆる善光寺平と称される長野地域から北信地域にかけて所在しており、その総数は1,000〜1,200人に及んでいる。生産者とKT社の関係は固定的であり、長年にわたる取り引きを通じて相互に信頼関係が構築されていることから、生産者が農協や卸売市場など他の出荷先を併用するケースは少ない。

　KT社が生産者から果実を調達するにあたっては基本的に買い取っているが、一部ではあるものの価格面で合意が得られなかった場合は委託となり、この場合は後日、同社が販売した時の価格から逆算して生産者への支払価格が決定されている。ちなみに、KT社が生産者から買い取る際の価格はA–1社やA–3社などの相場を参考に設定されている。KT社が生産者から果実を買い取る場合、収穫作業を生産者が行うケースと、いわゆる「坪買い」として同社が圃場単位で買い取るケースとに大別されているが、近年は生産者の高齢化を背景として坪買いとなるケースが増えつつある。このうち生産者が収穫作業を行う場合については、粗選別された果実がプラスチックコンテナに入れられた状態でKT社の選果場に持ち込まれるか、同社が生産者のもとまで引き取りに行くことにより荷の受け渡しが行われている。一方、坪買いの場合はKT社が職員を差し向けることで収穫作業を行うとともに、選果場までの輸送を行っている。

　以上が生産者から調達する場合の集荷方法であるが、KT社はそれ以外に

表9-8　集出荷業者 KT 社の仕入概要（2016 年）

仕入先	・個人生産者（長野盆地の 1,000〜1,500 件）97〜98% ・卸売市場（A–1 社・A–3 社・A–4 社）計 2〜3%
県産品割合	・100%
仕入方法	・主として買い付け（一部は委託）
仕入時の荷姿	・主としてプラスチックコンテナ（一部は坪買い）

資料：ヒアリング（2017年）による。
　注：構成比は概数である。

卸売市場からも購入しており、この場合の具体的な調達先はA–1社やA–3社、A–4社となっている。しかし、KT社における市場調達率は2～3％に過ぎないことから、市場仕入はあくまで必要数量を確保するための補完的な調達方法である。

（3）産地出荷業者KT社の果実販売

　KT社が生産者等から仕入れた果実は粗選別のものであり、このため同社は販売に先立って自社選果場で選別を行っている。この場合、KT社は地域の農協と同じく光センサーや色センサーを用いたコンピューター制御による選果機を導入していることから、農協と同レベルの選別が行われている。また、果実のなかでもりんごについてはCA貯蔵庫で保管することによって、販売先の相場を踏まえながら収穫翌年の5月にかけて継続的な出荷[12]が行われている。選別後の荷姿はダンボール製の出荷ケースとなる場合が多く、**表9-9**で示すように全体の65～75％を占めている。しかし、経年的にはパッキングがなされたものが増えつつあり、調査時現在では10～20％がこのような荷姿により販売されている。また、15％程度は金属カーゴに入れられた状態で選果場から搬出されるが、これについてはジュース等の加工原料に供用される規格外品が該当している。

　KT社の販売先構成は長野県外の卸売市場が70％を占めており、このうち主要なものは西日本の卸売業者15社である。そして、KT社は各市場の相場をみながら販売先を選択するとともに、市場ごとに相応しい品質の果実を供給することによって、より有利な販売の実現が図られている。また、販売先の15％は長野市場の仲卸業者となっているが、この場合、主としてKT社によりパッキングされたものが扱われているだけでなく、恒常的に取り引きが行われている。また、ジュース等を製造する長野県内の加工業者には15％を仕向けているが、その対象品目は前述のとおり規格外品である。

　本章第2節において、卸売市場で果実を調達する産地出荷業者は果実の品質ごとにそれに対応した販売先を確保し、それらを使い分けることで農協と

表9-9　集出荷業者KT社の販売概要（2016年度）

販売時の荷姿	・出荷ケース（選別品）65〜75% ・パッキング品（選別品）10〜20% ・金属カーゴ（無選別品）15%
販売先	・県外市場（主として西日本の卸売業者15社）70% ・長野市場仲卸業者15% ・県内加工業者15%

資料：ヒアリング（2017年）による。
注：構成比は概数である。

比較して相対的に高い平均単価での販売を実現していることに言及した。この点に関してはKT社においても同様であり、販売先ごとにそれに適した品質の果実を販売するというきめ細かな販売活動が行われている。

第5節　長野・北信地域の農協における果実販売

ここまでは産地集荷市場について検討してきたが、本節ではその検討結果をこれら市場と同一地域に存在する農協の販売対応と比較することによって、産地集荷市場における出荷対応の特長を側面的に検証したい。

表9-10はA農協及びB農協支所における果実の取り扱いについてまとめたものである。A農協の選果場はA-4社にほど近い場所にあり、B農協支所についてもA-3社と隣接する場所に設置されているように、両農協の管内はそれぞれ産地集荷市場の集荷圏と重複する関係にある。なお、これら農協の選果場所在地については、前掲の図3-1を参照されたい。両農協の果実取扱額のなかではぶどうが高い構成比を占めているが、これはぶどうの高単価[13]に基づくものであり、表出していないが生産者数・栽培面積・出荷量でみた場合、いずれもりんごが最も多くなっている。

これら農協の出荷先についてみると、A農協ではぶどうの65%、りんごの95%は長野県外を主とする卸売市場に出荷されており、B農協支社でも果実全体の94%までが市場出荷によって占められている。このように、両農協では品目に関わらず卸売市場の構成比が突出していることから明らかなように、

表 9-10　農協の果実取扱の概要（2017 年）

	A農協		B農協支所	
集荷地域	中野市		須坂市、小布施町等	
出荷者数	ぶどう　　　　　　470 人 もも・りんご　　　620 人		ぶどう 1,000 人 りんご 1,000 人	
取扱額	50 億 4,739 万円 　うち、ぶどう　　75.3% 　　　　もも　　　8.2% 　　　　りんご　　7.5%		59 億 5,166 万円 　うち、ぶどう　　65.1% 　　　　りんご　　23.6% 　　　　その他　　11.3%	
出荷先	ぶどう	卸売市場　　　　65% 全農長野県本部　15% 県外スーパー　　20%	卸売市場　　　　　94% 全農長野県本部　　6%	
	りんご	卸売市場　　　　95% 全農長野県本部　5%		
備　考			広域合併農協の支所	

資料：ヒアリング（2017・2018 年）による。
注：出荷者数・構成比は概数である。

基本的に市場出荷に軸足をおいた出荷が行われている。

　しかし詳細にみるならば、ぶどうとりんごとでは出荷対応に差異があることが確認できる。たとえば、ぶどうについては両農協とも生産者によってパッキングされたものが集荷されており、規格についても大部分が２Lによって占められている。チェーン展開を遂げた量販店は、各店舗で品質・価格を統一する必要性から同一規格品の大ロットによる調達を望む傾向にあり、それを踏まえるならば２Lという規格で数量を揃えることができるぶどうは農協にとって販売しやすい商品ということになる。

　一方、粗選別の状態で農協に集荷されるりんごは数量こそ多いものの、選別が行われることで多数の等階級に分けられるだけでなく、卸売市場への出荷に際しても１つの出荷ロットに多数の等階級が含まれた状態で搬出されている。このことは出荷先市場の卸売業者にとって、これら農協から出荷されたりんごは大規模にチェーン展開する量販店に対して販売しにくい商品であることを意味している。このように販売方法に関して農協と産地集荷市場とを比較するならば、少なくともりんごに関しては、流通過程に産地出荷業者が存在することで等階級ごとにきめ細やかな販売対応が行われる産地集荷市場に優位性が存在することは明らかであろう。

第6節　小括

　本章においては、長野県の長野地域と北信地域に所在する主として果実等を取り扱う産地集荷市場等を事例として、市場の集分荷実態や卸売業者と産地出荷業者との提携による量販店対応、及びそれによってもたらされた市場機能高度化について検討を行った。また、これら事例と対比するため生産者から直接的な調達を行う産地出荷業者の集荷・販売実態、及びこれら産地集荷市場と集荷圏が重複する農協の集出荷について検討を行った。その概要についてまとめると以下のとおりとなる。

　果実生産地域等に立地する産地集荷市場は所在地周辺の個人出荷者等から果実等を集荷し、産地出荷業者や県外市場の仲卸業者等を経由させることにより最終的に長野県外の量販店や卸売市場に対する再分荷が行われていた。これら産地出荷業者は市場で調達したりんごを始めとする果実等をそのままの状態で再販売するのではなく、産地段階で保管しながら順次、選別・パッキング・配送等の作業を行うとともに、販売に際しても等階級ごとに対象となる販売先を使い分けるというきめ細やかな対応がとられていた。

　産地集荷市場の卸売業者と産地出荷業者との提携取引についてみるならば、A-3社は2社の産地出荷業者と提携しているが、この場合、A-3社は量販店に対する企画提案や商談を行うとともに原体果実の調達・提供を担当し、一方の産地出荷業者は保管・選別・パッキング・搬出等といった実際の販売に必要となる実務を担うというように、相互に役割分担しながら一体的な対応が行われていた。A-4社についても産地出荷業者と提携することで相互に役割を分担し、それを通じて単独で行うには課題が大きい大手量販店のカタログ販売への対応が実現されていた。

　そして本章における検討の結果、本来的には比較的限定的な機能しか持たない産地集荷市場の卸売業者は、産地出荷業者と提携することで新たな機能を実質的に獲得し、市場全体としての機能強化がもたらされたことが明らか

となった。

注
1）後述するように、産地集荷市場で調達する産地出荷業者の多くは量販店等に対して直接的に販売していることから、産地出荷業者においても卸売業者や仲卸業者等と同様に量販店対応力の強化が求められている。
2）このような産地集荷市場の例としては、本章で検討したA-3社に加えて高知県の（株）赤岡青果市場や山形県の（株）丸勘山形青果市場等があげられる。
3）本章に係るヒアリングは、本書第3章から第5章及び第8章における分析の基礎になった調査と共通のものである。
4）新井鎮久『産地市場・産地仲買人の展開と産地形成』2015、誠文堂。
5）木村彰利『変容する青果物産地集荷市場』2015、筑波書房。
6）伊村達児・内藤重之・杉村泰彦・坂井教郎「沖永良部島における産地仲買人の馬鈴薯集出荷行動」『農業市場研究』（26）1、2017、pp.21-28。
7）『平成27〜28年長野農林水産統計年報』による。
8）A-3社によるパッキングは外部業者に委託されている。同社は全体の65％を産地出荷業者に販売しているが、このうちプラスチックコンテナや段ボールという荷姿となるのは52％、パッキングがなされたものは13％という構成である。
9）MR社及びND社は長野市場の仲卸業者を兼ねている。両社の正確な取扱額は不明であるが、少なくとも数10億円程度の取扱規模はあるとされている。
10）TM社は1951年に産地出荷業者として発足した会社であるが、現在では建設・自動車関連事業が経営の中心となっていることから、同社の青果物取扱額を把握することはできなかった。
11）A-4社によれば、過去において生産者から直接的に集荷を行う産地出荷業者は少なくなかったが、経年的にこのような業者が廃業していくとともに、現在まで経営を継続しているものについても産地集荷市場等からの調達にシフトしながら推移してきたとのことである。このため調査時である2017年の時点において、長野地域と北信地域で生産者から直接的に果実等を集荷する産地出荷業者は、KT社を含めて数社程度に過ぎないとのことである。
12）りんごをCA貯蔵した場合は品質劣化に加えて保管費用が発生することから、KT社では例年、ゴールデンウィークまでに完売することを目標としている。
13）A農協によれば、2017年の平均単価はりんご280円/kgに対して、ぶどうでは5,000円/kgとのことであった。

終章

園芸生産県における青果物流通の課題と展開方向

第1節　園芸生産県における流通環境の変化

　本書においては青果物流通を取り巻く全国的な環境変化を踏まえて、園芸生産県における卸売市場を中心とする青果物流通の実態と変容について明らかにするとともに、そのような変化が持つ流通上の意義を明らかにすることを目的として分析を行ってきた。それを踏まえて本章では、本研究を行うなかで明らかとなった園芸生産県における青果物流通の課題について整理するとともに、今後の展開方向について考察を行うことでまとめとしたい。

　最初に、本研究の分析対象となった長野県を例に園芸生産地域における流通環境の変化について確認すると以下のとおりとなる。青果物流通の起点となる農業生産に関しては、全国有数の園芸生産県である長野県であっても経年的に耕地面積や耕地利用率、農業就業人口、さらには農業産出額といった各種指標の数値が大きく減少しているように、農業や園芸に関する生産基盤の弱体化は否めないところである。そしてこのような傾向は、長野県内の農協に関する分析からも確認されており、具体的には農協における農産物の販売額は経年的に減少しているだけでなく、その経由率も低下傾向にあることから、青果物の集出荷における農協の重要性は相対的に後退しつつある。

　一方、長野県における農協そのものの動向についてみるならば、1990年代以降に展開された広域合併の推進により農協数は大きく減少し、その結果、1農協当たりの管轄地域や正組合員数は大きく拡大している。このような合併にともなって、農協の集出荷についても全国的な傾向と同様の展開が確認

された。具体的には、農協は合併前の旧農協から継承した集出荷施設や選果場を再編整理することで出荷ロットの拡大がもたらされるとともに、経費削減や近年においてはトラック運転手の確保難等を理由として出荷先の集約化等の動きが確認されている。次に、長野県内の農協と県内市場との関係についていうならば、同県における消費需要は同じく同県の青果物生産量と対比してあまりにも少ないことから、農協の出荷先はあくまで県外の大消費地を中心とせざるを得ず、県内市場は副次的・補完的な位置付けとなっている。しかし、県内市場は近距離であるため輸送費が節約できるだけでなく、出荷量が少ない時期の出荷調整市場としての必要性もあって、県内農協の出荷戦略のうえで不可欠の存在として位置付けられていることも確認された。

　一方、青果物流通の川下側の環境変化として、県内市場の主要販売先となる量販店の動向については以下のとおりである。長野県においても全国的な傾向と同じく、食品小売市場では食品スーパーをはじめとする量販店のシェアが拡大する一方で、従来からの一般小売店はその絶対数やシェアを大きく減少させながら現在に至っている。また、長野県における量販店の店舗拡大は、県内に本社を置くチェーンスーパーだけでなく県外からの進出によってもたらされており、特に後者は県内小売市場の動向に大きな影響を及ぼしている。このような動きと県内市場との関係についてみるならば、県外量販店は青果物の調達先として県内市場を利用しながらも、その一方で長野県外等に設置した集配センターを併用することも多く、このため県内市場にとって県外スーパーの進出は自身の販路が縮小していくことを意味している。

　以上、長野県における青果物流通の環境変化について流通の川上及び川下の視点から概観したが、その結果、農業生産基盤の弱体化と県外からの量販店進出は、いずれも流通の川中に位置する卸売市場の卸売業者や仲卸業者にとって、自身の経営基盤を損なう方向で作用しているといえよう。

第2節　卸売市場の集荷に関する課題

　長野県内の卸売市場における青果物の集荷に関する課題について、市場の集荷を担う卸売業者の経営形態や市場の性格を踏まえて確認するならば以下のとおりとなる。なお、経営形態に基づく卸売業者の区分はグループを形成する卸売業者と独立系とに大別され、市場の性格による区分としては消費地市場と産地集荷市場とに分けられる。このうちグループを形成する卸売業者については、県内に2つ存在するグループのいずれにも消費地市場に属するものだけでなく、産地集荷市場とみなせるものが含まれている。このように1つのグループに性格の異なる市場が存在していることから、個別事例の分析から摘出された課題をグループ全体の傾向と評価するには難しい面もあるが、卸売業者が抱える課題についての整理を容易にするため、以下においては基本的にグループ系と独立系に分けて整理したい。

　最初にグループ系の卸売業者からみていくが、これらが県外農協等から集荷するに際しては、各グループの本社はいずれも取扱規模が大きく全国の主要農協等から直接的に集荷が行えるだけの集荷力があることから、長野県外からの集荷に関しては本社が一元的に行うとともに、グループ内で荷の相互融通を行うことによって、比較的規模が小さく集荷力に課題のある卸売業者であっても県外農協等からの集荷が可能となっている。一方、独立系の卸売業者は調査事例が少ないだけでなく、各社の取扱規模や性格も大きく異なることから一概にはいい難いが、少なくとも消費地市場の3社については県外農協からの直接集荷は限定的であり、このため県外産品については他市場からの転送に依存する傾向がみられた。

　一方、県内農協からの集荷に関する課題についても卸売業者の取扱規模との関係によるところが大きい。たとえば、グループ会社の本社や長野市場及び松本市場など地域流通の核となる市場の卸売業者は、長野県内の主要農協においても出荷戦略のなかで重要な位置付けが与えられており、品目ごとに

各農協の出荷期間を通じて継続的な集荷が行われている。しかし、比較的規模が小さな卸売業者の場合は所在地周辺の農協からの集荷に限定される傾向があった。ただし、両グループのいずれかに属している卸売業者の場合は、たとえ取扱規模が小さかったとしても前述のグループ間における共同集荷・相互融通により必要品目・数量の調達が可能となる可能性が高い。しかし、独立系の消費地市場に関しては他市場からの転送や場外流通業者等からの調達に依存せざるを得ないことから、必ずしも必要とする品目を必要とする数量で調達できるとは限らないという制約が存在している。これら独立系の卸売業者のなかには地域における青果物の供給拠点となっている市場も含まれていることを踏まえるならば、これら市場に存在する集荷に関する不安定性は、供給圏域の消費者に対する青果物の安定供給という意味で悪影響を及ぼすものといえよう。

　次に、卸売業者における個人や出荷組合からの集荷に関する課題について確認したい。ただし、この件に関してはグループへの所属の有無ではなく、消費地市場と産地集荷市場とに分けて整理したい。消費地市場から述べるならば、これら市場においては野菜・果実を問わず市場周辺地域の生産者から集荷が行われており、生産者から日常的な出荷先として利用されていた。特に、取扱額が小さい卸売業者では集荷において個人等の占める割合が高く、当該市場における重要な出荷者として位置付けられていた。取扱規模が比較的大きな消費地市場の場合、集荷における個人等は単にその構成比のみでみれば低い傾向となるが、これはあくまで全体の取扱額が大きいことによるものであり、実際は各市場とも相当量が個人等から集荷されている。したがって、このような市場においても周辺地域の生産者から出荷先として活用されていることは明らかである。個人出荷品は品種だけでなく生産方法や選別基準が統一されておらず、このため農協出荷品と比較して品質や選別に課題があることから量販店等にとっては扱いにくい商材といえる。しかし、一方では鮮度の高い地場産品を求める小売業者や消費者が存在することも事実であり、このような消費者の要求に応えていくためにも市場の取扱規模に関わら

ず、地域流通の担い手となる卸売市場の安定的な存続が求められている。

　続いて産地集荷市場における個人等からの集荷をみると、例外は存在するものの産地集荷市場における集荷品は個人等の構成比が高く、これら市場において個人出荷者の広範な存在は、その活力維持のために不可欠な要素であろう。また、個人出荷者の重要性は長野市場のように規模の大きな市場においても同様であり、特に産地集荷市場的な性格を併せ持つ果実についてはその重要性がより高いといえる。そして、このような産地集荷市場は農協等出荷団体と同じく県外等に向けた青果物出荷の拠点として機能していることから、その存続の前提として地域農業の面的な維持が必要になっている。

　以上、長野県内卸売市場の卸売業者における集荷面に関する課題についてみてきたが、園芸生産が盛んな長野県であったとしても、各市場の属性により態様は異なるものの多くの課題が存在している。

第3節　卸売市場の分荷に関する課題

　本節では長野県内卸売市場の卸売業者と仲卸業者における分荷に関する課題について整理したい。本研究で検討した市場のなかで実質的な仲卸制度が存在するものは長野市場、松本市場及び諏訪市場の3市場であり、これら市場の卸売業者は仲卸業者を主要な販売先としながらも、それに加えて量販店や一般小売店・納品業者、他市場等を組み合わせた分荷が行われていた。また、仲卸業者が存在しない市場のなかでも消費地市場的な性格のものについては、同じく量販店や一般小売店・納品業者、他市場等に対する分荷が行われていた。一方、産地集荷市場については産地出荷業者や県外仲卸業者への分荷割合が高く、最終的に長野県外へと搬出されるケースが中心的であった。

　このうち、長野県内の消費地市場卸売業者のなかでも比較的規模の大きなものについては、経年的に市場周辺の消費需要に対する供給から県外量販店等に対する販売へと重点がシフトし、搬出地域も広域化しつつあった。このような変化は単に県外分荷率の高さとなって現れるだけでなく、取扱品の県

産品率の高さを考え併せるならば、卸売業者は長野県産青果物の県外需要に対する供給機能を強めつつあることを意味している。換言するならば、長野県内の卸売業者は従来の消費地市場としての性格に加えて、経年的に産地集荷市場としての性格を強めつつあるということができる。そして産地集荷市場化の背景には、前節でみたように長野県外からの量販店進出にともなう県内市場の販路縮小に加えて、大都市圏等における同県産青果物に対する高い需要の存在が指摘できる。このように県内消費地市場の産地集荷市場化が進行するなかで、これら市場には引き続き県内量販店や市場周辺の一般小売店等に対する青果物の供給拠点としての機能が求められることから、卸売業者は地域の社会インフラとしての役割を果たしながら自身の経営を維持・拡大していくために、不断に県内外への分荷に関する望ましいバランスを推し量りながら事業展開を図っていく必要性が生じている。

　一方、長野県内においても量販店は食品小売市場のなかで高いシェアを占めているだけでなく、その販売額の大きさに基づく影響力の強さもあって、量販店に青果物を販売する中間流通業者等はこれらから課される要求に応えていくことが求められている。本研究においても卸売業者や仲卸業者による量販店対応の実態に関する検討を行ったが、その結果、仲卸業者が存在する市場においては同業者が量販店対応の中心的な担い手として機能しているのは勿論として、仲卸制度のない市場においても卸売業者が仲卸的な機能を獲得していくことを通じて各種機能の強化が実現されていた[1]。また、一部ではあるものの卸売業者のなかには同じ市場の仲卸業者に資本参加することでグループ会社として系列化するとともに、これら仲卸業者と相互に役割分担しながら一体的な量販店対応が行われるケースが存在していた。このように、卸売業者等は量販店への販売量が拡大するなかで各種機能の強化を図りながら現在に至っている。そして、消費地市場が地域社会から求められる青果物供給拠点としての役割を踏まえるならば、卸売業者は今後とも地域住民に対して良質な青果物を安定的に供給していくことに加えて、量販店に対する各種機能の向上を不断に図っていくことが重要な課題になると考えられる。そ

してこの点に関しては、市場における量販店対応の要ともいうべき仲卸業者に関しても同様であろう。

　以上、長野県内の卸売業者等における分荷に係る課題について整理したが、消費地市場の卸売業者が従来からの性格を維持しながら産地集荷市場的な性格を強めていくなかにおいては、将来的にそのバランスをいかに取っていくかが課題になると同時に、地域住民に対する青果物供給拠点としての機能強化が求められている。

第4節　卸売業者等による県外販売の課題

　前述のように、長野県内の卸売業者の多くは県内だけの販売では販路拡大が難しいことを理由として、意図的に県外への販売を拡大させつつある。また、このような展開が可能となった背景には、長野県は園芸生産県であることから卸売業者の集荷圏域下において県外量販店等からの要望が高い青果物が盛んに生産されており、農協や個人出荷者等を通じてこれら青果物の集荷が行えるという条件下にある点が指摘できる。それと同時に、農協の出荷先絞り込みによって長野県産青果物の直接的な集荷や調達が難しくなった市場及び量販店の広範な存在が、県内卸売業者による県外販売の動きを加速化したことは紛れもないところである。このため現在では、卸売業者による長野県外への販売は各社の経営戦略のうえで重要な位置付けを占めている。

　本研究で確認された卸売業者による県外販売はいくつかの類型に区分される。具体的には本書第8章で検討したように、県内市場経由型、県外市場経由型、県外業者直販型、産地出荷業者経由型の4類型である。これらのうち従来から行われてきたものとしては、いわゆる市場間転送である県外市場経由型と産地集荷市場で行われてきた産地出荷業者経由型が該当するが、近年はそれ以外の類型が拡大しつつあるだけでなく、従来から行われてきた類型においても質的な変容となって現れている。

　ここで各類型を再確認するならば、県内市場経由型は長野県内の卸売業者

が同市場内の仲卸業者を商流・物流ともに経由させたうえで、県外の量販店等に販売するものである。この場合、量販店との交渉は卸売業者が直接的に行っていることから実質的には量販店への直接販売といえるが、量販店への販売に際してパッキングや配送といった諸作業が必要となることが仲卸業者を経由させる要因となっている。

　県外市場経由型は従来からの市場間転送を含んでいるが、近年においては実質的に長野県内の卸売業者による県外量販店への直接販売でありながら、同量販店の店舗展開地域等に所在する仲卸業者に商流と物流を経由させるという方法が拡大しつつある。このような方法がとられる理由としては、県内市場経由型と同じく量販店から要求されるパッキング・仕分・配送等の諸作業に対して、仲卸業者を介在させることで応えていく点があげられる。したがって、県内市場経由型との違いは仲卸業者等の所属市場が県内と県外のどちらになるかというレベルの相違[2]であり、両類型とも基本的に卸売業者が県外量販店に直接販売する際に求められる諸作業について、仲卸業者の機能を活用することでその対応を可能とすることが目的となっている。

　県外業者直販型も経年的に拡大してきた類型といえるが、同方法は長野県外の量販店に対して県内の卸売業者が名実ともに直接販売する方法であることから、納品に際しては卸売業者が量販店の集配センター等に持ち込むか、量販店の側から市場まで引き取りに来ることにより行われている。

　最後の産地出荷業者経由型も従来型の県外搬出方法であり、この場合、原則的に卸売業者は能動的に関わらず、産地出荷業者の責任において県外搬出が行われるものである。しかし、近年においては卸売業者と産地出荷業者とが提携することによって、長野県外の量販店に対する販売や量販店が行うカタログ販売への対応が実現されている。そして、この場合も量販店との交渉は卸売業者が担当する一方で、保管・パッキング・配送・発送等の諸作業を産地出荷業者が担うというように役割分担のもとで行われるという特徴がある。

　以上、長野県内の卸売業者が主体的に展開・拡大してきた県外販売を中心

に整理したが、このような取り引きの目的は、卸売業者が県外の量販店に対して直接的に販売する場合に要求されると同時に卸売業者だけでは対応が難しい実務について、仲卸業者や産地出荷業者を介在させることでその対応を可能にすることに求められる。そして、このような方法を採ることによって、卸売業者は新たな販路の拡大が実現されたことは間違いのないところであり、青果物の生産・流通の活性化の一助になるものと評価できよう。そして、卸売業者による県外販売は、一面において農協の出荷先集約化により生じた流通の間隙を補填するという意義も存在している。しかし、県外販売が長期間にわたって拡大し続けた場合、将来的に農協や他市場との間で出荷者や販売先を巡る競争が表面化[3]することにより問題として顕在化し、新たな課題となっていく可能性も想定されよう。

第5節　園芸生産県における青果物流通の展開方向

　本書の最後として、本節では本研究における検討結果や本章で前節までに指摘した課題を踏まえたうえで、全国の園芸生産地域における青果物流通の改善に向けた方向性を確認し、まとめに代えたい。

　最初に生産基盤の弱体化であるが、これは主として農業政策や農協における取組課題になると捉える考え方もあるが、本研究中にも産地集荷市場の卸売業者が地域の産地出荷業者と連携しながら生産者を販売先別に組織化した事例が存在していたように、出荷者から直接的に集荷を行う卸売業者にとっても喫緊の取組課題であると考えられる。特に今後、生産者の高齢化が進むなかで法人経営体の育成やその販売支援の重要性が増していくことから、卸売業者として行える取り組みの余地は多いだけでなく、地域農業の支援において主導的な役割を担ってきた農協系統組織や行政機関との連携も視野に入れながら検討・展開していく必要があるのではないだろうか。

　農協との関係についてさらに述べるならば、後述の卸売業者による県外販売とも関連するが、農協と卸売業者はいずれも地域の生産者から集荷してい

225

ることから、両者の関係をいかに良好に構築していくかが地域農業の発展のために問われている。たとえば、生産者の減少により今後は生産量も減少が見込まれるが、このような状況下においては農協と市場が相互に生産者を囲い込んでいくことが予想され、将来的に軋轢となって表面化する可能性が高い。しかし、本研究の検討のなかでも卸売業者が地元農協から集荷した青果物を県外に搬出した事例や、農協が集荷したものを卸売業者がパッキングしたうえで販売するといった取り組みが存在していたことを踏まえるならば、両者が良好かつ互恵的な関係を構築するとともに、その提携を通じて高度な販売対応を実現していくことは決して実現不可能でないだけでなく、農業生産の衰退化が予想されるなかでは高い必要性が存在していると考えられる。

　次に、卸売業者の経営環境についてみておきたい。長野県内の卸売業者は二つのグループ[4]のいずれかに属するものと独立系のものとに大別されたが、このうちグループに属する卸売業者にも種々の課題は存在しているものの、特に経営内容が問題となるのは独立系の卸売業者であると考えられる。なかでも、当該地域において青果物の供給拠点として機能している市場の地盤沈下が問題であると考えられ、地域住民の食生活を支えるという観点からも、このような市場を今後如何に支援していくかが問われている。このような地域流通の要となる市場の存続・整備の重要性は、青果物流通における全国的な課題としても一般化できよう。それと同時に、比較的規模が小さな市場であっても地域の生産者にとっては重要な出荷先として利用されていることを踏まえるならば、その存続と併せて適正な配置が求められよう。

　卸売業者や仲卸業者の機能強化に関しては、本研究のなかでパッキングや仕分、配送など流通過程に延長された生産過程を中心に検討を行った。しかし、将来的にはこのような物流機能や低次の加工機能に留まらず、鮮度保持を含む保管機能やより高度な加工機能、新商品開発やマーケティングなど、青果物の中間流通段階においてもさらなる機能の高度化を通じた新たな価値創出が求められている。そしてこのような機能高度化は流通業者が単独で取り組んでいくべき課題であるだけでなく、本研究でもみられたように機能の

異なる異業種間の提携を通じた機能補完を実現することによって、より高度なものとしていくことも一つの方向性であろう。

　園芸生産地域の卸売市場における方向性の最後として、卸売業者による県外販売の拡大、言い換えれば消費地市場の産地集荷市場化に関する展望についてみておきたい。本研究のなかで繰り返し述べてきたように、現在の流通環境のもとでは園芸生産地域を後背地に持つ消費地市場が従来からの地元供給に加えて、能動的かつ主体的に遠隔地の消費地等に向けた販売を拡大させていくのは当然の選択であると考えられるだけでなく、このような手法により市場の活力を維持していくことは、これら市場に青果物を出荷する生産者にとっても意義があるものと評価できよう。しかし、設立時から遠隔地への搬出を前提としてきた産地集荷市場と異なって、消費地市場は市場周辺地域の消費需要に対する供給を目的として設立・維持されてきたことに加えて、現在においても当該地域における青果物供給の拠点であるということは言を待たないものである。このため繰り返し述べることになるが、園芸生産地域の卸売市場は将来的に地元供給と県外販売とのどちらに軸足を置き、両者のバランスを如何に取ってくかについての検討が必要となろう。地域の園芸生産が今後も拡大が見込めるのであれば問題は生じ難いが、たとえ全国有数の園芸生産県であったとしても将来的にこれまでの生産規模を維持していくことは難しく、現在の生産者の平均年齢を踏まえるならば、そう遠くない将来において生産量の大幅な減少が予想されるところである[5]。そしてそのような局面になれば、卸売業者は地元住民への供給と県外販売のどちらを優先するのかが問われる事態となる可能性が高い。

　以上が本書における検討を踏まえて取りまとめた、園芸生産地域に立地する卸売市場における今後の方向性に係る考察である。最後になるが、青果物を扱う卸売市場には立地環境や集分荷構造により多様な性格のものが含まれているだけでなく、市場を中心的流通機構とする青果物流通に関しても一概に把握できないほどの多面性が存在している。さらには、刻々と変化する流通環境等に影響を受けて流通の態様は常に変容しつつあることから、その実

態を正しく捉え、評価するには困難がともなうというのが実情である。しかし、青果物に限らず卸売市場及び市場流通に存在する根本的な存在意義は、多様かつ多数の出荷主体にとっての販売先であるとともに、地域住民をはじめとする消費者や実需者に対する良質な食料品の安定的な供給に求められることは間違いのないところであろう。今後、流通環境がどのように変化したとしても、卸売市場及び市場流通においては本来的な存在意義を踏まえた事業展開を図って行くことが何よりも重要であることは明らかであろう。

注
1）木村彰利『大都市近郊地域流通市場の機能強化』2019、筑波書房では静岡県東部地域、神奈川県湘南地域等、東京都多摩地域の地方卸売市場の分析が行われているが、同研究においても仲卸制度のない市場の卸売業者は各種機能の強化を通じて仲卸的な機能を獲得していた。以上を踏まえるならば、仲卸業者が存在しない市場における卸売業者の各種機能の強化は全国的な傾向として一般化することが可能であろう。
2）県外市場経由型により県外量販店へと販売する場合は、量販店の店舗を対象とする個店配送が行われるケースが多いが、県内市場経由型の場合は仲卸業者が介在していても店舗単位の配送は行いにくいことから基本的に集配センター納品となっている。
3）本書第9章でみたようにA-3社の取扱額は経年的に拡大傾向で推しているが、このような成長が可能となった一因には、同社がB農協の出荷者を勧誘することを通じて自社の出荷者数を増加させてきたという事実が存在している。
4）本書の序章でも述べたが、A社グループとB社グループは2015年に共同で持株会社を設立するとともに、将来的な経営統合に向けた検討が行われている。しかし、調査時現在において実質的に独立した企業グループとして営業活動が行われていたことから、本研究のとりまとめも実態に即して行っている。
5）農業経営における組織経営体の拡大やそれにともなう規模拡大、さらには革新的な新技術の確立等により将来的に生産構造が再編され、農業生産も再拡大していく可能性も想定されるところではある。しかし、園芸生産については基本的に機械化が難しく、このため労働集約的な生産とならざるを得ないことを踏まえるならば、その生産構造を大幅に変革していくには課題が多いと考えられる。

あとがき

　本書は2017年3月から2019年11月までの間に実施した長野県の青果物流通に関する調査結果を取りまとめたものである。また、論文及び学会報告としての初出は以下のとおりとなっているが、いずれも調査結果の一部しか分析対象としていないことから、単著にまとめるにあたっては大幅な加筆・修正を加えた。また、それ以外の章については新たに書き下ろしている。

第2章：学会報告「園芸生産県の出荷団体における出荷対応の変容動向に関する研究―長野県内の広域合併農協を事例として―」2020年度日本農業市場学会大会個別報告

第6章：論文「卸売業者による系列仲卸業者を介した市場機能強化に関する一考察―長野地方卸売市場のA社を事例として―」『フードシステム研究』25（4）、2019、pp.275-280

第8章：論文「園芸産地に立地する卸売業者による青果物の県外販売に関する研究―長野県内の卸売市場を事例に―」『農業市場研究』29（1）、2020、pp.22-29

第9章：論文「産地集荷市場の卸売業者と産地出荷業者との提携による市場機能強化に関する研究―長野県北信地域等の果実市場を事例として―」『農業市場研究』27（4）、2019、pp.18-24

　私は一つの研究成果をまとめる期間の目途をおおよそ5年としてきたが、本書は前作である『大都市近郊地域流通市場の機能強化』からわずか2年という短い間隔での刊行となった。本書に限りここまで短縮された理由の第1は、2015年から行っていた前作の取りまとめを諸般の事情により一時期中断するとともに、2017年からは別途、本書に係る調査を開始していたことから、

これらの研究期間には2年間の重複が存在している点があげられる。第2の理由としては、2020年度に①長野県内の青果物一般小売店に対するアンケートとヒアリング、及び②長野県内に店舗を展開する県外量販店のヒアリングを計画していたが、同年から始まった新型コロナウイルス感染症の流行拡大により実施の見通しが立たなくなったという事情も関係している。このため本研究の計画は大きく修正せざるを得なくなり、上記調査を全て中止するとともに、本書の取りまとめを前倒しで行ったことも出版期間短縮の一因である。このような事情から内容的に不十分な点があることは否めないものの、研究成果の公開には「鮮度」が求められることもあって、不満を残しつつも敢えて刊行することにした。

　本書に係る調査の実施に際しては、長野県庁及び公設市場開設者、卸売市場の卸売業者及び仲卸業者、全農長野県本部及び総合農協、さらには量販店など、多くの方々にご協力をいただいた。また出版にあたっては、厳しさを増す出版事情のなか（株）筑波書房の鶴見治彦社長に無理を押してお引き受けいただいた。ここにおいて、関係者のすべてに改めて感謝申しあげる次第である。

　これ以降の記述は私事になるでの甚だ恐縮ではあるが、「あとがき」という気安さに甘んじて述べることにしたい。著者紹介にあるように私は1990年3月に信州大学農学部を卒業し、その後は引き続き長野県庁に奉職することになった。そして、入庁時には信州（ここからは「長野県」ではなく敢えて「信州」と呼びたい）に永住するとともに、同地の農業振興を生涯の仕事とする決意でもいた。しかし、その後の私を取り巻く状況が変化しただけでなく、私自身に生じた「研究がしたい」という気持ちを裏切ることができなかったことから程なく職を辞し、改めて大学院に入学することになった。上記のような経緯の存在に加えて、県職を退職するに際して決して望ましいとされる方法を採らなかったこともあって、その後の25年間は可能な限り信州との関わりを避けながら過ごすことになった。その一方で、私は信州と距離を置

きながらも年齢を重ねるごとに同地に対する肉親愛にも似た感情を押さえることができず、松本平からみた乗鞍岳や槍ヶ岳、伊那谷から望む仙丈ヶ岳などを追憶しながら信州への思いに耽ることも多かった。

そして2016年4月に現職へ転じたのを契機として、私は今さらながら旧悪に対する時効を一方的に宣言するとともに、2017年からは敢えて信州を研究対象地域として設定し、再び同地と真正面から向き合うことにした。研究の具体的内容については本書の各章で取りまとめたとおりであるが、この間、私は調査のため信州を相当な頻度で訪問しただけでなく、その都度、同地に対する愛情を強く感じるとともに、第2の故郷であることを再認識することになった。さらにいうならば、私にとって信州を訪れるということは、二十歳の頃の自分自身に会いに行くという錯覚すら抱かせるものであった。以上から、本書を取りまとめた背景には、私自身の若年期に対する感傷や旧懐の情が存在していることは確かであろう。

　以上、私事を縷々と述べたが、本書はあくまで私の研究人生における一里塚に過ぎないものである。このため、今後とも方外を旅する一書生として自分自身を律していきたいと思う次第である。

　2021年8月

比叡山延暦寺にて
木村彰利

著者略歴

木村彰利（きむら　あきとし）

所属：日本獣医生命科学大学 応用生命科学部 食品経済学教室 教授

経歴
1965年7月　大阪市東淀川区に生まれる
1990年3月　信州大学農学部園芸農学科卒業
1990年4月〜1999年10月　長野県職員（農業改良普及員）、宇都宮大学大
　　　　　　学院農学研究科（修士課程）、㈳食品需給研究センター（研
　　　　　　究員）、大阪府立大学大学院農学研究科（博士後期課程）、
　　　　　　黒瀬町職員（町史編さん専門員）等
1999年11月〜2016年3月　（一社）農協流通研究所（主幹研究員等）
2016年4月　現職

主要著書
『大都市近郊の青果物流通』2010、筑波書房
『変容する青果物産地集荷市場』2015、筑波書房
『大都市近郊地域流通市場の機能強化』2019、筑波書房

園芸生産地域の青果物流通

2021年8月31日　第1版第1刷発行

著　者　木村彰利
発行者　鶴見治彦
発行所　筑波書房
　　　　東京都新宿区神楽坂2−19 銀鈴会館
　　　　〒162−0825
　　　　電話03（3267）8599
　　　　郵便振替00150−3−39715
　　　　http://www.tsukuba-shobo.co.jp

定価は表紙に表示してあります

印刷／製本　平河工業社
©Akitoshi Kimura 2021 Printed in Japan
ISBN978-4-8119-0607-2 C3033